JN494314

북한 문학과 감성

주체시대에서 선군시대로

임옥규 / 저

나무미디어

일러두기

「」: 시, 단편소설, 논문, 비평문, 신문기사
『』: 중, 장편소설, 단행본, 신문, 잡지, 학회지
〈〉: 영화, 연극, 공연
* 북한 인명 및 작품명 표기는 북한식 표기를 따랐다.
  ㉠ '리연희', 「산-녀인」
* 북한 자료의 원문 직접 인용 시 북한식 표기를 따랐다.

이 저서는 2014년 정부(교육부)의 재원으로 한국연구재단의 지원을 받아 수행된 연구임
(NRF-2014S1A6A4027307)
This work was supported by the National Research Foundation of Korea Grant funded by the Korean Government
(NRF-2014S1A6A4027307)

서문

필자가 처음으로 북한문학 연구에 발을 들이게 된 때는 2000년대 중반으로 북한의 역사소설이 남한과 정식으로 계약을 맺고 출판되던 해일 것이다. 그 즈음에 박사학위 논문 주제를 찾고 있었고, 아직 연구되지 않았으나 해볼 만하고, 또 흥미롭고 연구 가치가 있다고 생각하고 있었던 북한 역사소설에 더욱 흥미를 갖게 되었다.

분단 이후 이념과 체제를 달리하던 남북한의 이질성을 회복할 수 있는 장르로서 북한 역사소설을 연구하면서 점차 북한문학 연구의 결을 넓혀 갈 수 있었다. 주로 남북한 소통 가능성에 대한 연결고리에 염두에 두고 천착하던 분야는 북한 소설, 비평, 잡지, 문화콘텐츠, 여성문학, 고려인문학, 교과서 연구 등이었다.

특히 한국연구재단 중점연구소 지원 사업을 수행하면서 남한에서는 구하기 힘들고 오히려 타국에 산재되어 있던 북한문학 자료를 수집하게 되었고 일종의 사명감, 혹은 부채감으로 연구에 박차를 가할 수 있었다. 미국 옌칭 도서관, 일본 조선장학회, 중국 연변 도서관 등에 산재되어 있던 자료를 찾는 일

자체가 하나의 연구 과정이기도 했다. 또한 독일 튀빙겐 대학 한국학 대회에서 북한문학에 대해 발표하던 일도 잊을 수 없는 경험이었다.

이 책은 북한 연구에서 사상이나 이념과는 대척적인 자리에 놓여 있다고 치부되었던 감성의 문제를 끄집어내고자 하였다. 오히려 감성이 사상이나 이념의 동력이 될 수 있다는 점을 감안하여 북한이라는 특이한 사항, 북학문학이라는 낯선 양식에 대해 특수하면서도 보편적인 문제로서 감성을 다루었다.

북한에서 감성이란 무엇일까? 그 감성의 발현은 남한과 어떠한 차이를 가지는가? 북한문학에 형상화된 감성을 체계적으로 분석할 수 있을까? 여러 의문들을 바탕으로 북한문학에 구현된 감성을 조사, 분석해 보았다.

우선적으로 북한문학에서 논의되었던 감성론을 살펴보기 위해 북한 문학담론에 대한 역사적 접근을 시도하였다. 전후 북한 문단은 유례없이 활발한 담론의 장을 형성하였고 사회주의사실주의 창작방법론의 전통을 마련하기 위해 백가쟁명식의 토론이 치열하게 전개되었다. 이러한 토론은 개성의 다양화와 감성의 발현을 추구하였으나 결국 논리적인 것과 감성적인 것의 일치로 나아갔고 주체시대로 접어들면서 감성적인 것의 분할과 재배치가 이루어졌다.

북한문학에서 감성적인 것은 미학적인 범주에 기초하지만 그 힘의 작용에 주의를 요할 필요가 있다. 북한문학에서의 감성의 범주와 기제는 '아름다운 것과 감성의 윤리화', '숭고한 것과 정치의 심미화', '영웅적인 것과 영웅의 탄생', '희극적인 것과 교양의 힘'으로 대별해 볼 수 있다. 이러한 이론을 바탕으로 하여 주체미학이 적용된 선군시대 북한 문학 감상의 양상을 살펴보았다. 사회주의 현실주제 문학을 중심으로 하여 생활미와 웃음, 숭고, 숭엄의 의미를 살펴보았고 북한의 변화가 감지되던 '고난의 행군' 이후 새 세대의 감수성에 대해 분석해 보았다. 또한 여성작가 특유의 감성적 글쓰기 양상을 살펴보았다.

김정일의 사망 이후 김정은 체제로 변하면서 북한문학에도 많은 변화가 생겼다. 이전의 문학 양상을 계승하면서도 새로운 변화가 감지되었다. 무엇보다 지도자를 잃은 슬픔은 집단적인 애도와 추모로 이어졌다. 그러나 이내 젊은 지도자의 감성적 문화정치로 최첨단, 우주정복, 문명국가 건설이라는 테제 아래 힘과 용기를 전해주는 문학적 형상화가 주를 이루게 되었다.

한편으로는 문학작품을 분석해 보면 주도적인 이념이나 감성과는 달리하는 실제의 역사와 현실이 더 다양하고 생생하게 드러난다. 북한문학은 이상적인 것을 외치지만 재현된 리얼리즘적 문학 현실은 균열된 일상의 감성을 드러내고 있는 것이다.

이 책은 최종적으로 포스트 분단체제인 현실에서 남북 문화통합 연구 기초모델로서 '감성'을 비교 분석하고자 하였다. 그러나 거시적인 측면에서 남북한 감성을 비교하지 못하고 그 가능성에 대하여, 북한 문학 양상을 중심으로 살펴보는 것으로 그치고 말았다.

이 책의 내용은 그동안의 연구논문을 수정 보완한 것으로 처음 기획의도에 비해 많이 부족하게 되었다. 이에 대해서는 차후 연구과제로 보완하고자 한다. 부족한 능력을 넘어서 완성해내야 하는 연구 결과물에 대한 일종의 강박, 혹은 열정이라 할 수 있는 일련의 과정을 거치면서 이제서야 미완본의 저서를 내놓게 되어 겸연쩍은 마음뿐이다.

그동안 학문적으로 많은 도움을 준 단국대 한국문화기술 연구소 옛 동료들이 누구보다 먼저 생각난다. 칠 년 정도의 연구생활을 같이 하면서 많은 위기와 어려움을 헤쳐 나갈 수 있는 동력이 되었던 연구교수들과 밤샘 작업에 늘 함께 하던 연구원들, 여러 도움을 주신 선생님들께 감사의 인사를 전하고 싶다.

오랫동안의 공부모임인 남북문학예술연구회 선생님들과의 학문적 인연이 없었다면 지금의 결실은 있을 수 없었을지도 모른다. 또 주변의 새로운 인연 덕에 늘 지치지 않고 학업에 매진할 수 있었던 것 같다. 무엇보다 든든한 힘이 되어준 가족에게 고마움을 전한다.

한국연구재단의 저술출판 지원 사업 덕분에 이 책의 결실을 보게 되었다. 책의 출판을 위해 애써주신 나무미디어 박재린 대표님께는 감사한 마음뿐이다. 이 책의 뒷표지에 들어간 〈달맞이〉는 정현웅 월북미술가의 작품으로 당시 생활정서와 환상적인 분위기가 따뜻한 색채로 조화를 이룬다. 이 작품을 조건

없이 허락해준 정현웅 기념사업회와 많은 도움을 준 홍지석 미술평론가께 감사드린다.

지난 세월이 주마등처럼 스쳐 지나가지만, 새벽마다 단국대 안서호(湖) 주차장에 덩그러니 놓여 있던 차를 바라보며 귀가하던 일이 이제는 청주대 비전타워의 별빛을 맞으며 귀가하는 일로 바뀌었을 뿐이다.

2019년 6월 종강 무렵
청주 우암산 허리에서
임 옥 규

목차

1

북한문학과 감성론

2 주체미학과 선군시대 감성의 양상

3 김정은 체제에서의 감성의 동원과 작동

4 포스트분단 체제에서 남북 문화통합 기초로서 감성

1

북한문학과 감성론

북한에서 문학은 언어와 생활을 형상적으로 반영하는 예술로 정의된다. 이에 의하면 문학은 인간과 생활을 언어적 형상을 통해 종합적으로 반영하는 예술적 특성을 지니기에 문학이 사람들에게 생활과 투쟁에 대한 깊은 지식과 올바른 견해를 주며 사람들의 세계관, 인생관을 세우는데서 매우 중요한 작용을 한다.[1] 특히 주체의 문예이론을 통해 예술의 역할이 시대의 요구와 대중의 지향을 옳게 반영하여 사람들에게 생활의 본질과 아름다움, 사회발전의 합법칙성을 밝혀주는 데[2] 있음을 천명하고 있다.

이러한 정의에서 알 수 있듯이 북한문학에서 작품 형상화는 인간의 사상 감정과 생활 흐름의 합법칙적 과정을 밝히는 것에 밀접하게 연관된다. 이러한 북한문학은 북한 체제에 복무하면서 선전, 선동, 교양의 역할을 하는 것을 1차적 의무로 삼고 있다. 이때 북한문학의 본질적 역할에 충실하기 위해 활용되는 것은 감성의 구조와 체계이다.

일반적으로 아름다움에 반응하는 체험적 활동을 감성이라고

1 김정본, 『미학개론』, 사회과학출판사, 1991. 253쪽.

2 김정일, 『미술론』, 조선로동당출판사, 1992, 1쪽.

볼 수 있으며 이에 따라 감성의 개념과 범주는 미적 차원에서 논의될 수 있다. 북한 감성론도 이에서 크게 벗어나지 않는다.

특정 시대 감성을 기반으로 한 문화예술을 살펴보면 그 시대의 고유한 성격과 변화 양상을 반영하고 있음을 알 수 있는데 여기에서 시대는 역사 문화 사회적 체험을 바탕으로 하여 고유의 감성 구조를 형성하고 이들을 표출하는 양식으로 문화예술을 생산한다는 관점에 주목할 수 있다.[3] 북한문학에서 감성의 구현형태는 시대와 사회 체제 맥락에서 살펴볼 수 있는데 문학적 미감이 시대적으로 표출되는 양상의 차이도 나타난다.

문학에서 감각의 구현과 감정의 양상은 감성의 형태로 구현되는데, 이러한 점을 감안해 본다면 북한 문학은 이데올로기에 충실하고 대중의 감정을 주조하는 프로파간다적인 속성이 강하다.

이러한 측면에서 볼 때 북한에서 감성이란 무엇일까? 그 감성의 형태는 남한과 어떠한 차이를 가지는가? 북한의 감성들을 체계적으로 분류할 수 있는가? 등등에 대한 의문이 제기된다. 이러한 의문을 바탕으로 하여 북한 문학에서 감성은 어떠한 의미를 지니며 텍스트 담론을 형성하고 상호 텍스트성을 통해 어

3 감성은 개인적/간주관적/사회적 차원에 걸쳐 생성, 소통, 공유되며 육체/정신, 감각/사고/상징의 요소들을 모두 내포한다. 그리고 개인과 사회의 관계 구성 및 상호작용에 명시적 혹은 암묵적으로 연동되며 생성 및 변화의 실질적 효과를 창출한다. 이러한 의미에서 볼 때 감성의 구조나 체계는 역사적이고 사회적인 차원에서 살펴볼 수 있다. 김예란, 「감성공론장」, 『언론과 사회』, 18권 3호, 사단법인 언론과 사회, 2010, 158쪽.

떠한 의미를 구현하는가를 분석해 볼 필요성을 제기할 수 있다. 그런데 지금까지 북한 감성의 구조와 이를 활용하는 체계에 대한 전반적인 연구는 드물고 방법론도 다양하지 않다. 이에 북한문학에 형상화된 감성과 감성 관련 담론을 분석하여 북한 체제 혹은 북한문학에 대한 연구를 지금까지와는 다른 층위에서 접근하고자 한다.

북한 문학예술에서의 감성체계에 대한 체계적인 저술과 논문은 아직까지 소개되고 있지 않다. 북한 문예비평에서 미학이 언급된 것은 해방 이후로 거슬러 올라갈 수 있으나 본격적인 미학 이론서는 1990년대 전후에 출판된 리기도의 『주체의 미학』(1판 1988, 2,3판 2010)에 이르러 비로소 소개되었다고 볼 수 있다. 이 시기에 출판된 김재홍의 『주체의 미론』(1993), 『주체의 미학관과 조형미』(1992), 김정본의 『청년과 미학관』(1991), 『미학개론』(1991) 등도 북한의 미학 관련 저술에 해당된다. 이러한 미학 관련 출판물들은 북한의 감성 범주와 체계를 설명하는 데 유의미한 방법론을 제공한다.

남한에서의 북한 문예 감성 관련 연구로는 오양열의 「남–북한 사회의 가치 정향과 북한의 미적 가치 수용 방향」(2001), 이춘길의 「북한 미학의 이해」(2003)와 「북한 문예미학에 대한 비교적 고찰」(2010), 오성호의 「북한 시의 수사학과 그 미학적 기초」, 진창영의 「미적 범주에서 본 남북한 시의 비교」(1999), 최경희의 「북한 감성정치의 메카니즘-'우리식' 이념과 주체미학의 논리구조를 중심으로」(2015) 등이 있으며 북한 미학을 체계적으로 연구한 전영선, 홍지석의 「북한 미학의 미적 범주론」(2014)에 주목해 볼 수 있다. 이 연구는 북한 미학의 미적 범주론과 북한 문예의 상관성을 다루고 있다.

북한 문학의 감성 범주와 체계는 시기별 차이를 보이며 그 운용방식도 시대적 미감을 반영하여 전개된다. 이에 문학에서의 감성 문제가 중요하게 다루어진 1950년대와 1990년대를 중심으로 북한 문학에서 논의되어 온 감성론을 살펴보고자 한다.

1장

문학 담론의 미적 토대

남북 문학사에서 1950년대는 전쟁과 분단으로 인한 이질화 양상이 고착화되는 시기에 해당된다. 북한의 경우 1950년대는 사회주의 체제로 이행되는 시기로, 6.25 전쟁 시기와 전후 복구 건설 시기를 거치면서 전 사회의 사회주의적 개조, 천리마 운동 등이 급박하게 전개되던 시기였다. 이 시기에 북한 문학계에서는 사회주의 사실주의 창작방법론의 전통을 확립하기 위해 이에 위반되는 각종 경향들에 대한 논쟁을 치열하게 전개하였다. 이러한 논쟁 속에서 과학과 구분되는 미학적 분야로서 문학을 바라보는 관점이 제기되었는데 다른 한편으로는 도식주의와 교조주의 경향, 반동적 부르주아 사상 등이 부르주아 미학으로 치부되어 문학에서 척결되어야 할 대상으로 논의되었다.

이 장에서 주목하고자 하는 것은 이 시기 북한 문학에서 활발하게 제기된 이론과 창작에 관한 담론에서 사회주의사실주의 창작기법의 정립을 위해 그 바탕으로 삼은 미적 토대에 관한 것이다. 이 시기 북한 문예계는 창작방법 토대로서 미학적 감성을 제시하면서 부르주아 반동문예를 논하여 북한 문학예술의 지향점을 제시하고 있다. 북한 문예의 창작토대로서 미학적 감성에 대한 구체적인 논의들이 전개되었고 반동문예로 치부된 부르주아 문학에 대한 대대적인 비판이 이루어졌다.

지금까지 논의되어 온 1950년대 북한 문학 연구는 주로 시기적 특성에 맞추어 진행되어 왔는데 그 근본이 되는 미적 토대에 대한 연구는 드문 실정이다. 이 중 정치와 미학의 대립으로 북한 문학을 바라보면서 북한 문학의 미학적 요구를 살펴본 연구와 사회주의 리얼리즘 담론의 추이와 성격을 밝히려는 연구[4]에 주의를 요할 필요가 있다. 이러한 연구들은 1950년대라는 시기에 주목하여 북한 문예 담론 변화의 요인을 살펴보면서 미적 토대에 대해 관심을 기울이고 있다. 홍지석은 이 시기 소련, 중국 문단의 영향 아래 전개된 북한 문예의 특징을 살피면서 1956년 전후 본격화된 사회주의리얼리즘 논쟁에 관심을 기울인다. 그에 따르면 북한의 사회주의리얼리즘 논쟁을 '주관주의와 객관주의', '수정주의와 교조주의'를 중심으로 살펴볼 수 있으며 북한이 프롤레타리아 미학 내지 리얼리즘 문예를 성립하는 과정에서 반체제로서 '부르주아 미학'과 '남한 문예'를 다루는

4 진창영, 「미적 범주에서 본 남북한 시의 비교」, 『비평문학』 제13호, 한국비평문학회, 1999; 오성호, 「북한 시의 수사학과 그 미학적 기초」, 『현대문학의 연구』 제24집, 한국문학연구학회, 2004; 오성호, 「제2차 조선작가대회와 전후 북한 문학—한설야의 보고를 중심으로」, 『배달말』, 40권, 배달말학회, 2007; 홍지석, 「프롤레타리아 미학과 부르주아 미학—1950년대 후반 북한 문예의 사회주의리얼리즘 담론」, 『확장하는 경계, 공존의 장: 남북한 통합문예사의 쟁점』, 단국대학교 부설 한국문화기술연구소 제25회 전국학술대회, 2015. 12. 10.

방식은 특기할 만한 것이다.[5] 오성호는 전후 북한 문학이 사회주의사실주의 원칙을 유연하게 해석하려 한 점을 높이 평가하며, 이 시기 북한 문학이 '사실주의' 강조의 사회주의사실주의에서 '사회주의' 강조의 사회주의사실주의로 변모하는 과정에서 북한 문학 내부에 존재하는 균열을 드러내는 한편 북한 문학의 내재적 변화 가능성을 보여주었다는 것에 의의를 둔다.[6]

북한 문학비평에서 미학 혹은 감성에 대해 논의한 시기는 북한 체제 성립 이후부터로 볼 수 있으나 본격적인 미학 이론서가 등장한 것은 1990년대 전후로 상정할 수 있다.[7] 이러한 미학 이론서들은 북한 문학의 미적 토대는 주체시대 이후에 비로소 정립된 것처럼 설명한다. 그러나 이러한 문학에서의 미적 토대는 1950년대에 이미 논의되고 있으며[8] 그 논의의 과정은 문학 창작방법론과 밀접한 연관을 가진다.

이 장은 전후 북한 문학의 지향점을 미학적 측면에서 살펴보고자 하며 '전국 작가예술가대회(1953.9)', 미학과 비속사회학

5 홍지석, 「프롤레타리아 미학과 부르주아 미학-1950년대 후반 북한 문예의 사회주의리얼리즘 담론」, 『확장하는 경계, 공존의 장: 남북한 통합문예사의 쟁점』, 단국대학교 부설 한국문화기술연구소 제25회 전국학술대회, 2015. 12.10.

6 오성호, 「제2차 조선작가대회와 전후 북한 문학-한설야의 보고를 중심으로」, 『배달말』 40권, 배달말학회, 2007, 219-220쪽.

7 김재홍, 『주체의 미론』, 문학예술종합출판사, 1993; 리기도, 『주체의 미학』,사회과학출판사, 2010.

8 홍지석 • 전영선, 「북한미학의 미적 범주론」, 『한민족 문화예술 감성용어사전·용례집 I 』, 경진출판, 2014, 23쪽.

적 경향에 대한 논쟁(1953-1958), 제2차 조선작가대회(1956. 10. 14.-16.), '부르죠아' 미학사상 잔재 비판(1953 -1958) 등을 연구대상으로 삼고자 한다.

1950년대 북한문학은 도식주의를 비판하여 문학에서의 예술적 유기성과 다양성을 제시하였으며 부르주아 문학을 수정주의로 치부하여 이를 비판하고 문학에서 올바른 민족성과 인민의 감성을 제시할 것을 권고한다.

1절 도식주의 비판, 개성의 다양화와 감성의 발현 추구

보다 멀리, 보다 넓게, 보다 날카롭게 봄으로써
우리의 시가가 그 어느 때보다 활짝 꽃이 피기 시작한 것을
의심할 사람은 없다.[9]

북한 문예에서 미감에 대한 관점이 이론서에 등장한 것은 1990년대이지만 이에 대한 바탕은 1950년대에 심도 있게 진행된 논의에서 비롯되었다고 볼 수 있다. 6.25 전쟁 직후 북한문학은 새로운 심미감과 도덕적 견해를 작품 속에서 구현할 것을 요구하였다. 이 시기 문학은 미학적 분야에 주목을 돌리고 있는데 작가가 현실을 이해하는 태도 속에서 나타나는 아름다운 것에 대한 탐구와 평가를 중요한 지표로 삼았다.[10] 또한 문학은

9 김순석, 「시의 새로운 전진과 목표」, 『조선문학』, 1958. 1.
10 장사선, 「엄호석 론」, 『국제어문』 26, 국제어문학회, 2002. 253쪽.

생활을 반영하는 것으로 생활에서 주요한 것과 부차적인 것, 본질적인 것과 우연적인 것을 가리고 아름다운 것, 추악한 것, 비극적인 것 등에 대한 문제해명이 전제되어야 함이 제기되었다. 북한문학은 본질적으로 아름다운 것을 묘사하는 것을 기본 역할로 보고 있는데 이 시기에는 신진적인 것과 반동적인 것, 아름다운 것과 추악한 것의 투쟁을 묘사하여야 한다고 보았다.[11] 이를 위해 예술가의 역할이 중요시 되었는데 "예술가의 역할이 단순히 현실의 현상을 전달하는 데 있는 것이 아니라 생활에의 적극적 참가. 전형적 형상들의 선택, 취급, 강조, 아름다운 것의 주장, 생활에서의 추악한 것을 예리화하고 폭로하는 데 있다"[12]는 점이 강조되었다.

1953년 이후 북한에서는 새로운 시대에 구현되는 새로운 생활과 새로운 인물을 표현하기 위해 미학적 분야에 관심을 기울이면서 혁명적 낙관주의와 영웅주의를 표현할 때 일부 작품들이 기록주의로서 비속화되어 나타나는 것을 비판하였다. 기록주의는 "대상을 있는 그대로 피상적으로 촬영함으로써 현실의 본질을 왜곡하는 연주의적 독소"[13]로 인식되었다. 이 일환으로 자연주의를 비판하였다. 북한에서의 자연주의는 '무사상, 기

11 엄호석, 「로동계급의 형상과 미학상의 몇가지 문제」, 『조선문학』제1권 제2호, 1953. 11. 110-132쪽.

12 웨, 쓰까쩨르쉬코프, 「쏘베트 문학의 미학적 교양의 역할에 관하여」(『철학 제문제』, 1955, 2) 『조선문학』, 1955. 10. 170쪽.

13 김명수 「우리문학의 형상성 제고를 위하여」, 『조선문학』, 1954. 6. 132-133쪽.

록주의나 분리주의, 현실 왜곡, 인간증오, 동물적 본능의 과장' 등의 형태로 설명된다.

> 자연주의는 사실주의의 불완전한 표현이 아니라 사실주의의 가면을 쓰고 출현한 반사실주의 창작 조류로서 그 발생의 첫날부터 부르죠아 예술의 붕괴와 반동성 및 그 퇴폐적 경향을 대표하고 나선다.[14]

> 일부 작가들은 은폐된 자연주의인 기록주의를 사실주의로 오인하며 인간 정신의 기사로서 자기의 고상한 창조적 역할을 망각하는 경향에까지 빠지게 되었다.(…중략…)
> 어떤 고립된 사실이나 기록을 마치 현실의 전부인 것처럼 확대하는 것, 이것이 바로 자연주의의 특이한 표식이며 자연주의의 「일반화」의 수법이다. 이 진부한 수법의 밑바닥에는 문학을 「기록」「사진」「등사」 등등으로 교체시키려는 자연주의적 미학의 호소가 숨어 있는 것이다. 그리고 이 호소는 모든 사회 현상의 호상 련관을 무시하는 실증주의의 근원을 두고 있는 것이다.[15]

한효는 자연주의 사조를 절대적으로 반대하였으며 안함광과 윤세평은 불완전한 사실주의로서 자연주의를 부분적으로 인정

14 (자료)「자연주의」, 『조선문학』, 1966. 8. 16쪽.
15 한효, 「자연주의를 반대하는 투쟁에 있어서의 조선문학」(1), 『문학예술』, 1953. 1. 121쪽. 127쪽.

한다.[16] 한효는 자연주의에 형식주의, 예술지상주의, 퇴폐주의, 상징주의, 신비주의 등을 포함시킨다.[17] 한효는 자연주의를 온갖 원시적인 정욕을 가진 동물적인 인간을 그리는 것으로 규정하면서 그 대표적인 작가로 염상섭을 제시하고. 특히 그의 단편 「제야」, 장편소설 『만세전』과 평론 「개성과 예술」을 꼽았다. 아울러 김동인을 비롯하여 1919년 이후 예술지상주의, 퇴폐주의, 상징주의, 신비주의 등을 통틀어 자연주의라고 규정한다. 한효는 자연주의의 문제점으로 이러한 점을 거론하면서 이러한 현상으로 인해 인간과 사회를 총체적으로 보지 못한다는 문제점을 제기한 바 있다.

한효의 문학관은 이후 전후 복구 건설을 주제로 한 '작품 총화 보고'에서 "나타난 결함만을 과장하고 때려부시는 식의 비원칙적 경향에 떨어지고 말았다"[18]는 비판을 받는다. 한효를 비판했던 김강은 자연주의와 형식주의 비판에 이어 "제 아름다운 것, 웃음, 비극적인 것, 영웅적인 것 등을 과학적으로 규명하여 복구 건설에 궐기한 인민 대중들의 정치적-도덕적 면모의 묘사에 적용하는 것은 평론 앞에 제기된 중요한 문제"임을 강조한다.

1950년대 중반에는 도식주의를 경계하기 위해 비속사회학

16 장사선, 「남북한 자연주의 문학론 비교연구」, 『국어국문학』130, 국어국문학회, 2002, 355-356쪽.

17 한효 외, 『문예전선에 있어서의 반동적 부르죠아 사상을 반대하여』자료집 2, 조선작가동맹출판사, 1956. 265-266쪽

18 김강, 「최근 문학 평론에서 나타난 몇 가지 결함들과 그의 당면 과업」, 『조선문학』, 1954, 8, 108쪽.

적 경향에 대한 논의들이 중요하게 진행되었다. 비속사회학적 경향이란 중요한 사회적 현상의 본질이 명백한 작품이라면 예술적 성과 여부를 막론하고 추켜세운 반면에 생활의 다른 측면을 묘사한 작품은 예술적 성과가 있다고 하더라도 작가의 사상성을 의심하는 경향을 일컫기도 한다.

1956년 10월에 열린 제2차 조선작가대회에서는 '도식주의와 기록주의 비판과 극복'에 관한 문제가 주요하게 다루어졌다. 제2차 조선작가대회 문헌집에는 당시 평론가들의 여러 의견이 개진되어 있는데 미학적인 문제에 관심을 돌리고 있다. 여기에 실린 보고서에 의하면[19] 도식주의적 경향이란 현실생활에 기초하여 그것을 진실하게 묘사하는 대신에 작가 자신의 주관적 견해를 도해하는 것이며 기록주의적 경향은 작가가 내세운 사상, 주제적 과업에 복종되도록 생활 현상들을 선택하며 일반화하는 대신에 이것저것을 복사하는 것이며, 무갈등론적 경향이란 현실에 존재하는 모순과 갈등을 예리하게 표현하는 대신에 난관과의 투쟁과 성격적 충돌이 없이 주인공을 안일하게 성공시키며 현실을 미화하는 것이다.

이러한 비판의 내용은 북한에서의 사회주의 리얼리즘 창작기법에서 중요하게 취급되는 전형의 문제와 연결되었으며 무모한 구호 대신 작가의 현지 파견과 생활 체험이 더욱 강조되었다.

19 조선작가동맹, 「제2차 조선작가대회 보고《전후 조선문학의 현 상태와 조망》」에 관한 결정서」, 『제2차 조선작가대회 문헌집』, 조선작가동맹 출판사, 1956.

또한 이 보고서에서는 평론이 교조주의적 도식주의를 깨고 사상과 예술적 형식의 유기적 통일을 이루어야 한다는 주장이 제기되고 언어의 다양성문제, 작품에서 거두는 미학적 성과, 사실주의와 낭만주의 조화 등을 다룰 것을 제기된다.

한설야는 주인공의 독자적인 생각, 그 인물의 고유한 심리과정이 묘사되지 않고는 예술의 개성화도 있을 수 없으며 문제성의 예술적 일반화도 기대할 수 없다고 하여[20] 사상과 예술적 형식의 유기적 기능을 강조한다.

안함광은 이후에도 문학의 도식주의 비판의 일환으로 엄호석을 비판하고 미학적인 측면에서 김순석도 자연주의, 형식주의라 하여 비판한다.[21] 그는 「문학 전통의 심의와 도식을 반대하는 투쟁에서의 새로운 도식들을 중심으로」(『조선문학』, 1957. 4.)에서 엄호석의 「문학사 서술의 사회적 단순화를 반대하여」, 『조명희 연구』, 「문학평론에 있어서의 미학적인 것과 비속 사회학적인 것」(『조선문학』, 1957. 2.) 등을 예로 들면서 엄호석의 도식주의 비판이 오히려 도식주의임을 설파한다. 안함광에 의하면 엄호석이 미학의 문제를 다루었지만 허망한 내용이라는 것이다.

안함광과 엄호석의 글에서 한설야 작품에 대한 논쟁을 살펴

20 한설야, 「전후 조선문학의 현 상태와 전망」, 『제2차 조선작가대회 문헌집』, 조선작가동맹출판사, 1956, 51쪽.

21 안함광, 「문학 전통의 심의와 도식을 반대하는 투쟁에서의 새로운 도식들을 중심으로」, 『조선문학』 1957. 4. 130-132쪽.

볼 수 있다. 안함광은 엄호석의 「생활의 진실과 사실주의를 위하여」에서 한설야의 『대동강』에 대한 엄호석 평을 비판한다. 엄호석이 『황혼』의 중심 주인공을 준식이 아닌 려순으로 본 것에 대해[22] 비판한다. 안한광에 의하면 엄호석은 예술적 형상의 역사적 구체성을 무시하고 『황혼』을 분석한 것이다.

> 예술 창작의 경험은 예술이 현대적 문제, 시대적 감정으로부터 외면하며《예술성》만을 표방할 때 거기에는 무사상성, 예술지상주의의 거미줄이 치게 된다는 것을 보여주고 있다. 그런데 오늘 사회주의 건설의 첫 5개년 계획에 들어선 우리의 장엄한 현실은 예술가들로부터 로동에 대한 온갖 불성실한 태도, 라태, 안일성, 무사태평주의, 탐오랑비, 관료주의, 아첨 등 일체 부정적인 것, 진부한 것, 사멸해 가는 것들을 무자비하게 풍자의 불'길로써 불살라 버릴 것을 요구하고 있다.[23]

이에 비해 김명수는 『문학예술의 특수성과 전형성의 문제』[24]에서 준식을 중심적 주인공으로 보는 안함광의 견해에 반대한다. 계북은 『황혼』의 중심적 주인공을 '려순'이라고 하는 엄호석의 견해와 김명수의 견해에는 동의할 수 없다고 주장한다.

22 엄호석, 「한설야의 문학과 ≪황혼≫」, 『조선문학』, 1955, 11. 142-146쪽
23 김명수, 「문학예술의 특수성과 전형성의 문제」, 『조선문학』, 1956. 9. 155쪽.
24 김명수, 「문학예술의 특수성과 전형성의 문제」, 『조선문학』, 1956 9, 155쪽.

> 장편소설 『황혼』의 중심적 주인공에 관한 문제는 단순히 그 누가 이 작품의 중심적 주인공인가 하는 중심적 주인공에 관한 문제 자체를 위한 문제인 것이 아니라 사회주의적 사실주의 작품으로서의 『황혼』이 가지는 사상-예술적 특징과 밀접히 결부되는 중요한 문제인 것이다. 25

이러한 논쟁은 문학의 형식과 내용에 관한 것을 논의하는 것으로 당시 문학의 사상성과 예술성에 대한 논자들의 주장을 통해 북한 문학에서 다루는 주요한 문제와 부차적인 문제에 대한 구분의 기점을 살펴볼 수 있게 한다.

한설야는 '인류의 환희와 고통, 행복에로의 지향과 원수에 대한 증오' 등의 미학적 문제가 사회적 문제성과 결부되어야 함을 강조한다.

> 일부 평론가들이 현실 생활을 모르는 데서 평론가로서의 철학적 사색과 미학적 관점을 빈곤하게 만드는 점, 선진 문학에서 론의되는 명제들을 기계적으로 받아 들여서 맹목적으로 추종한 나머지 독단주의에 떨어지는 점, 사회학적 비속화의 관점으로 이 일면만을 안일하게 적당하게 해설 처리하려는 데서 적당히 작품의 슈제트라 설명하는 데 그치고 마는 것26

25 계북, 「전형적인 것에 관한 몇 가지 문제」, 『조선문학』, 1957. 1. 126쪽.
26 한설야, 「전후 조선문학의 현 상태와 전망」, 『제2차 조선작가대회 문헌집』, 조선작가동맹출판사, 1956, 54쪽.

엄호석은 사회학적 비속화를 경계하면서 이러한 견해를 지닌 김명수, 리정구를 비판하였고 김명수는 이를 수긍하면서도 미학적 특징에 대한 세밀한 기점에 대해서는 의견을 달리한다.

엄호석은 「문학평론에 있어서의 미학적인 것과 비속 사회학적인 것」[27]에서 당 제3차대회에서[28]의 교시에 대한 대책으로 마련된 제2차 조선작가대회의 의의를 제시하면서 문학의 본질로서 미학적 특성을 거론한다. 그는 일부 평론이 미학적 일반화 측면을 도외시하고 도식적일 수밖에 없는 까닭은 사회적 목적이 명료하게 드러나는 작품만을 선택하고, 사회현상을 작품 주제와 동일시하여 그 중요성 때문에 예술적 질이 우수하다고 평가하고, 갈등의 문제를 사회적 현상과의 관련에서만 다루기 때문이라고 설명한다. 그는 비속 사회학적 견해를 지닌 평론은 모든 작품에 갈등이 있어야 한다는 독단론을 펴고 과학적 측면에서만 갈등이나 구성을 분석하고 죽은 미학적 규범으로 산 작품을 분석하고 있으므로 이러한 도식주의적 경향은 재검토되어야 한다고 주장한다.

김명수는 이러한 엄호석의 의견에 동의하면서도[29] 엄호석이

27 엄호석, 「문학평론에 있어서의 미학적인 것과 비속 사회학적인 것」 『조선문학』, 1957. 2. 124-236쪽.

28 '조선로동당 제3차 대회'(1956. 4. 23. - 29.)에서는 "문학예술의 사상 예술성을 제고하기 위하여 일체의 반동적 부르죠아 사상과의 투쟁을 강화하면서 창작상의 도식주의, 문예학 분야에서의 사회학적 비속화를 반대하는 투쟁"을 결의한 바 있다.

29 김명수, 「문학에서 '미학적인 것'을 바로 찾기 위하여—엄호석의 《문학평론에서의 미학적인 것과 비속 사회학적인 것》을 중심으로」, 『조선문

작품의 미학적 내용을 작가의 현실에 대한 태도에서만 찾고 있는 것을 비판한다. 김명수는 현실의 미학적 특성은 '아름다운 것—또는 추악한 것—숭고한 것, 비극적인 것, 희극적인 것 및 기타'이며 현실에 대한 인간들의 미학적 관계를 천명하여 이러한 토대를 평론에서의 미학적인 것의 기점으로 삼아야 한다고 주장한다.

안함광은 이 모두를 비판하면서[30] 문학에서 도식주의와 비속 사회학적인 것을 반대한다는 구호 아래 문학의 당성과 사상성이 약화되는 것은 잘못된 경향이라 보았다. 황건은 이와 관련하여 작가의 역할을 강조한다.

> 도식주의와 현실의 위선적 과장, 즉 문학의 비속화는 우리 작가들이 복잡하고도 굴욕에 가득찬 산 현실을 개성적으로 깊이 있게 포착을 못하고 그것을 레알하게 묘사하는 데 기량과 노력이 부족한 데서 오는 것으로, 현실을 연구하고 작가적 소양을 높이자는 구호의 일위적 의의도 여기에 있으며 근본책임은 무엇보다도 우리 작가들에게 있다.[31]

문학에서 아름다운 것과 미학적 태도에 관심을 기울인 한효

학』, 1957. 3. 135-144쪽.

30 안한광, 「문학 전통의 심의와 도식을 반대하는 투쟁에서의 새로운 도식들을 중심으로」, 『조선문학』, 1957. 4. 129—144쪽.

31 황건, 「산문 분야에 제기되는 몇 가지 문제」, 『제2차 조선작가대회 문헌집』, 조선작가동맹출판사, 1956, 79쪽.

는 문학의 예술적 특수성에 관한 문제가 작가, 평론가들의 특별한 주의를 끌게 되었다고 지적한다.[32]

문학에서의 도식주의와 기록주의에 대한 이러한 비판을 통해 점차 개성이 중시되는 현상이 나타난다. 김북원은 "제강적인 내용을 담아 류사성에 빠지는 것"[33]을 비판한다. 여기에서 제강적인 내용은 특수한 기념적인 용어에 기계적으로 정답처럼 나열하는 것을 뜻하는 것이다. 김북원은 도식주의와 관련하여 시 창작에서 나타나는 "개념화와 서정의 빈곤화"를 비판한다. 김북원은 엄호석이 구호만 나열한 시를 좋게 평가한 것을 비판하면서 "스찔의 다양성, 주제의 다양성"이 시급함을 주장하여 도식성으로 인한 유형성을 극복할 것을 제시한다.

아래의 두 시는 김북원이 위에서 언급한 제강적인 내용을 담아 유사성에 빠진 시인데 그는 이 두시가 서로 유사하다면서 깊이가 없다고 비판한다. 이어서 그는 비평에 있어서도 미학적인 구체성을 제시하여야 한다고 주장한다.

얼마만이냐
뜨거운 심장에
불물 끓어 타는 전기로야

32 한효, 「아름다운 것과 미학적 태도」, 『조선문학』, 1957. 6.
33 김북원, 「시문학의 보다 높은 앙양을 위하여」, 한설야 외, 『제2차 조선작가대회 문헌집』, 조선작가동맹출판사, 1956.12.25.

가렬한 포연속 그 어느 순간에도
로를 그리워 애타던 전로공
우리는, 다시 너에게로 돌아왔다.

-원진관, 「다시 전기로에로 돌아 오다」에서

20년 긴 세월을
나의 청춘과 함께 살아온
용광로여!
몇해만이냐
우리 여기서 다시 만남은…

-박문서, 「용광로여!」에서

이 시기에는 평론에서 자의적으로 작품을 평가하는 것이 경계됐는데 엄호석과 한효의 평론이 그 대상이 된다.

다수로 평론가들에게는 추켜올리는 계렬이 있고 그와 반대로 지나가는 사람마다 건드리는 길가의 북처럼 뚜들겨 맞는 계렬이 있는가 하면 제3계렬은 대체로 대상으로도 되지 않았다.
(…중략…)
상기론문에서 한효는 14편의 주제를 해설하면서 그를 성과적 작품으로 평가하고 있는바, 조기천의 작품 6편을 제한 기타 작품들의 태반은 우리의 기억으로는 성과적 작품임을 알지 못한다. 구체적으로 말하여 안룡만의 「축제의 날은 가까워」, 홍순철의 「산사람들의 밤이여」, 리찬의 「들으시라 삼천만 조선 인민의 이 우렁찬 찬가를」, 민병균의 「환송의 노래」, 「분노의 서」 등 작품이 성과적인 것을 우리는 알지 못하며 이 시기의 안룡만의 작품에는 「승리의 찬가」가 있는 줄 알며, 리찬에게는 쏘련 방문시초중의 몇 편을 알고 있다.

조쏘친선 주제에 있어선 리정구의 「영원한 악수」, 김상오의 「첫눈」을 알고 있으나 민병균의 「환송의 노래」는 이야기도 되지 않았으며 「분노의 서」는 독자들의 분노를 자아낸 작품으로 알고 있다. 구태여 여기 더 첨가한다면 리호남의 「지경돌」, 김광섭의 「감자현물세」, 정문향의 「승리의 선언」은 기록되여 마땅할 것이라고 생각된다.

이러한 자의적인 론단은 엄호석의 경우에서도 말하게 된다. 구체적으로 말하여 우리는 민병균의 「기억하라」를 기억하지 못하며, 안룡만에세는 「분노의 불ㅅ길」이 아니라 「나의 따발총」이 있는 것을 알고 있으며, 홍순철의 「삼천만의 목소리」는 구호시의 전형으로 알고 있으며, 정문향에 있어선 「그는 이렇게 걸어 갔다」를 기억하고 있다.[34]

김북원은 이러한 비판을 통해 평론가의 영향력을 염두에 둘 것을 당부하면서 미학적 깊이를 가지고 공정하게 비평할 것을 주문한다. 김순석은 시에 있어서의 개성화와 일반화를 이야기 한다.

34 김북원, 「시문학의 보다 높은 앙양을 위하여」, 한설야 외, 『제2차 조선작가대회 문헌집』, 조선작가동맹출판사, 1956. 12. 25.

> 우리는 무엇을 감추고 무엇을 버렸는가. 시인들의 현실에의 더욱 깊은 침투와 생활 속에의 더욱 깊은 접근과 거기서 이루어진 생동한 형상은 우리들이 얻은 것이요, 도식적 틀과 개념적 서술과 비개성적 죽은 글들은 우리들이 버린 것이다.[35]

김명수는 김순석의 시에 대해 "전변하는 우리 농촌에서 새 생활의 섬광이 번뜩이는 예각을 기민하고도 다감하게 붙잡아 내고 있으며 정서 깊은 지성과 기지, 섬세하고 다정한 어조로써 우리 생활과 함께 시인의 얼굴을 부각시키고 있다"라고 하면서 그의 개성을 찬양한다.

이러한 일련의 도식주의 비판은 북한 문학에서의 미학적 분야에 대한 관심을 제고하여 문학의 특성으로서 미학과 감성의 중요성을 되새기는 역할을 하였다.

이러한 경향은 천리마시기에 접어들면서 더욱 강조되는데 이는 일정한 구호 아래 같은 의도의 시들을 창작하는 경향이 짙어졌기 때문이다. 천리마 시대에 본보기로서 장려되는 노동계급을 형상화할 때 많은 작품들이 서로 유사한 내용을 전개하였다. 천리마 시대를 대표하는 노동계급으로 제철공, 용해공, 어로공 등등을 형상화하다 보니 비슷한 내용의 작품들이 많아진 것이다. 이러한 유사성에 대한 비판은 방연승의 글에서도 나타난다. 방연승은 천리마시기를 문학적으로 형상화할 때 문

35 김순석, 「시의 새로운 전진과 목표」, 『조선문학』, 1958, 1. 107쪽.

제가 될 수 있는 도해적이며 기록적이고 유형적인 결합에 대해 논한다. 그는 천리마 시기 미담을 소개한 기록주의적 태도를 벗어날 것을 주문하고 현실 탐구를 통한 시적 착상을 생활의 진실에 반영시킬 것을 주문한다. 그는 반복된 유형으로 인해 작품이 무개성적으로 변할 수밖에 없음을 안타깝게 생각한다.

다음 두 시는 방연승이 유사성으로 인한 무개성을 경계하기 위한 예로 제시한 작품이다.

가야금아 울려라 새 생활의 노래
달'빛이 휘영청 꿈속마저 말해 주니
아름다운 처녀의 마음 줄마다 타고 건너
별'빛과 속삭여라, 은하수에 비껴라

-김조규, 「목장의 가야금 소리」에서(『조선문학』 1963.1.)

어서 불러라, 처녀들아
달 뜬 밤 꿈 같이 고요한 골짝에서
너희들의 행복을 청춘의 기쁨을
마음껏 마음껏 노래 불러라
(… 중략 …)
달님도 너희들 노래를 듣고
저렇게 부드러운 빛발로
골짜기 포근히 덮어주는 이 좋은 밤

어서 불러라 처녀들아 행복의 노래를

-「행복의 노래」 중(『조선문학』, 1963. 4.)

방연승은 유형이 유형을 낳는 도식주의와 기록주의를 극복하는 방법으로 시인들이 개성과 스타일의 다양성을 부단히 탐색할 것을 주문한다.[36]

강성만은 개성 있는 작품으로 다음을 예로 든다.[37] 강성만에 의하면 이 시는 산과 들, 농촌에 이르는 곳마다 흘러내리는 물소리를 통해 협동마을과 그에 대한 당의 보살핌의 자랑을 노래한 것이다. 이 시는 아름다운 자연을 회화적으로 묘사하지 않고 음악적으로 표현한다.

물'소리, 물 모래 소리!
바람 소리만 들려 오던
산'새 소리만 들려 오던
왕대산 마루에도 물노래 소리

-함영기 「물'소리 물노래 소리」

이 시는 시청각적 이미지를 활용하여 시적 정서를 표출한다. 이 시는 각운을 반복해서 사용하여 짧은 호흡을 단위로 가볍고 경쾌한 리듬을 느끼게 한다. 이 시는 협동마을에서 이루어 놓은

36 방연승, 「서정시의 전투적 기능을 제고하기 위하여」, 『시문학』8, 1963.2.
37 강성만, 「서정시와 일반화의 특성」, 『조선문학』, 1964. 8.

성과를 구체적으로 언급하지 않으면서도 밝고 긍정적인 기운을 느끼게 하는 참신한 작품이라고 할 수 있다.

2절 수정주의 비판, 논리적인 것과 감성적인 것의 일치

오늘과 같은 사회주의 건설의 보람찬 시대에 살면서
또한 강철의 백만 대로 속에 끼여 있으면서 어떻게 순간인들
그러한 고독과 애수에 잠겨 있을 수 있겠는가[38]

북한문학의 이론적 토대와 창작방향은 조직의 정비[39]와 문예정책을 통해 살펴볼 수 있는데 이에 위반되는 경향은 부르주아 미학을 주장하는 수정주의로 치부되어 대대적인 비판을 받게 된다.

1953년 9월에 개최된 제1차 〈전국작가예술가 대회〉에서는

38 윤세평, 「시 문학에서 부르죠아 사상잔재를 반대하여」, 『문학신문』, 1959년 1월 4일자, 이상숙 외 편, 『북한의 시학연구』 3, 2013, 소명출판, 285쪽.

39 〈북조선 예술 총련맹〉 결성(1946.3.3.5) → 〈북조선 문학예술총동맹〉 결성(1946. 10.13~14) → 〈조선문학예술총동맹〉 결성(1951.3.10.) → 〈조선작가동맹〉(1953.3.26.) 조직 → 제1차 〈전국작가예술가대회〉(1953.9.26.~27) → 제2차 〈조선작가대회〉(1956.10.14.~16) → 〈조선문학예술총동맹〉 재결성(1961.3.2)

'조선문학예술총동맹'을 해체하고 '조선작가 동맹'을 발족할 것이 제기되었다. 이 대회에서는 모든 문학예술이 복구 건설에 구체적으로 이바지해야 한다는 결정과 함께 고전문학 유산의 계승, 아동문학과 평론, 신인 육성사업 등을 강화하자는 정책도 결의되었다. 이 대회에서는 이전 시기의 문예에 대한 성과 보고와 함께 여러 가지 결정이 이루어졌다.[40] 이 대회에서는 '반동적 부르주아 미학'을 비판하고 문학의 주요한 주제로 고상한 애국주의를 다룰 것이 권고되었으며 새 시대 주인으로 노동영웅을 그릴 것과 미국과 남한 정권에 대한 증오와 적개심의 감성이 문학 속에서 구현할 것이 제시되었다.[41]

이 시기 조직개편으로 남로당 계열이 축출되고 '부르주아 미학 잔재'에 대한 이론 투쟁이 가시화되었으며 사실주의 논의는 이후 사회주의적 사실주의 발생의 기점 문제와 발생 과정에 관한 논의, 민족적 특성 논쟁, 전형 논쟁 등으로 이어져 북한 문학에서 사실주의 문예비평의 중요한 분기점이 된다. 또한 이 시기는 남북의 가치관의 차이가 문학예술을 비롯하여 문학사 서술에까지 영향을 미친 시기로 북한만의 『조선문학사』가 출판된 시기이다.

전쟁 직후 북한 문학계는 정치적 무관심과 무사상성, 부르주

40 윤세평, 「전후 복구건설 시기의 조선문학」, 「해방 후 10년간의 조선문학」, 조선작가동맹출판사, 1955, 280쪽.

41 「전국 작가예술가 대회에서 진술한 한설야 위원장의 보고」, 『조선문학』 창간호, 조선작가동맹출판사, 1953.10. 108-137쪽.

아 민족주의와 '꼬스모뽈리쯤' 등을 부르주아 반동 문학 조류라고 판단하고 이를 유포하는 '반동적' 작가로 임화, 이태준, 김남천 등을 비판한 바 있다. 이에 따르면 이태준의 해방 이전 작품이 '패덕적인 색정 소설'이며 이광수의 문학은 '반동적인 자연주의 문학'이고 임화와 기석복과 정률은 이를 옹호한 작가들이다.

> 그들의 매국적 반동문학은 문학의 발생을 유심론적으로 해석하면서 일체의 인민적 전통을 적대시하며 국어의 순결성과 일체의 민족적 특성을 무시하거나 복고주의적으로 해석하면서 자기 민족의 것보다는 양키의 것들이 좋고 우수하다고 떠들어 대며 사람들을 고상할 애국주의 사상으로 교양할 대신에 침략의 사상적 무기인 꼬스모뽈리찌즘을 전파한다. (…중략…) 그들의 반동문학은 충실한 리얼리즘과는 반대로 형식주의와 자연주의 기타 그것들의 아류로써 특징된다.[42]

한설야는 임화의 문학이 인간 증오사상, '꼬스모뽈리찌즘', 타락과 퇴폐주의, 고독과 세기말적 절망의 감정을 유포하였다고 비판한다.[43]

윤세평은 이태준의 초기 문학을 색정주의 문학으로, 그 이후

42 안함광, 「문학의 사상성과 예술성」, 『문학론』, 1952, 이선영, 김병민, 김재용 편, 『현대문학 비평 자료집』 2, 태학사, 1993. 386쪽.

43 한설야, 「문예 전선에 있어서의 반동적 부르죠아 사상을 반대하여」, 엄호석, 『문예전선에 있어서의 반동적 부르죠아 사상을 반대하여』, 조선작가동맹출판사, 1956, 5-44쪽.

문학을 친일 사상과 숭미 사상의 일환으로 보고 이태준이 주장하던 순수예술의 허위성을 고발하며 그의 친일 행각을 비판한다.[44]

안함광은 이광수 문학의 반동적 본질을 설파하면서 이광수 문학이 보여주는 민족문화유산에 대한 허무주의적 태도와 민족적 계급적 자각을 마비시키는 요소에 대해 비판한다. 이광수 문학과 더불어 남한 문학 작품들이 한결같이 퇴폐주의와 '꼬스모뽈리찌즘'의 선전에 약진하고 있으며 북한 인민들의 고상한 도덕적 품성을 중상하는 사상을 유포하고 있다고 주장한다.[45]

엄호석은 부르주아 문학의 무당성의 허위성을 비판하고 식민지 시기부터 해방기까지의 조선문학의 진보적 전통으로서 염군사, 신경향파, 카프를 거론하고 1930년대 항일혁명 빨치산의 투쟁, 소련 문학의 영향을 다룬다.

황건은 기석복, 정률, 전동혁이 이태준의 문학을 옹호한 점을 비판한다. 황건의 이태준과 김남천에 대한 비판의 요지는 그들의 작품이 혁명 정신을 모독하고 허무주의와 패배주의를 심어준다는 것에 있다.[46]

44 윤세평, 「해방 전 조선의 반혁명적 문학집단 「九인회」의 정체」, 엄호석, 『문예전선에 있어서의 반동적 부르죠아 사상을 반대하여』, 조선작가동맹출판사, 1956, 83-98쪽.

45 안함광, 「리광수의 문학의 반동적 본질」, 엄호석, 『문예전선에 있어서의 반동적 부르죠아 사상을 반대하여』, 조선작가동맹출판사, 1956, 45-82쪽.

46 황건, 「산문 분야에 끼친 리태준, 김남천 등의 반혁명적 죄행」, 엄호석, 『문예전선에 있어서의 반동적 부르죠아 사상을 반대하여』, 조선작가동

1950년대 북한 문학에서는 문예정책과 창작에 대한 논의가 활발하게 이루어졌는데 부르주아 문학과 남한 문학에 대한 비판을 발판으로 삼아 그 이론을 정립하였다고 봐도 무방할 것이다.

또 다른 수정주의로 비판받은 대상은 도식주의와 개념적인 구호를 반대하는 일련의 움직임 속에서 찾아볼 수 있다. 그 대표적이 예로 시인의 개성적인 얼굴이 발현되었다고 평가 받았다가 수정주의로 평가되어 비판의 대상이 된 김순석의 시집 『황금의 땅』을 들 수 있다.

마지막 오솔길

잘 가거라 마지막 오솔길……
네 위에 오래 서렸던 한숨같이
두 줄기 끝없는 달구지 자국도
자국에 자라 우거진 존새 풀승구리도

허술하고 초라하고 인적기 없어
눈에도 띄우지 않은
고향의 좁은 오솔길
마지막으로 오래 나를 걸쿠어달라,

맹출판사, 1956, 165-180쪽.

맨발에 밟히던 흙 내음새
꼴단을 베어 지고 소를 몰며
같이 비에도 젖었던 사이,
같이 해에도 말렸던 사이,

해 뜨기 전 이슬 무렵엔
머슴의 처지가 하도 애처로워서
너는 풀잎에 나는 두 눈에
같이 눈물도 흘렸던 사이,

우리 피차에 무슨 좋은 일 있었던가
너는 덤불에 묻혀 나는 가난에 묻혀
기름 치지 않은 달구지 소리처럼
어린 날의 짓궂은 세월은 구을러갔지……

넓은 길은 깔린다……
전선줄이 노래하며 뻗는다
또락똘의 가벼운 동음……
땅을 흔든다, 가슴을 흔든다.

잘 가거라 마지막 오솔길

천년 너와 함께 있자던 가난도 슬픔도,
삐걱이던 달구지 소리도,
영원히 영원히……

-김순석, 『황금의 땅』, 조선작가동맹출판사, 1957.

김순석의 「마지막 오솔길」이 수정주의로 치부되어 비판을 받게 된 이유는 "우리의 생활 현실을 외곡하였거나 오늘의 사회주의 건설자들의 사상 감정들과는 거리가 먼 낡은 사상 미학 잔재를 그대로 로출시키고"[47] 있기 때문이다.

윤세평은 이 시에 대해 시인의 입장이 모호하고 내용과 사상이 없으며 고독과 애수가 짙은 '소부르죠아' 사상을 노출시키고 있다고 평한다. 여기에서 시인의 입장이 모호하다고 비판 한 이유는 시인이 개인적인 감성을 표출할 뿐 시대적 감성을 대변하기 않기 때문이다.

김순석의 시 「'저무는 고개' 길에」는 젊은이의 사랑의 풍속도를 보여주고 있는데 이에 대해 윤세평은 당시 시대의 공산주의자적 인격이 풍겨지지 않는다고 비판한다. 윤세평은 김순석의 시의 주된 정조가 '고독과 애수'인데 그러한 감성은 생활 현실과 시대적 감성을 제대로 반영하지 못하는 것이라고 비판한다. '고독과 애수'의 감성은 이 시기 새로운 시대로의 도약을 위해 북한문학에서 장려하는 감성에 해당되지 않았다.

47 윤세평, 「시 문학에서 부르죠아 사상잔재를 반대하여」, 『문학신문』 110, 1959년 1월 4일자.

이 작품은 '소부르죠아 인테리'의 나약한 본성을 드러낸다고 평가 받았는데 이는 당시 영웅적 현실에 대한 힘 있는 반영에 위배되는 감성을 도출했기 때문이다. 이 시기에 낡은 사상으로 치부되고 배척되어야 하는 감성에는 '고독과 애수 정서, 인간 증오사상, 꼬스모뽈리찌즘, 타락과 퇴폐주의, 고독과 세기말적 절망의 감정, 혁명적 낭만성 대신 잃어버린 것에 대한 감상적 애수' 등이 해당된다. 이러한 글에서는 김순석의 시가 변화하는 현실에 걸맞지 않은 감성들을 표출하고 논리적인 것과 감성적인 것의 불일치를 나타낸다고 하여 비판한다.[48]

> 김순석은 날로 전변되며 전진하는 오늘의 위대한 현실에서 혁명적 랑만성을 찾는 대신에 잃어버린 것에 대한 감상적 애수에 잠기는 것이 더 많으며 이러한 사정으로부터 그의 시가에는 론리적인 것과 감상적인 것이 통일되지 못하고 분렬된 채로 로출되는 경우가 또한 많다.

이와 연관하여 이 시기 논의에서는 나약한 인테리의 절망을 형상화하거나 무저항주의와 현실도피 사상, 퇴폐적이며 자연주의적 흔적이 강한 작품도 아울러 비판받는다. 1956년 '8월 전원회의'(1956. 8. 30~31)에서는 홍순철, 한 효 등을 축출하였으며 안막, 서만일, 윤두헌 등에 의하여 유포된 '부르죠아 유미주의'

48 윤세평, 「시 문학에서 부르죠아 사상잔재를 반대하여」, 『문학신문』 110, 1959년. 1월 4일자.

의 해독성을 비판한다.

이 시기에는 남한 문학도 자연주의 일환으로 비판하고 있는데 남한에서는 퇴폐주의적 자연주의의 경향성이 범람하고 있으며 이는 "인간 증오 사상과 동물주의의 선전", "민주진영에 대한 중상 비방과 전쟁 선동", "인간 허무주의와 무저항주의의 설교", "데카당적 방탕과 음란한 색정주의 예찬", "고위한 민족 고전의 왜곡 말살과 세계주의 배양"이라고 설명된다.

> 오늘 미제와 리승만 팟쇼 통치하에 있는 남조선은 압제와 살육, 기아와 질병의 소굴로 되어 있을 뿐만 아니라, 퇴폐적인 자연주의 문학이 범람하는 더러운 진창으로 변하고 있는 것이다. (…중략…) 자연주의는 제국주의적 부르죠아 문학의 전체가 그러하듯이 완전히 정신 허약 상태에 있는 현대 부르죠아 문학에서 극도의 반동성과 반예술성에 도달하고 있다. 그는 력사의 행정에 의하여 사멸의 운명에 직면한 제국주의 말로를 유지해 보려고 갖은 방법을 다하여 사회 발전의 객관적 제 현상을 호도하는 데 광분하고 있다.[49]

1950년대 들어 지속적으로 이루어진 부르주아 미학사상 잔재에 대한 비판은 자본주의 문예미학에 대한 부정으로 사회주의 리얼리즘의 본 모습을 찾기 위한 일련의 과정으로 볼 수 있다.

49 박임, 「남조선의 반동적 자연주의 문학」, 한효 외, 『문예전선에 있어서의 반동적 부르죠아 사상을 반대하여』자료집 2, 조선작가동맹출판사, 1956. 286쪽.

이 시기 북한 문학은 창작방법 토대로서 미학적 감성을 제시하면서 부르주아 반동문학을 비판하여 북한 문학의 지향점을 제시하고 있다. 반동으로 치부된 부르주아 미학사상에 대한 대대적인 비판은 '사회주의적 내용과 민족적 특성'에 관한 논의로 나아간다.

한편으로는 북한 문학계에서는 혁명전통을 정립하기 위해 많은 논쟁을 전개한다. 문학의 혁명적 전통 문제가 핵심적인 문제로 대두되었던 1950년대 중반에는 카프문학이 논의된다.

북한 문단에서는 1956년 10월에 열린 제2차 작가대회에서 카프문학을 혁명 전통으로 결정하고 1956년 조선작가동맹의 규약에는 혁명전통으로서 카프가 명시된다.[50] 이와 연관하여 임화, 김남천, 이태준의 숙청과정에 관련된 논의들을 살펴볼 수 있다.

「문학 예술 분야에 있어서의 반동 부르주아 사상과의 투쟁을 더욱 강화함에 대하여」(1956.1.18.)에서는 기석복, 정률 및 이들을 추종한 김조규, 민병균 동무들을 동맹상무위원에서 제명한다는 내용이 제시된다. 이들이 제명 된 까닭은 이들이 임화, 이태준 김남천 등을 지지하면서 문학의 건전한 발전을 저해하였기 때문이다. 이후 임화, 김남천, 이태준에 대한 비판은 송영(「림화에 대한 묵은 논죄상」, 『조선문학』, 1956.4), 김명수(「흉악한 조국 반역의 문학」, 『조선문학』, 1956.4.) 엄호석 「사회주

50 김재용,「북한 문학계의 '반종파 투쟁'과 카프 및 항일혁명문학」,『북한 문학의 역사적 이해』, 문학과지성사, 2000, 133-147 참고.

의 리얼리즘과 우리 문학」(『조선문학』, 1955.3.) 등의 논의에서 지속된다. 엄호석은 기석복 정률이 사회주의 리얼리즘 발생 시기를 카프 활동 시기가 아닌 해방 이후로 본 것을 비판한다. 혁명전통의 기점에 대한 논의는 항일혁명문예 전통에 관한 문제로 전이되면서 민족적 형식이 논의된다.

1950년대 말에는 '민족적 형식'과 민족적 특성론이 대두되고 이러한 논의에서는 문화유산 계승의 차원을 넘어 주체의 확립을 위한 혁명적 전통론이 제기된다. 이에 따르면 민족적 형식이란 문학 작품의 단순한 형식이 아닌 언어, 생활 환경, 풍습, 기질 등 민족적인 모든 특성을 포괄하는 '민족적 구체성'[51]을 의미하며 사회주의적 내용의 표현 형태이다. 사회주의적 내용과 민족적 형식으로서 논의된 민족적 품성에 관한 것은 민족적인 것과 계급적인 것의 변증법적 결합[52]이라고 볼 수 있다.

이 시기에 문학에서 장려되는 인민의 감정은 민족적 기질과 연관되어 문학 속에서 조선사람의 특유한 생활감정이 드러날 것이 요구된다. 그 내용으로 '민족 생활양식, 기질, 타이프' 등이 논의되면서 '비통한 감정, 명랑한 것, 얌전한 시정, 거들거리는 것, 유모어, 웃음'에 대한 성격이 논의된다. 이러한 논의에서는 조선인들의 특유한 생활감정이 잘 드러나는 것으로 '보름달, 초

51 김창석, 「문학예술의 민족적 특성에 대해서」, 『조선문학』, 1959, 4, 125쪽.

52 신형기, 「북한문학에서의 '민족적 특성' 논의-주체문학론의 발단」, 『민족이야기를 넘어서』, 삼인, 2003.

가 삼간, 색동 저고리' 등을 제시하면서 간결하고 선명한 민족적 형식으로 고전동요에 속하는 서정단시, 서정 서사시, 유희 동요 형식 등을 제시한다.

> 이상의 고전 동요에서 어디인지 모르나 조선의 보름달을 보게 되며 어디인지 모르게 보름달에 대한 조선 사람의 특유한 심정을 느끼게 된다. 이 고전 동요에서는 우리 나라의 어느 한 사람의 유명한 시인이 아니라 중국의 유명한 시인 리 태백이를 가져 왔음에도 불구하고 조선 사람의 특유한 생활 감정은 여실히 나타나고 있다. 그것은 긴 설명이나 복잡한 디테일로서가 아니라 선명한 시적 형상으로 단적으로 나타내고 있다.(…중략…)
>
> 이렇듯 다 같은 보름달이나 우리 조선들의 특유한 생활 감정이 간결하고 선명한 우리의 민족적 형식에 잘 나타나고 있는 것이다.(…중략…)
>
> 오늘날 우리의 동요에서는 유모어와 웃음이 드문데 고전 동요에는 그러한 시정이 수두룩하다. 53

1950년대 말에는 작가들에게 공산주의 교양의 당적 임무로 낡은 사상의 미학적 잔재를 청산하는 일이 주어진다. 1959년 4월에 개최된 조선작가동맹 중앙위원회 제4차 전원회의에서

53 윤복진, 「동요에서의 민족적 형식 문제」, 『조선문학』, 1957. 1. 148-149쪽.

는 위원장 한설야의 보고가 의정으로 채택된다. 이에 대한 내용은 한설야의 보고를 통해 살펴볼 수 있다.

> 이와 함께 당은 하루 빨리 사회주의의 높은 봉우리에 올라서기 위하여 전체 인민을 공산주의 의식으로 교양할 데 대한 중요한 과업을 제기하였습니다.
>
> 그리하여 낡은 사상 잔재를 청산하기 위한 사상 투쟁을 통하여 광범한 인민들 속에서 자본주의 의식은 효과적으로 청산되고 있으며 로동에 대한 공산주의적 태도와 새로운 집단주의적 생활 기풍이 확립되여 가고 있습니다.
>
> (…중략…)
>
> 주지하는 바와 같이 력사적인 제 3차 당 대회의 결정은 제1차 5개년 계획의 총방향을 제시하면서 사회주의 건설의 새로운 임무와 관련하여 우리 문학 예술이 가지고 있는 기본 결함들을 지적하고 작가 예술인들의 당성을 단련하며 맑스—레닌주의 세계관으로 무장하는 문제, 부르죠아 반동 사상을 반대하는 투쟁을 계속 강화하는 문제, 민족 고전의 유산을 계승 발전시키는 문제, 현실 생활에 깊이 침투하는 문제, 작가의 예술적 소양을 높이는 문제 등 강령적인 과업을 제시하였습니다.[54]

이 보고서는 북한 문학계가 제2차 조선작가대회 이후 문학의 당성과 인민성과 사상성을 고수하면서 이색적인 반동문학과

54 한설야, 「공산주의 교양과 우리문학의 당면사업」, 『조선문학』, 1959. 5. 4-25쪽.

의 투쟁을 전개하였고 그 결과로 많은 작가들이 숙청되었음을 밝힌다. 그 대상작가들은 임화, 이태준, 최창익, 박창옥, 홍순철, 한효, 안막, 서만일, 윤두헌 등이다. 이들이 비판받은 이유는 자유주의와 이기주의를 문학 속에서 발로하고 부르주아적 미학사상을 표현했기 때문이다. 이들 외에 '반동적 부르주아' 요소를 숨기다가 폭로된 작가로는 전재경, 조중곤, 김순석, 신동철 등을 제시한다.

> 그러나 최근 이자들의 정체가 폭로됨과 함께 그들의 작품에 내포되였던 반동적 요소들이 밝혀졌습니다. 전재경의 단편《나비》,《고향에서》, 조 중곤의 중편《나의 길》기타에 내포된 반동적 부르죠아적 요소들은 이미 지상을 통하여 폭로 비판되였습니다. (…중략…)
>
> 그러나 우리는 일부 작가들이 도식주의의 극복과 독창적인 스찔을 추구하는 나머지 의식적이든 무의식적이든 간에 소부르죠아적 개인 취미로 떨어진 실례들을 최근까지도 보게 됩니다.
>
> 그것은 이미 지상과 연단을 통하여 많이 론의된 김 순석의 시집《황금의 땅》이나 신 동철의 단편 소설《들》이 그 좋은 실례로 됩니다.
>
> 낡은 부르죠아 사상 잔재를 청산하지 못한 이러한 작가들은 무엇보다도《스찔의 다양성》,《개성의 발현》등의 그늘에 숨어서 그들의 달콤한 소부르죠아적 개인 취미를 추구하는 길에 들어 섰으며 의식적이든 무의식적이든 간에 부르죠아 사상을 류포하였습니다.

(…중략…)

제 2차 조선 작가 대회 직후 부르죠아 사상으로부터 완전히 해방되지 못한 일부 시인들은 쩨마의 령역을 확장하고 소위《영원한 쩨마》를 탐색한다는 구실 밑에 사랑의 주제에 매달리는 경향이 있었는바 그것은 시대적 임무에서 외면하려는 옳지 못한 편향으로 나타났습니다.

우리는 그들의 사랑의 시가 오늘의 사회주의 건설자들의 고상한 정신적 풍모를 체현하지 못하고 있다는 것을 지적하고 제때에 비판을 주었으나 한명천의 서사시《그 여자의 봄》은 통속적인 사랑의 탐미에 떨어진 대표적 실례입니다.

(…중략…)

그러나 자기의 부르죠아 사상 잔재를 청산하지 못한 일부 극작가들에게서는 갈등 설정을 예리화시킨다고 하여 현실의 부정면에만 매달리며 심각한 문제성을 제기한다고 하여 자기의 소부르죠아적 개인 취미를 로출시키는 편향들이 나왔습니다. 박태영의《멀고도 가까운 곳》, 권 준원의《족제비》, 황 의현의《농민》, 김 형의《강물이 풀린다》등은 현실 긍정의 높은 빠포스가 없이 생활의 어두운 구석이나 사말적이며 비본질적인 것에다 작가의 주되는 관심을 돌리여 혹심하게 현실을 외곡하였습니다.

(…중략…)

김 명수는 그의 일련의 평론들에서 우리 문학을 항상 첨예한 사회 정치적 투쟁의 밖으로 내몰고 부르죠아적 미학 사상을 류포시켰으며 특히 서 만일, 김 순석의 소부르죠아적 시편들을 찬양하여 그의 해독성을 조장시켰습니다.

이와 함께 엄 호석도 《김 소월론》과 《들》을 평한 평론들에서 들끓는 시대적 빠포스와는 거리가 먼 안온하고 사상성이 희박한 작품들을 내세움으로써 자기의 소부르죠아적 미학 취미를 발로시켰습니다.[55]

이상에서 살펴본 바와 같이 이 시기 북한 문학 담론에서의 미적 토대에 관한 논의는 북한 문학에서의 예술적 특수성과 현실의 윤리성에 대한 간극을 제시하고 있으며 도식주의와 수정주의에 대한 비판은 이후 문학 실천의 미적 토대로 구축되는 바탕이 된다.

55 한설야, 「공산주의 교양과 우리문학의 당면사업」, 『조선문학』, 1959. 5. 4-25쪽.

3절 속도 담론, 집단적, 혁신적 비약과 도취

[56]

북한은 전후 복구건설을 서두르고 인민경제계획과 사회주의 개조를 본격화시키면서 공산주의적 인간개조를 추구한다. 북한에서 1956년 이후 전개된 '천리마 운동', '천리마 작업반 운동', '청산리 정신과 방법' 등은 인민이 사상적, 감성적 측면에서 개조되기를 촉구하는 현상이라고 볼 수 있다. 특히 집단성을 바탕으로 하는 양상은 개인적인 감성영역이 미적 기초로서 사회적인 것으로 전환되는 현상으로 볼 수 있다.

천리마 운동은 1956년 12월 김일성이 당 중앙위원회 전원회의에서 행한 연설 「사회주의 건설에서 혁명적 대고조를 일으키기 위하여」 중 '천리마를 탄 기세로 사회주의 건설의 대고조를 일으키자!'라는 구호에서 비롯된다. 김일성은 "당 일꾼들이 군중 속에서 깊이 들어가 대중의 창발성을 최대한 발동시켜 사회주

56 (선전화) 곽흥모, 「동무는 천리마를 탔는가?」, 1958(『조선민주주의 인민공화국 창건 10주년을 기념하여』, 평양: 국립미술출판사, 1959)

의 경제건설을 기한 안에 완수하자"고 하였는데 이러한 발언 속에 집단적 혁신운동, 대중동원의 형태를 엿볼 수 있다.

북한의 평양 모란봉 공원에 세워진 조각상 '천리마 동상'은 1961년에 제작된 것인데 노동자와 농민이 천리마를 타고 승천하는 모습을 형상화한다. 이러한 형상화는 공산주의 사회로의 비약을 천리마의 힘찬 기세로 표현한 것이다.

김일성은 1955년 12월에 「사상사업에서 교조주의와 형식주의를 퇴치하고 주체를 확립할 데 대하여」를 발표하고 1950년대 후반에 들어서면서 공산주의 사회로의 비약적 건설을 목표로 삼고 이를 위해 계급교양과 공산주의 교양을 제시한다. 이는 1958년 11월 20일에 전국 시, 군 당위원회 선동원들을 위한 김일성의 연설인 「공산주의 교양에 대하여」에서 구체화된다. 이 연설에 의하면 공산주의 사상 교양에서 중요한 것은 사회주의적 애국주의와 프롤레타리아 국제주의 정신으로 교양하는 문제, 노동을 사랑하는 정신을 길러주는 문제 등이다.[57] 여기에서 공산주의 교양의 근간은 인민을 사회주의화하는 것에 있다고 하면서 인간개조 사업을 통해 사회주의 신념화를 촉구한다.

> 오늘 우리의 현실 생활과 근로자들 속에서는 벌써 공산주의의 싹들이 나타나고 있으며 공산주의의 새로운 도덕적 품격을 가진 사람들이 출현하고 있습니다. 우리 근로자들이 사회주의

57 조선로동당중앙위원회직속당력사연구소, 『김일성 저작선집 2(1957. 2-1960.11)』, 조선로동당출판사, 1968, 257-258쪽.

> 건설에서 발양하고 있는 고도의 애국적 혁명 정신, 특히 집단의 리해 관계와 원대한 리상을 위하여 헌신하는 자기희생적 정신, 그리고 어떠한 난관도 두려워하지 않으며 보수와 조건들을 타산하지 않는 로동의 태도와 정신—거기에는 훌륭한 공산주의의 새로운 기풍이 넘치고 있습니다. 58

> 사람들을 혁명화한다는것은 사람들의 머리속에서 리기주의, 개인주의를 비롯한 부르죠아사상을 빼고 개인의 리익보다도 집단과 전체의 리익을 중요하게 여기는 공산주의사상의식을 높이다는것을 말합니다. 다시말하여 혁명화한다는것은 개인의 리익을 버리고 당과 혁명을 위하여, 대중을 위하여, 인민을 위하여 물불을 가리지 않고 몸바쳐싸우려는 강한 의지를 가진 혁명가로 만든다는 것을 말합니다.59

이러한 글을 통해 당시 이상적인 인간상은 집단을 위해 성실히 일하고 타인을 위해 희생하며 애국주의를 지닌 공산주의 인간형임을 알 수 있다.

천리마 운동과 천리마 작업반 운동은 대중 동원을 통한 인간 개조를 추구한다. 이 시기에는 속도감 있는 경제건설을 추구하면서 인민들의 사상이나 도덕적 감성적 측면이 일신되기를 촉구한다. 이 시기에 내세운 천리마 작업반 운동에서 인간 개조의

58 한설야, 「공산주의 교양과 우리문학의 당면사업」, 『조선문학』, 1959, 5.
59 집필위원회, 『교육학: 사범대학용』, 학우서방, 1971, 97쪽.

유력한 방법으로 제시된 것은 '긍정을 통한 감화교양'이다.[60]

사회주의 건설의 끊임없는 혁신과 공산주의 낙원으로의 비약을 위해 인민은 천리마의 기세로 일말의 의심 없이 질풍처럼 내딛어야 했다.

> 천리마작업반운동은 천리마운동이 심화발전된것으로서 인민경제발전의 강한 추동력으로, 근로자들의 대중적경제관리의 훌륭한 방법으로 되었을뿐만 아니라 모든 사람들을 새로운 공산주의적인간으로 개조하는 훌륭한 대중적교양의 방법으로 되었습니다. 우리의 천리마기수들은 다만 생산혁신자들일뿐아니라 재능있는 관리일군들이며 능숙한 조직자들이며 참다운 공산주의교양자들입니다.[61]

천리마 운동에 이어 증산 경쟁운동의 형태인 천리마 작업반 운동이 1959년부터 시작된다. 이 과정에서 천리마 기수의 칭호가 생기고 노력영웅이 탄생한다.

천리마 시기에는 경쟁적인 속도감을 제시하여 대중의 열정을 끌어내고 집단적인 성취감을 이끌어내는 것이 주요한 시대정신이 된다. 1960년 2월에는 김일성이 청산리 농민들과 생활

---

60 김성보, 「1960년대 남북한 정부의 '인간개조' 경쟁」, 『역사와 실학』53, 2014, 161쪽.

61 김일성, 「조선로동당 제4차대회에서 한 중앙위원회사업총화보고(1961. 9.11.」, 『김일성저작집 15』(평양: 조선로동당출판사, 1981), 202 -203쪽.

하며 '청산리 정신', '청산리 방법'을 제시한다. 이에 관한 것은 여러 자료를[62] 통해 살펴볼 수 있는데 김일성은 주체확립과 혁명적 군중노선에 맞게 청산리방법(=혁명적 사업방법)과 인민적 사업작풍을 핵심적 내용으로 하는 사회주의적 리더십을 새롭게 만들어 낸 것이다.[63] 여기에서 주목할 수 있는 사항은 상위기관이 하위기관을 도와주면서 대중의 자각적인 열성과 창발성을 동원하여 혁명과업을 수행하는 데 있다.

북한 문학에서는 사회주의사실주의 창작방법을 통해 공산주의 교양을 제고시킬 수 있는 양상을 제시한다. 문학예술에서는 집단적이고 이타적 인간개조를 위해 천리마의 기세로 나아가는 근로자들이 형상화될 것이 권고된다. 특히 1950년대 후반은 천리마 운동 시기로 노동자의 역할이 중시되는 상황이었기에 노동자들의 자발적인 헌신을 칭송하는 시와 소설이 창작된다.

류만은 이 시기 문학의 특징은 "생산관계의 사회주의적 개조를 위한 창조적 노동의 메아리를 적극 표현한" 것이라고 설명한다.[64] 이 시기에는 '시대정신을 반영한 구체적이고 가슴에 안길 서정시'가 속출해야 했으며[65] 공산주의 문학 건설과 긍정적 주

62 집필위원회, 『교육학: 사범대학용』, 평양: 교육도서출판사, 1969(학우서방, 1971); 사회과학출판사, 9주체사상총서 제10권) 『영도예술』, 서울: 지평, 1989

63 김경욱, 「천리마시대(1956-1972)의 북한 교육교양에 대한 연구-북조선인의 탄생」, 『현대북한연구』2 1(1), 2018, 13-14쪽.

64 류만, 「현대조선시문학」, 조선작가동맹출판사, 1988. 22쪽.

65 김순석, 「시의 새로운 전진과 목표」, 『조선문학』, 1958. 1. 114쪽.

인공을 형상화하는 소설이 시급하였다.[66]

김일성은 「천리마 시대에 맞는 문학예술을 창조하자」(1960.11.27) 교시를 통해 문학예술이 천리마의 기세로 달리는 인민의 생활을 형상화할 것을 주문한다. 이에 대표적인 인물의 전형을 형상화하는 '천리마기수 형상론'이 등장한다. 이를 반영하여 북한 문학 창작에는 천리마 기수들의 노력으로 속도 초과가 이루어진 사례가 형상화된다.

대표적으로 김병훈의 「《해주-하성》서 온 편지」가 있다 이 소설에는 몇 년이 걸려야 할 해주-하성 간의 철도 부설공사를 청년돌격대가 75일 만에 완수했다는 내용이 주를 이룬다. 이외에도 최학수의 장편소설인 『평양시간』에서는 천리마시기인 1958년에 7천 세대분의 노동력과 자금으로 '2만 세대 조립식 주택'을 건설하는 과정이 형상화된다. 이는 평양시 건설자들이 주택 한 채를 14분 만에 조립한 것으로 계산되는데 이를 통해 '평양속도'라는 용어도 생긴다.

> 그래서 천리마를 탔지요. 어느 환상소설을 읽어보니까 빛의 속도로 나는 로케트를 타고 열흘 동안 우주를 다니다 왔더니 그동안 땅 우에서는 5년이라는 세월이 흘렀더라나요. 그래요. 우리도 천리마를 타고 해주-하성 삼 년 길을 한 달 반이라는 《우주 속도》로 달리는 거야요. [67]

66 김하명, 「공산주의 문학건설과 긍정적 주인공의 형상화에서 제기되는 몇 가지 문제」, 『조선문학』, 1959. 6. 122-136쪽.

> 우리는 남들보다 뒤떨어지구 남보다 못살았기 때문에 남들처럼 천천히 할수 없소. 그렇게 해서는 언제가나 남들보다 뒤떨어지오. 우리는 남들이 한걸음 걸을 때 열걸음 걷고 남들이 하루에 집 한채를 지을 때 열채 백채를 지어야 하오. 우리는 남의 기준을 가지고 일할수 없소. 남들이 열시간 하는 일을 우리는 한시간, 반시간에 해야 하오. 다른 나라 시간을 가지고 우리의 시간을 계산해서는 안되오. 우리는 우리의 시간, 평양시간으로 살고 평양시간에 준해서 계산해야 하오! (…중략…)
>
> 건설부문에서 혁명이 일어나자면 무엇보다 먼저 평양건설에서 혁명이 일어나야 하구 온 나라 건설자들이 대고조를 일으키자면 먼저 수도건설자들이 천리마를 타야 하오. 그래서 나는 동무들에게 우리에게 맞는 속도를 창조할 것을 호소하고 싶소. 전설에 우리나라의 말은 날개가 달려 하루에 천리씩 날아갔다고 하는데 동무들이 그런 말을 타고 기적적인 속도를 창조해 보오. 68

문학작품에서의 속도전에 대한 형상화는 대중의 감성적인 측면을 이끌어내어 근로자가 격정적이며 열성적으로 맡은 바 임무를 초과달성하게 하는 역할을 하였고 북한 전후 경제 복구와 사회주의 개조를 달성하는 데 일조한다.

---

67 김병훈, 「《해주-하성》서 온 편지」, 『조선문학』, 1960. 4. 44쪽.
68 최학수, 『평양시간』, 문예출판사, 1976, 328-329쪽.

2장

감성의 조직과 재편성

북한에서는 정권 성립 초기인 1948년부터 마르크스-레닌주의 미학에 기초한 사회주의 리얼리즘 문학예술론을 창작과 비평의 공식 원리로 채택한다. 북한 문학에서의 감성은 이와 연관하여 살펴볼 필요가 있다.

북한 초기 문학 담론에서는 감성을 분할하여 긍정적인 감성을 장려하고 부정적인 감성을 비판한다. 일반적으로 감성론을 설명할 때 아리스토텔레스의 수사학에서 비롯된 에토스, 파토스 등의 용어를 생각해 볼 수 있는 데 북한 초기에는 감성과 관련된 파토스라는 용어를 '빠뽀스'라고 칭하면서 감성을 분할하여 논의한다. 이를 통해 아름다운 것으로 격려되는 감성의 범주와 부정적으로 비판받는 감성의 범주를 살펴볼 수 있다.

1절 긍정 대 부정의 파토스

이것은 생활 속에서 벌어지는 새 것과 낡은 것과의 투쟁을 다만

> 신진적인 것과 반동적인 것 도덕적인 것과 비도덕적인 것, 진실한 것과 허위적인 것, 찬연한 것과 부패한 것 등 다시 말하면 아름다운 것과 추악한 것과의 투쟁으로서 묘사하여야 한다는 것을 의미한다. 69

1950년대 북한문학에서 미학적인 측면이 주요하게 논의되기 시작하면서 아름다운 것, 추악한 것, 비극인 것에 대한 문제의 해명이 요구된다. 작가들은 분할되고 재편되는 감성을 문학 속에서 적극적으로 활용해야 했다.

> 작가들은 생활을 모사하면서 자기의 일정한 태도를 표시하며 그 태도 여하에 따라서 사랑하기도 하고 슬퍼하기도 하고 미워하기도 하는바 이러한 심미감의 각이한 표현은 작가의 정치적 태도에 의하여 결정된다. (중략) 그러기 때문에 무엇을 사랑하여야 하며 무엇을 슬퍼하여야 하며 또는 무엇을 증오하여야 하는가를 작가들은 생활을 리해하는데 열쇠로 되는 맑쓰-레닌주의에서 배울줄 알아야 하며 정치에서 리해할 줄 알아야한다.
> (…중략…)
> 작가의 임무는 아름다운 것에 대한 사랑을 표현함과 동시에 추악한 것을 폭로하며 비극적인 것을 표현함으로써 그것들을 체현한 낡은 것의 박멸을 촉진하는데 있다.70

69 엄호석, 「로동계급의 형상과 미학상의 몇 가지 문제」, 『조선문학』, 1953.11. 116쪽.

70 엄호석, 「로동계급의 형상과 미학상의 몇 가지 문제」, 『조선문학』, 조선

이 시기에 북한 문학에서는 척결해야 할 대상으로서 반동문학을 거론하면서 추악한 것으로 인식한다. 또한 모호한 사상을 내포하는 작품들을 부정한다.

그 내용을 살펴보면 정치 무관심과 무사상성, 부르주아 민족주의와 '꼬스모뽈리쯤' 등을 부르주아 반동 문학 조류라고 판단하고 비판한다. 청암은 '부르죠아 미학'을 사실주의 미학과 비교하면서 듀이의 실용주의와 실존주의를 비판한다. 그에 의하면 듀이의 실용주의는 색정주의, 허무주의를 특징으로 하면서 민족 특성을 말살한다고 비판한다. 그는 실존주의에 대해서는 불안, 절망, 공포, 고민 인간비극, 찬미, 비애, 영탄, 허무 등을 유포하고 있다고 비판한다.[71]

북한의 부르주아 반동 미학 비판을 통해 알 수 있는 것은 북한 문학에서 허용되지 않는 감성 범주이다. 북한 문학에 소재나 주제로 등장할 수 없는 내용은 '색정주의, 허무주의, 반역, 근친 상간욕, 정서적 기아, 도피, 소년범죄, 광포죄, 공포증, 색욕, 이상증, 인격 분열' 등으로 이 같은 감성범주는 인민들로 하여금 '불안, 절망, 공포, 고민, 인간비극 찬미, 비애, 영탄, 허무' 등에 빠지게 하기 때문에 척결해야 하는 대상이 된다. 이와 같은 양상을 통해 알 수 있는 것은 북한문학에서 허용되지 않은 감성의 범주이며 이를 통해 대중에게 정치적 도덕적인 면모를

작가동맹출판사, 1953. 11. 129-130쪽.

71 청암, 「남조선에서 미제가 표류하는 부르죠아 반동 미학의 본질」, 『조선문학』, 1957, 10. 121-129쪽.

강조한다는 것이다.

1950년 중반 이후에는 문학에서 생활을 묘사할 때 예술성보다는 사상성을 중시하는 현상을 '비속사회학' 경향이라고 하면서 이를 비판하는 논의들이 진행된다. 이러한 논의들은 문학에서 감성과 사상의 관계를 심도 있게 다루면서 미학인 측면을 중요하게 다루었다는 점에 의의를 둘 수 있다.

당시 사회주의 리얼리즘에 대한 비속화를 경계하는 담론으로 엄호석의 「인간은 사실주의문학의 심장」(『조선문학』, 1954.5), 「생활의 진실과 사실주의를 위하여」(『새현실과 문학』, 1954), 김명수의 「우리문학의 형상적 제고를 위하여」,(『조선문학』, 1954, 6) 리정구의 「최근 시문학상에 제기되는 몇 가지 문제」(『조선문학』, 1954, 9), 한효의 「생활과 보고를 같이하는 것은 작가의 신성한 의무이다」(『조선문학』, 1954, 10) 김민혁의 「미학분야에서의 수정주의를 반대하여」, 『문예전선에 있어서의 반동적 부르주아 사상을 반대하여』(조선작가동맹출판사, 1958), 김명수의 「문학에서 미학적인 것을 바로 찾기 위하여」(『조선문학』, 1957, 3), 안함광의 「문학 정통의 심의와 도식을 반대하는 투쟁에서의 새로운 도식들을 중심으로」(『조선문학』, 1957,4) 한효의 「아름다운 것과 미학적 태도」(『조선문학』, 1957, 6) 등에 주목해 볼 수 있다.

미학적인 것과 비속학적인 것들에 대한 논의들[72] 중 특기할

72 엄호석, 「문학 평론에 있어서의 미학적인 것과 비속 사회학적인 것」, 『조선문학』, 1957. 2./김명수, 「문학에서 〈미학적인 것〉을 바로 찾기

만한 것으로는 주인공들의 내면문제 형상화에 관한 논의와 문학 형식에 있어 감성적인 형식에 대한 논의, '사랑' 테마를 둘러싼 논의 등이 있다.

주인공들의 내면 형상화에 관해서는 생활의 긍정적인 면과 비판적인 면이 무엇인지를 다루는 글에서 살펴볼 수 있다. 박태민의 글에서는 한설야의 『대동강』과 리기영의 『땅』은 작중 주인공들의 내면세계를 감동 깊게 보여 준 반면에 리북명의 일련의 작품들은 다양한 모순과 갈등을 그리지 않고 도식주의적 경향을 실증한다고 비판한다. 이러한 관점에서는 김남천의 「꿀」이 "가장 악랄하게 반사실주의적으로 씌여진 작품"인 것이다.[73]

감성적 형식에 대한 논의[74]를 통해서는 개성화된 구체적이고 감성적인 미학적 형식에 대한 논쟁의 과정을 살펴보게 된다.

리순영의 「서정시 三편」[75]을 중심으로 한 '사랑' 테마에 대한 논의들은 당시 북한에서의 미학적 감성과 애정 윤리를 되돌아보게 한다.

위하여-엄호석의 《문학평론에서 미학적인 것과 비속 사회학적인 것》을 중심으로」, 『조선문학』, 1957, 3/ 안함광 「문학 정통의 심의와 도식을 반대하는 투쟁에서의 새로운 도식들을 중심으로」, 『조선문학』, 1957. 4.

73 박태민, 「생활의 긍정적 빠포쓰와 비판적 빠포쓰」, 『조선문학』, 1956. 9. 42쪽, 44쪽.

74 윤복진, 「동요에서의 민족적 형식문제」, 『조선문학』, 1957.3. 149쪽

75 리순영, 「서정시 三편」, 『조선문학』, 1955,4.(「노을」, 「봄」, 「산딸기」); 리순영, 「언약」. 『조선문학』 1954.8.

하얀 목화 송이에
저녁 노을 붉게 물드네,
그 총각이 지날 때면
내 얼굴도 붉어지지만
그 총각은 몰라주네,
노을에 물든줄로 아는지
—그러니 그러니
노을을 원망할 밖에….

래일은 그 총각이 뜨락또르 운전 배러 간다네
그래도 나를 보고 휘— 휘—
휘파람만 불며불며 지나네
알고도 모르는척 하는지,
몰라서 영영 몰라 주는지?
—그러니 그러니
그 휘파람 야속할 밖에….

그렇지만 달은 열번
둥글었다 이지러져도
몸 성히 잘 배워 오기만
기다릴 내 마음이라네.
환송의 꽃다발 속에
편지 한장 써 넣으면 알는지?
—그러니 그러니

내 마음 야릇할 밖에….

-리순영, 「노을」

나는 이제 그 총각이 돌아 오는 날,
남 몰래 뒷동산에 보아 두었던
진달래꽃 안겨 주며 말하겠네
—이 꽃이 피기만 기다렸어요!

-리순영, 「봄」

-내가 그날 전선으로 떠날 때,
그 처녀는 산딸기를 싸 주며
단발 머리 귀밑까지 붉히더니
무사히 잘 있는지…?

그리움에 촉촉이 젖는 마음…
그러나 동구 밖에 이르러
전사는 발 멈추네— 어느 집일가?
—모두가 새 집이니 어느 집이….
전사는 처녀의 눈동자에서
전보다 더 넓어진 들판을 보며
—동무는 많이두 변했구려,
딸기 맛은 여전하던데….

그만 처녀는 수집어

발끝만 굽어 보다 하는 말이
—변했지요, 모든 것이 변했지요,
그렇지만 딸기 맛이야 변하겠어요!

-리순영 「산딸기」

이 시들은 사상성과 계급의식이 희박하고 안온한 목가 분기에 사로잡혀 있는 서정시라 비판받는다.

김명수는 서정시에 개성이 있어야 함을 주장하면서도 리순영의 시에 대해서는 비판한다. 그에 의하면 「서정시 三편」(「노을」, 「봄」, 「산딸기」)(『조선문학』 1955, 4)이 '색다른 목소리'를 들려주면서 청춘남녀의 사랑을 노래할 뿐 생활의 새로운 측면이나 인민의 내면에 있는 새로운 품성에 대해서는 아무것도 말해 주지 않는 것이다.[76] 김명수는 「문학에서 〈미학적인 것〉을 바로 찾기 위하여-엄호석의 《문학평론에서 미학적인 것과 비속 사회학적인 것》을 중심으로」[77]에 대해 다음과 같이 비판한다.

> 나는 17차 상무위원회의 곤봉과는 다른 각도에서 리순영의 사랑의 시가 우리 시대 청년들의 미학적 감성과 애정의 륜리의 새로운 측면들을 진실하게 노래하지 못한 면과 안막의 《무지

76 김명수, 「서정시에 있어서의 전형성-성격-스찔」, 『조선문학』, 1955, 10. 162-167쪽.

77 김명수, 「문학에서 〈미학적인 것〉을 바로 찾기 위하여-엄호석의 《문학평론에서 미학적인 것과 비속 사회학적인 것》을 중심으로」, 『조선문학』, 1957,3. 142-143쪽.

개》의 서정적 주인공이 전시중 조선녀성의 시대적 감정을 원만하게 체현하지 못한 바를 지적한 것이 있었다.(《서정시에 있어서의 전형성, 성격, 쓰찔》) 나의 이러한 견해에 대하여 엄 호석 자신도 공감을 표시하고 있다고 생각한다. 왜냐하면 사랑의 서정시에 관한 박 근의 견해를 비판하면서 사랑의 시는 응당《우리 시대 사람들의 정신적 내부 세계의 미와 도덕적 숭고성을 천명》하는 시로 되어야 한다고 주장하고 있기 때문이다.

(…중략…)

문제는 자기 애인을 가장 아름답다고 보는 그 감정, 빠포쓰의 사상적 내용에 달려 있는 것이다. 내가 리해할 수 없는 것은 박 근의 이 견해에 대하여는 지나치게 소심할 정도로 결벽하면서 어찌하여 리 순영의 사랑의 시에 대하여는 그토록 비호하여 나설 수 있었는가 하는 점이다.

(…중략…)

엄호석은 그중《노을》을 가리켜《우리 서정시가 종래 노래하니 않은 감정 령역을 개척하고 있는 새로운 쟌르》라고 말하면서《이 시는 바로 우리 로력하는 청년들의 명랑하고 유쾌한 사랑의 감정》이라고 강조하고 있다. 그런데 (이하 생략)

이에 반해 김우철은 리순영의 시를 옹호한다

리순영의《서정시 3편》은 생활의 진리를 진실하게 반영한 그러한 작품은 못 된다. 그렇다고 해서 이 시가 부르죠아 문학의 련애시에로 줄달음치고 있다는 경고에는 전혀 동의할 수 없다.

> 다시 말해서 잘된 작품은 아니나, 부르죠아 반동 문학이란 감투를 그 작품에 씌우려는 것은 천부당한 일이다. 만일 이것을 용인한다면 진실성이 부족하고 형상력이 미흡한 우리의 많은 작품들이 반동 작품이란 감투를 써야 할 것이다.(…중략…)
>
> 《봄》과《산딸기》에 대한 제17차 상무위원회에서의 보고 론문의 평가는 전혀 옳지 않다. 거기에는《분명히 이 처녀의 마음속에는 사랑하는 총각이 돌아오면 그를 맞아 달콤한 속삭임을 나눌 그런 생각밖에는 다른 아무것도 없다》고 지적되여 있는데 설사 그렇다고 하더라도 그것이 왜 나쁘다는 말인가?
>
> (…중략…)
>
> 이 시편들에 대하여 이렇다 할 연구 분석과 토론의 전개도 없이 동맹 내 일부 지도 일꾼의 독단에 의하여 성급하게 행정적 조치를 취한 태도는 방법상 전혀 옳지 않았으며 그 작품들에다 부르죠아 반동 문학이란 감투를 씌우려고 한 태도는 더욱이 옳지 않다. 78

이러한 논의들은 리순영의 시를 사랑이라는 '감성' 대 인간의 '정신적 내면성'의 문제로 다룬다. 그런데 초기에는 개성 있는 작품으로 다루어졌던 리순영의 일련의 시들이 사상적인 문제를 표현하는 것에 미흡한 것으로 비판을 받아 그의 시가 북한 문단에서 제거되는 결과를 초래한다.

78 김우철, 「작품 비평에서의 비속화를 반하여」(작가 연단), 『조선문학』, 1956.12, 140~149쪽.

조국통일주제 작품에서는 증오의 감성이 표현될 것이 권장되는데 윤세평은 조국통일의 염원은 전투적 혁명적 빠포스이며 원수에 대한 증오의 빠포스라고 하여 「분계선」, 「서운한 종점」이 정치적으로 모호한 입장을 선보이고 『리용악 시선집』, 최석두의 시선집인 『새벽길』이 남한 인민의 투쟁을 노래하지만 혁명의 주체적 입장을 고수하지 못하다고 비판한다.[79]

1957년 이후에는 빠뽀쓰라는 용어가 자주 등장하는데 이를 통해 아름다운 것으로 격려되는 비판적 감성의 범주를 살펴볼 수 있다

> 우리의 사회주의적 사실주의 창작 방법은 우선 사회주의적 현실의 긍정적 빠포스를 전제로 하는바 그것은 동시에 사회주의 건설의 가일층의 발전과 공산주의에로의 전진 운동을 저애하는 부정적 현상을 폭로 규탄하는 비판적 빠포스를 전제로 합니다.
>
> 그러나 사회주의적 사실주의는 우리 더욱이 그 제도와 생활에서 어두운 구석만 찾아 다니며 부정적인 것만을 찾아 내면서 우리의 질서를 비방하려는 시도들을 용허하지 않습니다. 동시에 그것은 어떠한 허위와 분식도 받아 들이지 않으며 또 참지 못하는 우리 인민의 감정을 모욕하는 그 어떤 화려한 장식과 달콤한 정경의 묘사도 반대합니다.[80]

79 윤세평, 「시문학에서 부르죠아 사상 잔재를 반대하여」, 『문학신문』 110, 1959.1.4.

80 한설야, 「공산주의 교양과 우리문학의 당면사업」, 『조선문학』, 1959, 5.

1950년대 도식주의와 기록주의를 둘러싼 논쟁은 종래의 당 문학 원칙에서 벗어나려는 시도이며 문학 감성론의 측면에서 볼 때 아름다운 것과 추악한 것으로 문학의 본질을 분석하려는 시도로 볼 수 있다.

2절 공민적 파토스, 전형성과 현대성의 문제

전형성을 잃은 '나'는 어머니인 대지에서 발이 떨어진 안테우스와 다를 것이 없다.[81]

북한 문학의 감성론은 인간의 아름다움을 밝히면서 그 성격은 개인적인 것이 아닌 공민적인 것으로 전환시킨다. 1950년대 후반에 북한문학에서는 '노동의 환희', '향토적 정서', '영웅적 헌신' 등이 주요하게 거론된다.

《오늘 우리 나라의 생활에 있어서 미는 인간들의 고상하며 자랑찬 지향 속에, 창조적 로동의 환희 속에, 조국와 인민에 대한 사랑 속에, 영웅적 헌신에로의 결의 속에, 생활 가운데서 버러지는 거창한 력사적 사변들 속에, 우람찬 생산 혁신 운동 속에, 그리고 조선 인민들의 영웅적 위훈 속에… 말하자면 도처

81 김명수, 「서정시에 있어서의 전형성・성격・스찔」, 『조선문학』, 1955. 10. 149쪽.

에서 나타나고 있는 것이다》[82]

이러한 현상을 추동하기 위해 북한 문학은 인간의 아름다움을 밝히는 데 주력하면서 그 성격은 개인인 것이 아닌 공민인 것으로 전환시킨다.[83] 이 시기에 개인적인 감성을 드러내는 작품은 비판을 받는다.

공민적 파토스에 관한 문제는 1950년 중반에 논의되었던 전형성의 문제와 연관하여 살펴볼 수 있다.

장현준은 「작가의 의도와 작품의 빠뽀쓰-『조선문학』에 최근 발표된 소설들에 의하여」[84]에서 작품에서의 풍자적 웃음에 대해 논하고 있는데 "빠포쓰는 주인공들의 환희와 격노, 슬픔과 즐거움, 고민과 랑만, 사랑과 증오의 거대한 흥분을 동반하는 고상한 열적으로서의 사상"이라고 정의한다. 엄호석은 「시대와 서정 시인-상반기 서정 시초들을 중심으로」(『조선문학』, 1957. 7.)에서 공민적 빠뽀쓰, 향토적 정서 등을 논하여 개인의 감성이 공적인 범주에서 논의됨을 피력한다.

김명수는 전형적인 감정이란 공민적인 감정을 기본 파토스로 하는 것임을 주장한다. 그는 서정시에서의 전형성에 관한 문제를 다룬 리정구의 글을 비판한다. 「최근 우리 시문학 상에

82 안함광, 「문학 정통의 심의와 도식을 반대하는 투쟁에서의 새로운 도식들을 중심으로」, 『조선문학』, 1957, 4. 129쪽.

83 엄호석 「시와 서정 시인-상반기 서정시들을 심으로」, 『조선문학』, 1957, 7.

84 1957, 7 118쪽

제기되는 몇 가지 문제」(리정구, 1954. 9.)에서는 전형적 서정의 창조를 언급하였는데 김명수는 이를 비판한다.[85] 김명수는 서정시에서 전형성이란 "시대정신과 인민들의 생활 감정을 광범하게 대변하고 본질적으로 노래"하여 "시대와 인민의 목소리"가 될 때 얻을 수 있는 것이다. 리정구가 전형적인 것을 "일상적인 것이 아니며 가장 자주 반복되는 평범한 것이 아니다"라고 단정한 것에 대해 비판하면서 김명수는 전형적인 감정이란 공민적인 감정을 기본 빠뽀스로 하는 것임을 주장한다.

리정구는 전형인적인 것에 대해 "일상인적인 것이 아니며 가장 반복되는 평범한 것이 아니다"라고 하면서 시에서 "현상에 대한 의식적인 과장과 강조가 필요"[86]하다고 주장한다. 김명수는 이를 비판하면서 서정시에서 전형성이란 "시대정신과 인민들의 생활 감정을 광범하게 대변하고 본질적으로 노래"하는 것이라 하면서 "시와 인민의 목소리"가 될 때 얻을 수 있는 것이라고 설명한다.[87]

리정구가 시인에게 '고상하고 예리한 정서'를 창조할 것을 주문한다면 김명수는 시에 "인민들의 전형적인 생활 감정에서 가장 평범히 보급된 일상인 감성과 사고"가 형상화되어야 한다

85 김명수, 「서정시에 있어서의 전형성-성격-스찔」, 『조선문학』, 1955. 10.

86 리정구, 「최근 우리 시문학 상에 제기되는 몇 가지 문제」, 『조선문학』, 1954.9. 74쪽.

87 김명수, 「서정시에 있어서의 형성・성격・스찔」, 『조선문학』, 1955.10. 149쪽.

고 주장한다. 이러한 논쟁을 통해 김명수는 서정시가 개인적인 영역을 넘어서 인민인 것, 사회인 것을 추구해야 됨을 주장한다. 이러한 관점에서 김명수는 안막의 「무지개」를 비판한다.

수양버들이 늘어진
언덕 우
삼간 초가집
앵두는 붉어 아름다웠고

여기서 처녀는 아침마다 사립문 열고
언덕을 내려
밭둑으로 나간다.

(…중략…)

폭음이 잔잔한 날이면
처녀의 부르는
소박한 노래소리
맑은 강을 흐르듯이
들판과 진지에 울려 퍼졌고

저녁 노을 속으로
다시 집을 향하여 돌아가는
처녀의 몸맵시

더욱 사랑스러웠다.

-안막 「무지개」

김명수에 의하면 이 시는 전쟁 중인 조선여성의 전형성을 획득하기 힘들며 시대적 감정을 대변하지 못한다. 서정시가 시대의 목소리가 되기 위해서는 "전형적인 생활 감정과 사고가 특징적이며 개성적인 형태로 표현"[88]되어야만 한다. 김명수는 다음 시에서 형상화된 고향사람들에 대한 사랑과 존경, 긍지감이 시대성과 전형성을 얻는다고 설명한다. 그는 추상적인 감정이 아닌 개성적이고 구체적인 감정과 이에 대한 평가와 공감을 거쳐 시인 자신의 독자적 성격이 천명된 시를 훌륭한 서정시라 평가한다.

나는 걸었다
함경도 나의 고향에서 멀지 않은 곳
어랑천 몰굽을 따라
물녘에 앉은 적은 동네들과
첩첩산중의 이름 없는 마을을 찾아

나는 걸었다
조선이면 어디네서나 만날 수 있는

88 김명수, 「서정시에 있어서의 전형성-성격-스찔」 『조선문학』, 1955. 10.

정다운 우리 사람들을 만나려
우리 사람 중에도 가장 진실한
로동당원을 찾아,

-김순석 「진실한 사람들」

김명수는 윤세평도 비판한다. 그에 의하면 윤세평의 글 「인민군대의 형상화를 위하여」(『조선문학』 1955. 2.)는 "시인과 주인공의 성격, 감정의 특징화 문제를 너무나 자주 홀시"하여 시를 성격과 분리시키고 만다. 계속하여 김명수는 "감정의 예술적 성격화"를 주장한다. 그는 서정시의 유형화를 막기 위해서는 개성을 묘사하는 것이 필요함을 피력한다.

김북원은 「시문학의 보다 높은 앙양을 위하여」[89]에서 도식주의를 비판하면서 공민적 빠뽀스에 대해 설명한다.

김순석은 시의 개성화와 일반화를 중요하게 여기면서 시인은 '나'의 감정을 노래하면서 '인민의' 감정을 대변하여야 한다고 주장한다. 그러한 예로 조벽암의 시초 「삼각산이 보인다」, 박아지의 「종다리」 외 4편, 김철의 시초 「조국의 나날」, 리호일의 시초 「백두산」, 원진관의 「밤렬차의 기적 소리」 등을 제시한다.[90]

……
그렇다 열 한 해 전 그 날까지

89 한설야 외, 『제2차 조선작가대회 문헌집』, 조선작가동맹출판사, 1956.
90 김순석, 「시의 새로운 전진과 목표」, 『조선문학』, 1958. 1. 108쪽.

어머니가 안아 묶은 벼'단만 한데 쌓아도
산보다 높고 트리란다…그러나
상추쌈도 실컷 못먹었다는 어머니……

그 어머니의 오늘은 이렇게도 풍족하거니
새 주권의 일'군으로 네 아들을
왜놈들 학대와 가난 속에서 길러 낸 보람으로
어머니는 어느덧 춤을 추시네
춤추시는 어머니의 고름에는
엽전 닷량짜리 결혼 가락지가 빛나고
어머니의 환갑을 축하하여 잔을 부딪는
네 아들의 가슴에는 훈장이 빛나고

-리병철 「환갑날」 중

김순석은 시에 나타나는 강요와 설명을 비판하고 추상적인 개념 설정은 진실성보다 작위성을 느끼게 한다고 비판한다. 김순석이 완벽에 가까운 서정시라고 칭한 시는 다음과 같다.

새 기둥 나무 냄새 안아 보고 싶은 마음
달도 추녀끝에 매달리려 하는구나
너 또한 부벽루 없이 무슨 달맞이리요

-조운 「부벽루의 말」

김순석은 이 시조에 대해 "시대적 감정, 서정적 주인공의 공민적 주장, 현대적인 정서와 유기적으로 통일되는 언어와 형식, 무엇보다도 시'적 형상이 작자의 흥분에까지 독자를 끌어올린 것이다"라고 평한다.[91]

이 시기 북한문학에서의 '서정의 딜레마'를 논하는 신지연의 연구는 서정시에서 서정을 회복하기 위한 방법으로 자연과 사랑의 테마를 언급한 엄호석, 리정구, 김명수, 조령출 등의 논의에 주목한다.[92] 그는 엄호석이 "시인이 만일 자연이나 사랑을 공민적 빠포스로부터 고립시켜 묘사한다면 자연을 자연 그대로 사직 찍으며 사랑을 사랑 그대로 향락만 하는 자연주의 앞에 무릎을 꿇게 될 것이다"[93]라는 언급을 주요하게 제시한다. 이에 대해 그는 자연이 인간화된 자연으로 표현되지 못하면 자연묘사는 자연주의로 전락하게 된다는 평이었다고 분석한다.

그런데 이와 연관하여 '공민적 빠포스'에 주목해 본다면 엄호석은 시대적 감성을 전제로 한 자연이나 사랑을 이야기한 것으로 볼 수 있다. 이 시기에는 무엇을 형상화하든 공민적 파토스가 전제로 되어야 하는 것이다.

또한 조령출은 김순석의 시를 '정적인 것'의 미학을 밝히려는 시도가 나타나는 것이라고 보고 있다. 여기에서도 '객관적 진리'에 주목해 본다면 정적인 것의 미학은 공민적 파토스를 일컫는

91 김순석, 「시의 새로운 전진과 목표」, 『조선문학』, 1958. 1. 112쪽.

92 신지연, 「'서정'의 딜레마-1950년대 북한문학계의 논의를 중심으로」, 『북한시학의 형성과 사회주의 문학』, 소명출판, 2013, 137-138 참고

93 엄호석, 「시대와 서정시인: 상반기 서정시초들을 중심으로」, 『조선문학』, 1957,7 138쪽

것이라고 볼 수 있다.

> 누구나 질풍노도 같고 호랑이 노화 같고 구름을 토하고 바람을 날리는 시를 쓸 수는 없으며 작은 새처럼 노래하되 생활의 진면목을 노래하며 작은 시냇물처럼 노래하되 세계의 객관적 진리를 노래한다면 그것은 나쁠 게 없다[94]

리효운은 시의 목소리인 서정적 주인공은 시대의 대표성을 형상화하는 전형적인 성격을 겸비해야 한다는 입장에서 시의 사실주의 미학을 탐구한다.

> 일반적으로 말하여 사실주의 시가의 서정적 주인공은 해당 시인의 창작 전체에 반영된 그 시인을 포함하여 그가 속한 사회의 수백만 현대인의 전형적 얼굴이여야 하며 동시에 그 속엔 해당 시인만이 가지는 목소리와 얼굴이 뵈여야 한다.[95]

오성호의 연구에서는 이에 대해 "시의 서정적 주체가 환기하는 정서적 체험이 구체적이고 개별적인 인간의 정서로 형상화되었으면서도 동시에 그 시대의 사회의 객관적인 삶에서 우러나는 보편적 정서를 환기하는 것이 시의 전형성 획득 여부를

94 조령출, 「시 형식의 다양성: 제2차 작가대회를 앞두고」, 『조선문학』, 1956.8. 135쪽.

95 리효운, 「시인의 얼굴」, 『조선문학』, 1957.4. 125쪽

판가름하는 중요한 척도가 되리라는 것이다"[96]라고 분석한다.

이 시기 시 문학에서 개인의 감성은 공민적 빠뽀쓰, 향토적 정서, 영웅적 헌신 등의 공적인 범주에서 논의된다.[97] 공민적 파토스는 1950년대 후반에 진행되었던 문학 논쟁의 흐름 속에서 파악할 수 있다. 대표적으로 '백석과 리원우'의 논쟁, '문학성과 형상성 강조 대 계몽성과 이념성 강조'에 관한 논쟁이 있다. 이 시기에는 문학 작품에서 사회주의 계급 교양, 사회주의 공민으로서의 인민적 도덕과 '프로레타리아트'의 도덕이 강조된다.[98]

백석은 사회주의 작가의 역할을 '희망, 용기, 휴식, 힘, 지침, 추진, 충격, 철퇴'등의 비유적 표현으로 설명[99]하고 아름다운 공산주의가 무엇인지를 시에서 형상화한다.

> 밭 갈던 아바이, 감자 심던 어머이
> 최뚝에 송아지와 놀던 어린것들,
> 그리고 탁아소에서 돌아온 갓난것들도
> 둘레둘레 둘려 놓인 공동 식탁 우에,

96 오성호, 『시의 리얼리즘 미학 탐구 시도』, 『한국 근대시문학연구』, 태학사, 1993, 289쪽.

97 엄호석 「시대와 서정 시인-상반기 서정 시초들을 중심으로」, 『조선문학』, 1957,7.

98 이상숙,「전후 북한 문학예술의 미적 토대와 문화적 개편」, 역락, 2018, 92쪽

99 백석, 「부흥하는 아세아 정신 속에서」, 『문학신문』 1957년 1월 10일자.

한없이 아름다운 공산주의의 노을이 비낀다.

백석, 「공동식당」(『조선문학』, 1959. 6.)

이에 대해 박종식은 비판하면서 추상적인 이상을 노래할 것이 아니라 구체적이고 열렬한 빠뽀스를 가지고 공산주의 투사의 한 사람으로 행동해야 할 것을 주문한다.[100] 이는 당시 천리마 현실에 대한 반영을 논한 것으로 1950년대 후반부터 사회주의사실주의에 관한 논의는 현대성과 결부되어 진행된다.[101] 사회주의 사실주의가 당대의 현실을 잘 형상화하여야 하는 문제는 중요한 것인데 문학에서의 현대성 문제는 "사회주의의 높은 봉우리를 향하여 천리마 기세로 달리고 있는 현실을 진실하게 반영하며, 그럼으로써 천리마 진군을 더욱 촉진시키는 데에 귀착된다."[102]

박종식은 시에서 현대성의 의미가 무엇인가에 대해 다음과 같이 설명한다.

시에서 현대성-그것은 시인이 시대의 아들로 력사적 오늘을

100 박종식, 「서정시와 현대성-제3차 당 대회 이후 시기 작품을 중심으로」 『조선문학』 1961. 7

101 김민혁, 「문학의 현대성 문제와 로동계급의 집단적 영웅주의」, 『조선문학』, 1959.5.
방대승, 「서정시의 현대성과 서정성」, 『조선문학』, 1959.5.
박종식, 「서정시와 현대성」, 『조선문학』, 1961.7.

102 김민혁, 「문학의 현대성 문제와 로동계급의 집단적 영웅주의」, 『조선문학』, 1959. 5. 130쪽.

> 자기의 시 속에 선명하게 구현하고 오늘의 시대본질을 시'적으로 천명한다는 것을 의미한다. 그것은 또한 시인이 력사적 현실 속에서 시의 주제를 선택하고 오늘 우리 당이 제기한 시대적 과업에 예술적으로 해답을 준다는 것을 의미한다.[103]

박종식은 천리마 시대의 본질과 시대정신을 옳게 형상화하는 것이 김일성 수상의 교시를 따르는 것이라고 설명한다. 박종식은 현대적 주제와 주인공의 문제를 논한다.

> 서정시에서 공산주의자의 전형을 창조한다는 것은 결코 어떤 모범일'군의 한때 미담을 이야기하거나 이런 사람들의 외모적 초상과 행동을 전달하는 것을 결코 의미하지 않는다. 그것은 전체를 위하여 살며 전체 속에서 자신의 행복을 찾으며 당과 혁명의 의지 대로 사사는 사람들의 항구적인 정치 도덕적 품격과 그의 인도주의적 정신세계의 높이를 전형화한다는 것을 의미한다. [104]

이 시기에 공산주의자의 전형은 노동의 현장을 노래한 서정시에서 찾을 수 있고 혁명 전통에 해당되는 1930년대 김일성과 항일유격대의 투쟁을 노래한 작품에서 찾을 수 있다.

우리 문학은 우리 시대의 긍정적 주인공, 당적 인간의 훌륭한

103 박종식, 「서정시와 현대성」, 『조선문학』, 1961.7.

104 박종식, 「서정시와 현대성-제3차 당 대회 이후 시기 작품을 중심으로」, 『조선문학』, 1961, 7.

전형적 성격을 다양하게 창조하였으며 이 경험에 기초하여 공산주의에로 약진하는 우리 혁명의 새로운 발전 단계를 반영하는 공산주의자의 전형창조에도 이미 많은 일을 하였다.[105]

혁명전통을 현대성의 견지에서 살펴보면서 공산주의자들의 아름다움을 노래한 시라고 평가받은 시는 다음과 같다.

항일의 선렬들이시여
붉은 투사들이시여
그대들은 우리의 뿌리
우리는 그 속에서 솟아난 붉은 꽃

-민병균, 「렬사탑 앞에서」

잊지 못하노라 기쁨을 이야기할 때마다
당이여 그대 걸어 온 간고한 날들을
간고하고 어려운 때마다 생각하노라
험난한 길을 열어준 오늘의 기쁨을

-정문향, 「당에 드리는 노래」

우리는 기쁨 속에 일을 합니다
사회주의 건설자의 영예를 지니고

105 엄호석, 「공산주의자의 전형 창조를 위하여」, 『조선문학』 1959,11, p. 108.

천리마 청년 작업반의 긍지를 안고
더없이 황홀한 래일을 바라보며

우리는 하냥 즐겁게 일을 합니다.
당신이 언제나 옆에 계신 것처럼
오늘은 어느 공장, 래일은 어느 농촌에서
현지 지도를 몸소 하시느라 바빠 못 오셔도

-박세영, 「당신은 공산주의에로의 인도자」

당시 북한문학에서 전형성과 현대성 문제를 충족시키는 중요한 요소는 당과 수령의 형상화로 여기에는 혁명적 낭만성이 결합되어야 한다. 보다 아름다운 미래와 이상을 찾아 나아가는 투쟁의 낭만성이 작품 속에서 보장될 때 그 작품은 격동하는 현대성의 문제를 잘 해결한 것이 된다.

조국의 오늘과 먼 앞날까지를
우리에게 영영 맡겨준 당이여!
구내의 어느 일터 그 어느 구석에서
내 설사 작은 나사못 하나를 죄인다 해도
나는 행복하구나 언제나 나의 심장엔
온 땅 우의 힘- 당의 숨'결이 고동치기에
나는 살 수 없구나, 언제나 그것 없이는
나의 삶의 영원한 봄-당이 없이는

-최영화, 「당의 숨결에서」

서정시에서 혁명적 낭만성은 전진과 투쟁, 낙천의 미학을 나타낸다.

> 천리마 기수들은 수상 동지가 교시한 바와 같이 "우리 시대의 영웅이며 당의 붉은 전사"이다. 그들은 우선 자기를 위하여 사는 사람들이 아니라 전체를 위하여 일하고 사는 오늘의 공산주의자이다.
>
> 이런 사람들이 대중적으로 오늘 우리 문학 작품의 주인공으로 등장한 시대가 과거엔 없었다. 이런 사람들의 높은 정신 세계가 서정시의 서정적 주인공의 내면 세계의 아름다움으로 전화된 시기가 과거엔 없었다.
>
> 우리 천리마 현실의 특징의 하나는 바로 자기 살을 떼서 어린 소년의 목숨을 구한 흥남비료 공장의 의료 집단의 사람들, 그리고 인간개조와 교양에서 온갖 난관의 애로에도 굴하지 않고 혁신의 선두에 선 길확실, 리신자들이 수천 수만으로 장성하고 있다는 거기에 있는 것이다.[106]

문학에서 현대성과 전형성을 구현할 것이 장려되면서 '에피소드'가 중시된다. 이 시기 평단에서는 사건이나 에피소드를 묘

106 박종식, 「서정시와 현대성-제3차 당 대회 이후 시기 작품을 중심으로」, 『조선문학』, 1961, 7.

사한 시를 성공적인 작품으로 평가한다.

> 사건이나 에피소드를 묘사한 시가 성공한 실례로 시집 〈붉은 기'발 휘날린다〉 정서촌의 〈날이 밝는다〉 최영화의 〈크나큰 사랑〉 정문향의 〈조국 땅 한끝에〉 등은 김일성 원수의 위대한 혁명가적 풍모를 노래하면서 시인의 열렬한 빠포스를 나타냈기 때문이다. 김우철의 〈공산주의자〉는 길지의 이야기 자체가 혁명적 낙관주의로 침투된 심오한 낭만적이며 서정적인 화폭을 보여준다. 서만일의 〈봉선화〉는 순수한 서정시에 대한 부르조아적 입장이 숨어 있다.[107]

이러한 관점에서 서만일의 「봉선화」는 전쟁이라는 긴급하고 급박한 상황에서 개인적인 서정을 노래했기 때문에 비판을 받는다.

> 적탄은 앞 뒷산을
> 숯처럼 태웠으나,
> 제 철 찾은 봉선화는
> 울 밑에 붉게 피였구나.
> 하룻 일에 지친 몸
> 고되진 않으랴만,

107 엄호석, 「공산주의자의 전형 창조를 위하여」, 『조선문학』, 1959. 11. 110-111쪽.

밤이면 남 몰래
손톱마다 붉은 꽃물 들인다.

끓는 이마에서 이마로
그 손이 옮겨 갈제,
전사들은 간호원의 손에서
고향을 숨쉰다.
조용한 숨결 속에
래일의 힘을 기른다.

서만일,「봉선화」(『조선문학』, 1951.3.)

이와 같은 선상에서 살펴보면 개인적인 감상을 드러냈다고 하여 비판을 받은 단편소설로 신동철의 「들」이 있다. 이 소설은 전쟁 시기에 상부의 소환으로 후방으로 오게 된 동호가 복수 때문에 외면했었던 자연의 아름다움을 들에서 발견하고 또 우연히 만나게 된 여교원 가족을 통해 사람 간의 허물없는 감정을 느끼게 되는 하루 동안의 여정을 그리고 있다.

6.25 전쟁 시기에 동호는 전선에서 이 년 정도 싸우다가 상부의 소환을 받고 후방으로 오게 된다.

그렇다! 외톨이가 된 동호는 전투가 일단 끝나면 또 전투 준비, 전호 보수, 행군, 습격, 정찰, 전투, 갱도 작업 등 얼마나 많은 일들이 그의 손을 거쳐야 했던가! 전사들은 때로 익살도

부리며 웃기도 하였지만 지휘관으로서의 동호는 항상 생각에 잠겨 우울한 편이였다. 동호는 전사한 전우를 두고, 폭격에 희생된 가족들을 두고 항상 적개심에 불타 웬만한 일에는 관심을 두지 않았다. 전투, 복수- 이 밖의 일에는 거의 다 외면하면서 상부에 소환되는 날까지 화선에서 눈 돌아 가게 싸워 왔다.

그러나 동호는 고향을 느끼게 하는 이 거칠은 들을 거닐면서 생각한다-용감하게 싸운 전사의 불에 타고 파편과 총참에 찢겨 헤진 군복 모습에서 오히려 위훈을 느끼듯이 이 거칠은 들에서도 바로 그것을 느끼는 것이다. 108

이 소설에서 동호는 황폐한 농촌과 거리를 보면서 신문의 내용이 과장이 아니었음을 인식하고 고향의 낯익은 들 같은 모습에서 폭격으로 잃게 된 어머니와 어린 남동생을 떠올린다. 한편으로는 인가 없는 들판의 오솔길을 따라 서북쪽을 천천히 걸으면서 그의 의식에 변화가 생긴다. 그의 마음에 존재하던 적개심이 모든 것을 그리워하는 마음으로 전환된 것이다.

동호는 오늘 아침에 군단 정치부장이 후방으로 가면 파괴된 후방에 놀라지만 보다 크고 깊은 힘을 느끼게 될 것이라고 했던 말의 의미를 깨닫게 된다. 동호는 야산으로 통하는 갈래길에서 해바라기가 핀 것을 반갑게 여기고 작은 소나무 밑에 배낭을 벗어 놓고 땀에 젖은 담배를 말리면서 주위의 꽃들을 감상한다.

108 신동철, 「들」, 『조선문학』, 1958. 11. 85쪽.

그러다가 자지'빛 원피스를 입은 처녀가 야산 쪽으로 가는 것을 발견하고 궁금증에 따라 나선다. 동호는 자연을 음미하다가 인민학교 분교라는 움집을 발견하고 거기에서 노인과 여교원을 만난다. 동호는 이들을 가족같이 느끼고 그 늪가의 정취에 황홀한 공상을 하면서 오늘의 추억은 그 무엇을 주고도 바꿀 수 없는 것이라고 생각한다. 동호는 전선에서 있었던 이야기를 편지로 전해 달라는 여교원과 노인에게 인사하고 길을 떠난다. 문득 주소도 이름도 묻지 않았다는 사실에 안타까움을 느끼지만 가족과 혈육같은 허물없는 감정에는 통성명이 필요 없다고 생각하게 되고 큰아버지인 당과 인민정권에 의하여 온 나라가 한집안이 되어 싸우는 우리에게 통성명은 필요 없다는 생각을 한다. -1952.9- [109]

이 소설에 대해 계북은 평범하고 단순한 이야기 속에 심오한 생활철학을 담고 있다고 고평한다. 반면에 김근호는 개인적인 감성을 드러낸 작품이라고 비판한다.[110]

천리마 시기에는 문학에서 개인적인 감성을 드러내는 것이 비판되면서 집단주의적 형상화와 노동의 낙천주의 제시를 중시한다.

서정시는 주지하는 바와 같이 생활과 인간 성격으로부터 환

109 신동철, 「들」, 『조선문학』, 1958. 11. 90쪽.

110 계북, 「서정세계의 추구」 『조선문학』 1959, 1; 김근오, 「'들'에 방황하는 '서정'-신동철의 「들」에 대한 항변, 『조선문학』, 1959, 2.

기되는 시인의 서정적 체험을 직접 개방하는 것으로 특징적이다. 그러나 그의 서정적 체험은 결코 어떤 투명한 액체처럼 무형한 것으로 된다거나 또는 시인의 폐쇄된 '개인감정'이 아니라 그것은 객관적인 것과 서사적인 것과의 통일에 이루어진다. 다시 말하면 서정시의 서정적 체험은 주관적인 것과 객관적인 것도 통일로 이루어진다. 그러나 이 량자의 통일 관계에서 주도적 측면은 서정적인 것(주관적인 것)에 놓여 있다.[111]

또한 소설에서는 공산주의자의 전형 창조의 문제가 중요하게 대두되었는데 이는 민족주의적 특색과 연결된다.

한 작가를 참된 작가로 되게 하는 것은 생활에 대한 열렬한 태도와 사랑, 작가의 긍정적 빠뽀쓰다. 송영이 《밀림아 이야기하라》, 《불사조》에서 높은 재능을 보여준 것은 30년대 공산주의자들의 생활과 정신세계에 깊게 침투하고 이해하고 현대의 견지에서 당시의 공산주의 투사들의 운명과 영웅적 투쟁에 대하여 열렬한 관심으로 사랑하였기 때문이다. [112]

이와 연관하여 박종식은 이 시기 문학이 조선 인민의 참다운 감정, 주체성의 입장에서 역사적인 시대를 재현하고 있다고 주

111 박종식, 「서정시와 현대성-제3차 당 대회 이후 시기 작품을 중심으로」 『조선문학』 1961. 7.

112 엄호석, 「공산주의자의 전형 창조를 위하여」, 『조선문학』 1959.11, 109쪽.

장한다.

1950년대 말에 민족적 특성이나 현대성이라는 용어가 빈번히 사용되면서 '혁명'전통 수립이 중요하게 대두된다. 1950년대 도식주의와 교조주의를 비판하고 수정주의를 경계하면서 공산주의 교양이라는 시대적 임무에 따라 인민을 선전 선동 감화할 수 있는 방법론으로서 긍정과 감화를 내세웠으며 이는 수많은 논의를 사상에 복무시키는 주체문예로 가는 첩경이 된다.

3절 주체미학과 감성

북한만의 독특한 체제 형성은 1967년 이후 유일사상 체제 구축에서 비롯된다. 그 동인이 되는 이념의 기저에는 '주체'의 문제가 자리 잡고 있다. 주체라는 용어는 1950년대 중반에 김일성의 연설에서 등장한 말로 사상이나 철학보다는 1인 독제 체제를 위한 논리로서 제시된다. 이후 1972년 12월에 '사회주의 헌법'에서 공식 통치이념으로 '주체사상'이 대두되는데 이는 북한의 통치이념으로 기능하게 된다. 북한의 주체 시대는 김일성에서 김정일로 권력이 승계되고 수령이 사회체제를 지배하는 유일사상 체제가 확립되는 시기를 일컫는다. 여기에서 '주체'의 문제는 북한 사회정치 체제 전반에 걸쳐 주요한 작동 원리로서 존재하게 된다.

주체사상에 의하면 "사람이 모든 것의 주인이며, 인민은 혁명과 건설의 주인이며 자주적 입장과 창조적 입장을 견지"하여야 한다. 여기에서 인민의 주체화와 자주화의 과정이 중시되는데 이는 체제 이데올로기와 밀접한 연관을 맺는다. 그 동인이나 메커니즘에 관해서는 주체미학과 관련하여 살펴볼 수 있다.

주체시대에 북한 문학예술은 "인간의 창조적 활동의 특수한 형태로서 현실의 미적 현상을 창작가의 높은 사상 미학적 이상을 거쳐 재현한 현실에 대한 미적 평가이며 사람들을 숭고한 미적 정서와 감정, 미적 이상으로 교양하는 사회의식의 한 형태"로 간주되며 현실의 미적 파악의 가장 높은 형태[113]로 정의된다.

주체시대에 들어서면서 북한 문예는 마르크스 레닌주의 미학보다 독창적인 미학이론이라고 주장하는 주체의 미학관을 전개한다. 주체의 미학은 아름다운 것에 대한 주체적인 견해와 관점으로 사람 중심의 미학관을 제시한다.

북한 미학과 문예의 상관성을 다루고 있는 『주체의 미론』(김재홍, 1993)에 의하면 김정일에 의해 미학적 개념이 밝혀지는데 감정, 정서의 기초는 사람의 자주적인 요구와 지향에 해당된다. 이에 의하면 사람은 사물 현상들 가운데 자기의 요구에 맞는 것에 대해서는 기쁨, 만족감, 사랑과 같은 긍정적인 감정을 느끼지만 그와 반대되는 것에 대해서는 불만, 증오, 불쾌감 같은 부정적 감정을 가지게 된다. 또한 사람의 감정에는 고상한 정신적 요구를 반영한 미적 감정이 있으며 아름다운 것에 대한 미적

113 리기도, 『주체의 미학』, 사회과학출판사. 2010, 11쪽.

감정은 사람의 자주적인 요구와 지향에 맞는 대상을 파악하며 창조할 때 느끼는 감정으로서 기쁨과 즐거움, 경탄과 사랑, 긍지감과 자부심 등으로 체험된다고 한다. 인간의 사상 정신적 풍모에서 발현되는 미적 현상들 가운데 가장 아름다운 것은 수령에 대한 충실성이고 가장 아름다운 인간은 주체형의 공산주의 혁명가라고 주장한다.

마르크스 레닌주의 미학이 미학적인 측면을 미적인 것, 비극적인 것과 희극적인 것으로 분류하여 설명한다면[114] 이 책에서는 미학적 범주로 아름다운 것, 숭고한 것, 영웅적인 것, 비극적인 것, 희극적인 것을 제시한다.[115]

긍정적인 미적 현상을 반영하고 있는 범주에서는 아름다운 것, 숭고한 것과 영웅적인 것의 공통점과 차이점을 설명한다. 아름다운 것의 하위 범주로는 '고운 것, 우아한 것, 황홀한 것, 매력 있는 것, 사랑스러운 것, 귀여운 것' 등을 제시한다. 고운 것은 아름다운 것의 발현형태로 아름다운 것보다 협소하며 사물들의 외적 형식에 관련된다고 설명하고 숭고한 것은 아름다운 것을 전제로 하면서 사람들에게 아름다움 뿐 아니라 사람들에게 고상하고 장중하고 거룩하고 숭엄한 정서를 안겨주며 그들을 보다 아름다운 미래를 위한 투쟁과 위업에로 힘 있게 추동한다고 설명한다.

114 소려과학 아카데미 편, 신승엽 외 옮김, 『마르크스 레닌주의 미학의 기초이론Ⅱ』, 일월서각. 1988.

115 김재홍, 『주체의 미론』, 문학예술종합출판사, 1993, 22-45쪽.

아름답고 숭고한 대상으로 '혁명의 성산'으로서 백두산, 주체형의 공산주의 투사들을 제시한다. 또한 아름다운 것은 영웅적인 것과 밀접하게 연관되어 있다고 하여 숭고한 것이 사람들의 사상 정신과 연결되어 있다면 영웅적인 것은 생활 속에 실천하는 것을 전제로 한다고 설명한다. 영웅적인 것은 사람의 투지와 완강성, 용감성과 대담성을 동반하여 위훈으로 나타난다고 설명한다.

『주체의 미학』(리기도, 2010)에 의하면 주체시대에 새로운 미학 범주가 발생했는데 고대 사회에서 미적 범주이던 '아름다운 것, 추한 것, 비극적인 것, 희극적인 것'이 근세에 와서는 '숭고한 것과 저렬한 '것이 더해지고 주체시대에 이르러 '영웅적인 것'이 새롭게 발생했다고 주장한다.[116] 이 책에 의하면 미학 범주로서 '영웅적인 것은 주체적 미학이론에 의하여 역사상 처음으로 발견되고 미학적으로 일반화된 독창적인 이론분야가 된다. 영웅적인 것의 특징으로는 "무엇보다 먼저 숭고한 것을 체현"[117]하고 다른 미학적 범주와는 구별되는 점으로 사상 정신적 생활과의 결부를 들고 있다. 이 책에서는 영웅적인 것의 발현으로 대중적 영웅주의, 숨은 영웅 등을 예로 들고 있다.

이 책은 미적 범주를 미적 현상에 대한 기준을 사람의 자주적 요구와 시대적 지향에 대한 긍정과 부정으로 나눌 수 있다고 주장한다. 이러한 기준에 따라 미적 범주를 분류하면 긍정적인

116 리기도, 『주체의 미학』, 사회과학출판사. 2010, 69-70쪽.

117 리기도, 『주체의 미학』, 사회과학출판사. 2010, 138쪽.

범주에 '아름다운 것, 숭고한 것, 비극적인 것, 영웅적인 것'이 들어가고 부정적인 범주에 '희극적인 것'이 들어간다. 여기에서는 사람의 자주적인 요구와의 일치에 따라 긍정과 부정의 미학적 범주 분류의 기준을 삼고 있다.[118]

「주체의 미학」에 의하면 자연에서 숭고한 것은 자연 그 자체에서 일어나는 것이 아니라 인간의 정신생활과 결부될 때에만 숭고한 것으로 된다. 주체형 인간의 숭고한 성격은 또한 높은 인간애, 혁명적 동지애와 겸손하고 소탈한 품성에서 나타난다. 현실에서 숭고한 것은 다양한 형태로 나타나는데 자연에 대하여 느끼는 숭고한 감정은 인간의 정신생활을 떠나서 생각할 수 없다고 한다. 백두산이나 금강산은 북한 대중에게 숭고하게 다가간다. 숭고한 것의 예술적 형상은 "새것에 대한 지향, 미래에 대한 랑만"이라고 표현한다. 또한 숭고한 인간성은 혁명적 동지애에서 가장 높은 수준으로 표현된다고 한다.[119]

1967년 이후부터는 북한체제가 '온 사회의 주체사상화'를 주장하면서 수령의 전일적인 지배를 강조하던 시기이다. 이 시기에 북한문학에서는 '수령형상창조'를 위해 기억과 호명의 감성을 작동하여 〈불멸의 력사〉 총서 등을 제작한다. 1980년대에 북한문학에서는 '주체의 인간학', '공산주의적 인간학'이 제시되

118 그러나 미적 범주로서 영웅적인 것은 까간의 『미학강의』(1976)에서 언급되었다. 전영선, 홍지석, 「북한 문학의 미적 범주론」, 한국문화기술연구소 편, 『한민족 문화예술 감성용어 사전-용례집 I』, 경진출판, 19쪽.

119 리기도, 『주체의 미학』, 사회과학출판사. 2010, 120, 123, 130쪽.

면서 '집단적 결속화를 위한 '동기화의 지배원리'가 작동하고[120] 숨은 영웅 찾기가 주요한 주제가 되었다. 주체시대에 문학에 형상화된 감성은 영웅적인 모습을 위해 헌신과 희생을 감내하는 사상을 고양시키는 역할을 한다.

1990년대와 2000년대에는 수령의 사망과 '고난의 행군'을 겪고 이를 이겨내기 위해서 수령후계자에 대한 변함없는 '충성과 효성'을 다하는 것만이 '인민의 고상한 사상 감정'이며 이를 고취하는 것이 문학의 사명으로 강변되었고[121] 수령에 대한 보은과 섬김의 정당성을 극대화[122]시키고 현재를 추동하는 힘으로 과거의 상처를 동원하여 북한 사회의 위기 극복 양상의 문제를 진단[123]하려는 현상이 나타난다.

---

120 권동우, 「1980년대 북한 소설과 동원의 정치학: 『1980년대 단편선』 수록 사회주의 현실주제 작품을 중심으로」, 『인문연구』 62, 영남대학교 인문과학연구소』 62호. 2011, 9쪽.

121 김성수, 「북한의 '선군혁명문학'과 통일문학의 이상」, 『통일과 문화』 1, 통일문화학회, 2001, 93-94쪽.

122 박영자, 「선군시대 북한 여성의 섹슈얼러티 연구: 군사주의 국가권력의 성(性) 정체성 구성을 중심으로」, 『통일정책연구」 15권 2호, 통일연구원, 2006, 158쪽.

123 오창은, 「선군시대 북한 농촌 여성의 형상화 연구」, 『현대북한연구』 제13권2호, 북한대학원대학교, 2010.

3장

감성의 범주와 기제

감성론에 관련하여 동서양 이론을 살펴보면 문학예술에서의 감성은 미학적 범주 내에서 논의되고 있음을 알 수 있다. 미학에서는 전통적으로 '아름다움' '숭고함' '희극적인 것' '비극적인 것'을 대표적인 미적 범주로 다룬다. 이러한 미적 범주는 일련의 기준점을 중심으로 세세하게 나누어지기도 하는데 기존의 이론서를 참고하자면 실러는 아름다움을 기준으로 하여 '우미, 우아'를 나누는 방식이기도 하다. 바움가르텐은 18세기에 이성을 중심에 놓는 논리학에 비해 열등한 논리로서 감성을 다루면서도 학문으로서 감성학(Aesthetica)을 제안한 바 있다.

감성은 미적 범주에 반응하는 감수성이자 체험이라 할 수 있으며 칸트적 의미와 같이 감각적인 것이 수용되는 시간과 공간의 표상을 다루는 것을 의미할 수 있으며 피에르 브르디외의 견해처럼 정치적 대상물에 긍정이나 부정적인 영향을 미칠 수 있는 특성을 지니는 것으로 볼 수 있다.[124] 자크 랑시에르

124 최경희, 「북한 감성정치의 메카니즘-'우리식' 이념과 주체미학의 논리구조를 중심으로」, 『북한의 경제-핵 병진노선 2년 평가와 남북관계 발전양상』, 북한연구학회춘계학술회의, 2015, 280-281쪽

(Jacques Ranciere)의 감성론에 따르면 예술담론과 정치는 불가분의 관계에 놓이며 감성은 '윤리적 이미지 체제, 재현적 예술체제 그리고 미학적 예술체제'로 분할된다.[125]

미학이라는 용어 대신 감성학을 제안하는 박성봉은 감성론에 대해 집대성하면서 감성적 체험의 범주론으로 형식, 내용, 기능적 특질을 다룬다.[126] 그에 의하면 인간의 체험은 감성작용의 일환이며 감성학은 힘을 연구하는 학문이며 감성 체험의 내용적 특질은 재미, 감동, 흥미로 나누어진다. 또한 그는 감성학적 취향론을 논하면서 감수성이 취향으로 치환하면 주관적거나 집단적인 이중적 잣대가 형성된다고 보면서 민족, 계층, 성별, 세대, 시대, 비평(평론)적 관점에서 집단성에 대해 고찰한다.

일반적인 감성론에 비교해 볼 때 북한문학에서의 감성론은 마르크스 레닌주의 미학을 기초로 하고 있다. 마르크스 레닌주의 미학에서는 아름다운 것에 관해 논하면서 주관과 객관의 변증법을 척결한다고 주장한다.[127] 마르크스주의는 현실의 아름다움은 실상으로는 사람의 의식 밖에 존재한다고 하면서 자연이 아름다운 것은 사람에게 미학적 흥미를 갖게 하는 특질을 가지고 있기 때문이라고 한다. 더 나아가 공산주의 사회를 건설하고 있는 소비에트인의 근로위업의 아름다움을 논하면서 그

125 자끄 랑시에르, 『감성의 분할』, 오윤성 옮김, 도서출판 b, 2012.
126 박성봉, 『감성시대의 미학』, 일빛, 2011.
127 소련과학 아카데미 편, 신승엽 외 옮김, 『마르크스 레닌주의 미학의 기조이론 Ⅱ』, 일월서각, 1988, 167쪽.

미는 완전히 객관적이라고 주장한다. 이에 따르면 미학적 카테고리는 '숭고한 것, 저열한 것, 비극적인 것, 희극적인 것 등'으로 반영된다. 또한 이러한 범주는 갖가지 뉘앙스와 다양성으로 하위 범주를 양산하는데 무엇보다 아름다운 것이 중심적 범주임을 강조한다.

마르크스 레닌주의 미학의 기본입문서를 출판한 임범송, 김해룡은 미의 본질과 형태, 범주 등을 풀이하는데[128] 미에 대한 감상은 사람들로 하여금 감정상의 충격과 만족감을 갖게 하며 아름다운 생활을 추구하고 고상한 정조를 갖게 한다고 설명한다. 이에 따르면 '미적 향수'와 '사상적 교양의 통일', '미적 추구와 오락성의 통일'이 미에 대한 감상이 가지는 독특한 특점으로 된다. 이로 인해 인간들의 미에 대한 감상은 주로 '예술미, 자연미, 사회적 미'에 치중하게 된다고 제시한다.

북한문학에서 감성은 시대와 사회 체제 맥락에서 살펴볼 수 있다. 북한은 해방 이후부터 체제 순응을 위해 문학예술에서의 감성을 활용하여 왔으며 이는 시기별로 차이를 보인다.

> 그 어떤 문학예술도 시대와 사회제도를 떠나서는 인간을 시대의 전형으로 그릴 수 없으며 력사발전의 본질이 체현된 전형적인 생활을 담을 수 없습니다.
>
> 시대가 변하고 사회제도가 달라지면 사람도 생활도 달라지게 됩니다. 시대정신은 생활의 기본지향을 반영합니다.[129]

128 임범송, 김해룡, 『미학에의 초대』, 도서출판 이웃, 1990.

> 미는 력사적 범주이다. 그러므로 미감 역시 뚜렷한 시대성을 보인다. 일정한 시대적 존재로서의 인간미감의 산생과 발전은 언제나 그들의 사회적 실천과 밀접히 련계되게 된다. 특정한 시대의 심미적 관념의 형성은 언제나 소여시대의 사회적사상들, 정치적 관점과 도덕적 관점, 종교적 신앙 등의 영향을 받게 된다. 130

문학에서 감성 체험의 내용은 여러 가지로 형상화된다. 그 형태는 감각적이거나 생리적인 현상에서 비롯되어 다양한 감정의 형태로 나타난다. 그런데 북한문학에서는 재미나 흥미, 감동 등의 요소는 발견할 수 있으나 감각적인 것, 생리적인 것, 금지된 욕망, 억압과 해방 등에 관한 미학적 요소를 발견하기 힘들다. 이와 연관하여 살펴보면 북한에서는 감성보다는 이념을 앞세운 장르가 발전될 수밖에 없다.

북한 미학은 미적 범주를 다룰 때 감각적이거나 생리적인 것을 간과하거나 무시하면서 사상의식 발전에 기여하는 것을 중시한다. 북한 문예에서는 감각적인 묘사물, 공포물, 슬랩스틱형의 코미디물은 찾을 수 없다.131

129 김정본, 『미학개론』, 사회과학출판사, 1991, 25쪽.

130 김정본, 『미학개론』, 사회과학출판사, 1991, 301쪽.

131 홍지석, 전영선, 북한미학의 미적범주론-리기도 『주체의 미학』(2010)을 중심으로」, 2014, 427-428쪽. 대신 애국심에 호소하는 진지한 비극, 풍자극, 경희극 같은 것들이 북한 문예의 주류를 이룰 것이다. 이것은 미적 담론이 체제의 이데올로기적 요구에 따라 형식/장르의 구성/배치에 관여한 독특한 사례다.

문학에서 감정의 기제가 무엇일까를 생각해볼 때 그 사회의 정치, 문화, 민족적 특성과 연관하여 살펴볼 수 있다. 예를 들어 한국인들이 처마에서 떨어지는 빗소리를 감각적으로 들으면서 세상 시름을 말끔히 씻겨 내려가는 느낌을 갖게 된다는 것은 하나의 민족적 정서가 감성의 기제로 작용한 예라고 볼 수 있다. 이러한 감정의 기제는 그 사회의 정치 문화를 변혁하게 하는 원천적 힘으로서 작용한다.

북한 문학에서는 미학적 범주를 활용한 감성론이 지속적으로 제기되어 있으며 이는 작품 속에서 표출된다. 북한 문학에서 미학적 범주와 감성적 힘의 작용에 대한 것은 '아름다운 것과 감성의 윤리화', '숭고한 것과 정치적 심미화', '영웅적인 것과 영웅의 탄생', '희극적인 것과 교양의 힘' 등으로 대별하여 살펴볼 수 있다.

1절 아름다운 것과 감성의 윤리화

> 만일 작가가 그러한 심혈로 작품을 쓰지 않는다면 그 작품은 피 없는-다시 말해서 생명이 없는 사람과 같은 것이다.[132]

132 조령출, 「시 형식의 다양성-제2차 작가 대회를 앞두고」, 『조선문학』 1956, 8, 135쪽.

일반적으로 감성과 윤리의 연관성을 다룬 이론들을 살펴보면 '도덕의 심미화'라는 용어에 주목해 볼 수 있다. 흄 스미스는 도덕 감정론을 내세워 동정을 새로운 부르주아 사회 윤리로 내세워 윤리학과 미학의 새로운 결합을 꾀한다.[133] 이글튼은 도덕의 심미화를 거론하면서 도덕적 감정론자들이 선하고 옳은 행동이 감각이나 직관에 기초한 것이라고 주장한다면 윤리 담론은 필요하지 않다고 본다.[134]

레비나스의 이론에서는 타자의 윤리학이라는 용어가 등장하는데 이는 타자의 요청에 대해 도덕적 응답과 책임을 부여하는 근원적인 요소로서 윤리적 계기를 제시한다. 그의 이론을 주목해 보면[135] 몸의 감성에 사로잡힌 자아는 타자에 대한 도덕적 책임을 지면서 타자를 대신하여 고통을 받고 타자를 위해 희생하는 책임의 윤리를 짊어진다.

북한문학에서는 개인의 행복을 윤리적이고 도덕적인 것에서 찾는다. 북한문학에서 강조하는 아름다움은 심미적 감각과 사회 윤리성에서 찾을 수 있는데 사회나 공동체 내부에 존재하는 체제 순응적 질서를 준수하는 것에서 나타난다. 여기에서 심미적 판단의 기준은 구체적인 생활 속에서 일반화된 삶의 지침으로 정립되어 있는 규범에 따른다.

133 박세일, 민병국 옮김, 『도덕감정론』, 비봉출판사, 1996.

134 손유경, 『고통과 동정』, 역사비평사, 2011, 17쪽.

135 공병혜, 「간호에서의 감성과 타자를 위한 책임의 윤리」, 『간호행정학회지』 제9권 제3호, 한국간호행정학회, 2003, 331쪽.

북한문학에서 아름다운 것은 새것을 일컫는다. 문학은 인민들로 하여금 낡은 것을 버리고 아름다운 새것을 지지하게 만들어야 한다. 북한문학에서는 시대의 참다운 의의를 생활에서의 아름다운 것에서 찾는다. 일례로 천리마 시기 문학에서는 노동자들이 난관과 애로를 극복하는 모습이 내면세계를 아름답게 표출한 것이라 하면서 이를 장려한다. 장미가 아름다운 존재라면 장미가 작동하는 힘은 그 아름다움에 매료된 사람의 감정이 정화되는 지점에 있을 것이다. 북한문학에서는 인민의 생활 속에서 아름다움을 찾으며 그 아름다움을 통해 장려되는 이데올로기적 효과를 장려한다.

> 오늘 현대성을 해결하는 우리 서정시 앞에 제기되고 있는 과업은 1960년 11월에 주신 수상 동지의 교시를 받들고 전체 시인들이 영광스러운 우리 시대 천리마 시대와 현실을 이 시대와 현실 그 자체가 가지는 풍부하고 다양한 생활의 미를 보다 아름답고 진실하게 시'적으로 재현하는 문제이다.[136]

북한에서 문학예술은 "인간의 창조적 활동의 특수한 형태로서 현실의 미적 현상을 창작가의 높은 사상 미학적 이상을 거쳐 재현한 현실에 대한 미적 평가"라고 하면서 "사람들을 숭고한 미적정서와 감정, 미적이상으로 교양하는 사회의식의 한 형태"

136 박종식, 「서정시와 현대성-제3차 당 대회 이후 시기 작품을 중심으로」, 『조선문학』, 1961, 7.

로 본다.[137] 여기에서 현실의 미는 북한 문예에서의 생활미를 일컫는다. 이렇게 북한 문예에서 중요시 되는 생활미는 북한의 시기에 따라 다른 양상을 보인다.

북한 문학에서의 작품 형상화는 인간의 사상 감정과 생활 흐름의 합법칙적 과정과 밀접하게 연관된다. 특히 북한은 주체의 문예이론을 통해 예술의 역할이 시대의 요구와 인민대중의 지향을 옳게 반영하여 사람들에게 생활의 본질과 아름다움, 사회발전의 합법칙성을 밝혀주는 데[138] 있음을 천명하고 있다.

북한 선군시대의 양상을 살펴보면 고난의 행군을 이겨내고 강성대국으로 진입하기 위해 웃음과 낙관의 감성이 강조되고 선군이라는 시대정신을 구현하기 위해 주민들로 하여금 숭고한 대상에 대한 희생과 헌신의 정서를 발휘하게 하며 주민들이 숭고한 감정에 휩싸이게 하기 위해 음악, 시 등의 감성적 역할에 호소한다.

선군시대 북한 소설은 작가들로 하여금 생활 속으로 더 깊이 들어가 생활 속에서 문학을 찾고 선군시대 생활미를 발현할 것을 요구하고 있다. 여기에서 생활미란 생활 속의 아름다움을 지칭하는 것으로 북한 문예 감성의 기본 바탕이 되는 아름다움에 대해 생각해 볼 수 있다

137 리기도, 『주체의 미학』, 사회과학출판사, 2010. 11쪽.
138 김정일, 『미술론』, 조선로동당출판사, 1992. 1쪽.

2절 숭고한 것과 정치의 심미화

문학에서 재현을 통해 인간의 감정에 작용하는 힘은 감성적 힘이라고 할 수 있다. 이러한 감성적 힘이 작용할 수 있는 주요 장치로서 문학 형식의 중요성이 대두되기도 한다.

레비스트로스나 프롭의 구조주의적 분석에서는 이야기에 드러나는 힘을 생각해 볼 수 있다. 발터 벤야민은 「기술 복제시대의 예술작품」[139]에서 파시즘을 분석하면서 '정치의 심미화'에 대하여 비판한다. 여기에서는 기술복제로 인해 예술작품의 대량생산이 가능해지면서 예술의 고유한 영역이 무너지고 이러한 붕괴는 종교적 기능을 대신하여 정치적 기능을 대신하는 시대가 대두되는 계기가 되었다고 한다. 랑시에르는 미학을 감성적 인식으로 여긴다. 랑시에르에 따르면 공동체적 삶을 구조화하는 특정한 질서가 있으며 이 질서는 분할의 논리를 표현한다. 이는 유용한 것과 그렇지 않은 것 등의 분할을 야기하며 모든 정치적 위계질서는 이러한 분할의 논리를 절대화하는 것에서 성립한다.[140]

신형기는 남북한 문학에서 정치의 심미화를 논한다.[141] 김

139 발터 벤야민, 반성완 편역, 『발터벤야민의 문예이론』, 민음사, 2003.
140 박기순, 「랑시에르의 로맹-미학적 사건으로서의 로맹과 그 정치성」, 『미학』 76집, 한국미학회, 2013, 108쪽
141 신형기, 「남북한문학의 '정치의 심미화'」, 『민족이야기를 넘어서』, 삼인, 2003, 180-194쪽

성수는 수령에의 충실성을 미학적 요소로 볼 수 있는지 논한다. 그에 의하면 "정치학윤리학의 도덕적 실천적 범주인 충실성을 미학적 요소의 최고 표현이자 상위개념으로 자리매김하는 것은 일종의 파시즘 미학적 발상이라 아니할 수 없다. 정치의 미학화, 통치의 심미화이기" 때문이다. [142]

북한에서 정치의 미학화를 미학적 범주에서 찾는다면 숭고한 것에서 찾을 수 있다. 「주체의 미학」에 의하면 자연에서 숭고한 것은 자연 그 자체에서 일어나는 것이 아니라 인간의 정신생활과 결부될 때에만 숭고한 것으로 된다.[143] 주체형 인간의 숭고한 성격은 또한 높은 인간애, 혁명적 동지애와 겸손하고 소탈한 품성에서 나타난다. 현실에서 숭고한 것은 다양한 형태로 나타나는데 자연에 대하여 느끼는 숭고한 감정은 인간의 정신생활을 떠나서 생각할 수 없다고 한다.

백두산이나 금강산은 북한 대중에게 숭고하게 다가간다. 숭고한 것의 예술적 형상은 "새것에 대한 지향, 미래에 대한 랑만"이라고 표현한다. 또한 숭고한 인간성은 혁명적 동지애에서 가장 높은 수준으로 표현된다고 한다.[144]

숭고한 것의 미학적 질은 "인민대중의 지향과 요구를 무한히

142 김성수, 「주체문학 전성기 『조선문학』(1968-94)의 매체전략과 '3대혁명소조원' 전형론」, 『한국근대문학연구』 19(1), 한국근대문학회, 2018, 208쪽

143 리기도, 『주체의 미학』, 사회과학출판사, 2010, 120쪽.

144 리기도, 『주체의 미학』, 사회과학출판사, 2010, 123쪽. 130쪽

높여주고 그 실현에로 이끌어주며 미래에로 지향시키는 미적 현상이며 숭고한 것의 정서적 특징은 즐거움, 희열, 황홀감 등 기쁨의 정서를 넘어선, 사람들을 격동시키고 감동시키며 흥분시키는 정서적 앙양"이다.[145]

북한 문학에서 숭고한 것은 '기쁨, 환희, 혁명적 동지애, 민족적 특성, 숨은 애국자, 이름 없는 영웅'이라는 단어와 연결되며 영웅적인 것은 숭고한 혁명 정신을 체현하는 대담하고 적극적인 실천 행동의 양상과 연관된다.

북한 문학에서 숭고의 감성은 숭고한 동지애로 발현된다. 선군시대 숭고의 감정은 혁명적 군인정신과 총대미학에 구현되고 있다. '선군'의 의미가 군인들의 혁명적 수령관과 동지애를 포함하고 있기에 숭고한 감성은 숭고한 동지애와 수령 결사관철의 정서로 흐른다.

선군시대 문학 속에 형상된 숭고, 숭엄의 감성은 대중의 정신적 높이를 높이고 미래에의 낙관을 지향시키는 역할을 한다. 숭고와 숭엄의 감성은 대중의 수령에 대한 충성을 이끌고 시대적 아름다움에 대한 자각을 통해 미래에 대한 신심을 이끌어낸다. 선군시대 북한 문학에 형상된 숭고의 감성이 수령과 장군의 '고매한' 사상 정서에 관계된다면 숭엄의 감성은 숭고한 대상에 대한 대중의 감정 고양으로 나타난다. 여기에는 자연이나 음악 등이 매개로 작용한다.

145 리기도, 『주체의 미학』, 사회과학출판사, 2010, 112-113쪽.

이에 관련된 글로 평론 「종자의 탐구와 성격형상-지난 하반년 ≪조선문학≫ 7~12호를 두고」(박성국, 『조선문학』, 2002. 3.), 「절세의 위인의 숭고한 정서세계와 불멸의 송가」(김려숙, 『조선문학』, 2002. 4.)와 「동지애의 력사는 오늘도 흐른다!」(리용일, 『조선문학』, 2002. 7.) 등이 있다.

평론 「숭고한 정서, 열렬한 추억의 세계」(「조선문학」, 2001.11.)에서는 1990년대 후반기 송년 시문학이 혁명적 수령관에 기초하고 있음을 전제로 하면서 송년시 「눈이 내린다」, 「잊을수 없어라 1998년이여」, 「아름다운 추억의 해 1999년이여」 등이 장군에 대한 충성과 숭배심을 형상하고 있다고 평한다. 「눈이 내린다」에 대해서는 고난의 행군인 1997년을 돌이켜보며 장군에 대한 인민의 그리움이 굽이친다고 평한다. 「아름다운 추억의 해 1999년이여」에서는 수령에 대한 추억의 세계를 감명 깊게 그려내고 있다고 평하면서 이 시기 송년 시문학은 장군의 풍모를 보여주는 생활세부들을 취사선택하여 예술적으로 형상하고 있다고 평한다.

이를 통해서 알 수 있는 것은 북한 문학에 형상된 숭고의 감성은 기본적으로는 수령과 장군의 숭고함을 말하는 것이며 인민들이 혁명적 군인정신과 결사관철의 정신 등으로 무장될 때 비로소 숭고의 감성을 따라 배울 수 있다는 것이다.

선군시대 숭고의 감성은 수령형상문학, 총대문학이라고 일컬어지는 문학의 형태에서 좀 더 구체적으로 살펴볼 수 있으며 이를 평한 글들을 통해 그 양상을 분석해 볼 수 있다. 이러한 글들은 시, 소설, 총서 등에서 형상화된 김정일의 숭고함의 양상을 평가하고 있다.

평론 「선군혁명시가문학에 흐르는 미래 사랑의 세계」(김일수, 『조선문학』 2002. 8.)에서는 "이 세상 가장 뜨거운 불의 문학, 가장 위력한 총대의 문학이 있다면 그것은 두말할 것도 없이 선군혁명시가문학이다"(16쪽)고 하면서 시가에 속하는 「혁명의 수뇌부 결사옹위하리라」, 「무장으로 받들자 우리의 최고사령관」 등이 백두산 총대문학의 위력을 말해준다고 설명한다.

평론 「선군소설의 매력」(김선일, 「조선문학」 2003. 3.)에서는 수령형상에서의 풍모 형상과 생활묘사의 매력을 설명한다. 단평 「천만군민의 심장에 불을 단 위력한 전투적 무기」(김순림, 『조선문학』, 2003. 5.)는 가요 〈선군의 기치 따라 계속혁명 한길로〉를 소개하면서 이 가요에서의 선군의 정서적 분출 의미를 분석한다.

평론 「붉은기 수호의 철령에 대한 시의 철학세계」(김덕선, 『조선문학』, 2003. 6.)에서는 서사시 「철령을 넘어」(김만영작)가 김정일의 선군혁명에 대한 깊은 철학적 세계를 정서적으로 일반화한 또 하나의 명작이라고 평가한다. 이 서사시는 종군기행시 형식을 띠고 장군의 전선시찰 노정을 따라가면서 시인의 서정을 통한 장군의 사상정서 세계인 사랑과 믿음을 펼쳐 보이고 있다고 평한다.

평론 「선군으로 위용 떨치는 조국과 문학적 형상」(최길상, 2003. 9.)에서는 총서 『불멸의 향도』 중 장편소설 『총대』, 『총검을 들고』, 서사시 「조국은 무엇으로 빛나는가」, 단편소설 「생활의 격류」, 「풋강냉이」, 「결승선」 등을 분석한다. 이 글에서는 총서의 장편소설이 김정일의 선군 업적을 칭송하고 있고 서사시는 백두산 3대장군의 업적을 폭넓게 보여주고 있다고 평한다. 또한 「생활의 격류」는 제염소를 건설한 돌격대원들의 혁명적 군인정신을 형상하고 「풋강냉이」는 장군의 선군 장정의 길을 생각하며 지하 막장을 견뎌나가는 노동계급을 형상하고 「결승선」은 장군의 그리움으로 결승선에 들어선 '마라손녀왕'의 뜨거운 마음을 형상하고 있다고 평한다.

평론 「선군정치로 빛나는 조국에 대한 찬가」(류만, 『조선문학』, 2003. 9.)는 서사시 「조국은 무엇으로 빛나는가」가 '백두의 선군정치', '김정일, 그 이름'으로 빛나는 조국을 노래하면서 극적 정황 속에서 다양한 체험세계를 정서적으로 깊이 있게 펼치고 있다고 평한다.

북한문학에 나타나는 숭엄한 정서는 음악을 매개로 하거나 자연을 형상화한 글에서 찾아볼 수 있다. 평론 「시인의 열정의 분출, 시대의 메아리」(차수, 『조선문학』, 2001. 2.)에서는 「백두산의 눈보라」가 고난의 행군, 강행군 길을 헤쳐 온 인민의 생활을 노래하면서도 그 음조를 숭엄하고 격동적인 것으로 하여 혁명적 수령관에 기초한 신념과 낭만을 보여주었다고 평한다. 단평 「숭고한 정서세계-노래의 철학」(박애숙, 「조선문학」, 2001.5.)에서는 음악을 생활의 활력으로 여기고 노래 속에서 사색을 익히며 강성대국 건설을 구상하는 김정일의 모습을 형상화한 시를 분석하고 있다.

평론 「선군정치로 빛나는 조국에 대한 찬가」(류만, 『조선문학』, 2004.9.)에서는 서사시 「조국은 무엇으로 빛나는가」를 분석하면서 숭엄한 '백두산 총대 정신'을 기리고 있다. 이 서사시가 공화국이 창건되던 날의 백두산 3대장군의 숭엄한 모습을 잘 형상하고 있다고 평한다. 평론 「수령영생위업의 빛나는 10년 세월에 대한 감동적인 서사시적 화폭」(김봉민, 「조선문학」, 2005.7.)에서는 서사시 「백년이 가도 천년이 가도」가 수령을 생각하며 만수대 언덕에 오르는 인민의 숭엄함과 경건함을 담고 있다고 평한다. 평론 「시는 시로 되여야 한다」(리동수, 『조선문학』, 2006. 10.)는 상반기 『조선문학』 잡지에 실린 시들을 분석하면서 선군시대 주된 정서는 숭엄, 낭만적 서정이라고 평한다.

> 격조높이 솟구치는 아름답고 숭엄하고 장엄한 서정, 시련을 맞받아 미래에로, 확신성있게 줄달음치는 격렬하고 랑만적인 서정, 이것이 오늘 우리 선군시대의 주되는 서정이며 기상이다.(72쪽)

단평 묶음 「조국송가가 주는 의미 깊은 서정」(김창조, 『조선문학』, 2007.2.)은 서정시 「나의 조국」에 형상화된 조국이 단지 자연이 아름답고 사람들이 정다운 곳만이 아닌 더없이 숭엄하고 신성한 그 무엇이라고 해명하고 있다고 평한다. 단평 「태양의 꽃에 대한 심오한 예술적형상」(신경애, 『조선문학』, 2008. 2.)에서는 '김정일화'를 다루는 가사를 분석하면서 자연현상이 더해주는 숭엄한 감정을 소개한다.

북한문학에 나타나는 숭고, 숭엄의 감성은 수령형상문학에서 두드러지게 나타난다. 북한에서는 수령형상창조를 기본으로 하는 창작집단인 4.15 문학창작단을 출현시킨 바 있다.

북한 문예에서는 일명 '불후의 고전적 명작'이라고 일컫는 〈피바다〉, 〈한 자위단원의 운명〉, 〈꽃 파는 처녀〉를 영화, 가극, 소설로 옮기고 〈성황당〉을 혁명연극으로 재현한다. 또한 수령의 무장투쟁 역사와 수령 일가의 이야기를 장편소설로 형상화하는 작업에 착수하여 김정일의 지도 아래 수령과 수령 일가를 형상화한 시, 소설, 희곡 등이 창작되었고 수십 권의 장편을 묶어놓은 총서 『불멸의 력사』, 총서 『불멸의 향도』가 발표되었다. 일명 '수령형상문학'이라는 장르 아닌 장르를 탄생시키고 주체문학예술의 대전성기가 막을 올리게 되었다고 주장한다.[146] 북한은 이들 장르에 '혁명'이라는 수식어를 덧붙인다.

이들이 내세우는 수령형상문학에서의 특출한 성과는 수령

146 『조선대백과사전(18)』백과사전출판사, 2001. 12. 25. 471-473쪽.

의 후계자를 형상화하는 문학의 출현으로 기본적으로 김정일에 대한 다함없는 흠모와 존경, 신뢰와 충성의 사상 감정이 제시되어야 한다. 송가에 해당되는 김정일에게 바쳐진 시로는 시집 『향도의 해발을 우러러』 등이 있으며 김정일의 어머니인 김정숙을 형상화한 가사 〈김정숙 어머님 우리 어머님〉 등과 김일성의 아버지인 김형직을 형상화한 장편소설 『력사의 새벽길』 등이 있다.

『조선대백과사전』에서 언급된 시대별 대표적인 수령형상문학은 다음과 같다. 이 사전은 김정일이 직접 편집, 심의 등을 감독한 것으로 알려져 있다.

> 1970년대는 아동문학에서도 대전성기가 이룩된 풍작의 시대였다. 특히 4.15문학창작단에서는 (…중략…) 청소년시절을 폭 넓은 화폭속에서 전면적으로 형상한 장편소설들인 《배움의 천리길》, 《만경대》, 《동 트는 압록강》을 창작하였으며 서사시 《우리의 아버지 김일성원수님》, 단편소설 《일요일》, 《낚시터의 불빛》 등 수령형상창조에서 획기적인 전진을 이룩하였다. [147]

> 1980년대 문학에서는 불후의 고전적 명작들을 오늘의 예술적 화폭에 옮겨 놓는 사업이 계속되여 혁명연극 《혈분만국회》, 《딸에게서 온 편지》, 《3인1당》, 《경축대회》가 《성황당》식 연극으로 재현되였다. 동시에 1970년대에 시작된 총서 《불멸의 력

147 『조선대백과사전(18)』백과사전출판사, 2001. 12. 25. 473쪽.

사》(항일혁명투쟁시기편) 에 속하는 장편소설들인《두만강지구》,《근거지의 봄》,《대지는 푸르다》,《준엄한 전구》,《닻은 올랐다》,《은하수》,《압록강》,《잊지 못할 겨울》,《봄우뢰》,《위대한 사랑》,《혈로》가 창작되였다. 이어 총서《불멸의 력사》(광복후편)에 속하는 장편소설창작이 시작되여《빛나는 아침》,《조선의 봄》,《50년여름》,《조선의 힘》,《승리》등이 련속 출판되였다. 동시에 위대한 령도자의 숭고한 풍모를 형상한 문학창작이 더욱 본격화되여 단편소설집들인《거룩한 자욱》,《조선의 행복》,《향도의 태양》,《영광의 시대》등에 거의 100편에 가까운 작품들이 실렸다."

1990년대에 가장 특징적인 것은 수령영생위업에 바쳐 진 문학작품들이 폭포같이 쏟아져 나온 것이다. 총서《불멸의 력사》(광복후편)에 속하는 장편소설《영생》, 서사시《영원한 우리 수령 김일성동지》, 가사《수령님은 영원히 우리와 함께 계시네》는 피눈물의 바다를 헤치고 용암처럼 솟구쳐 오른 우리 인민의 충성의 맹세와 결의를 담은 시대의 기념비적명작들이다. 해를 거듭할수록 더해만 가는 어버이수령님에 대한 그리움의 정을 안고 서사시《평양시간은 영원하리라》,《무궁번영하라 조국의 미래》,《세상에 부럼 없어라》가 련속 나와 대중의 심금을 울렸다. 조국과 민족의 운명을 전적으로 (… 중략…) 의탁한 우리 인민의 열화 같은 충성의 사상감정과 수령결사옹위의 맹세를 담은 송가작품들이 류례없이 활발히 창작된것은 이 시기 문학의 특출한 성과로 된다.

북한은 1990년대 중·후반에 겪었던 '고난의 행군' 시기를 체제 위기로 진단하면서 2000년대에 들어서 이를 이겨내고 새로운 국면에 접어들었음을 시사한 바 있다.[148] 북한은 '고난의 행군'의 원인을 자연재해, 군사위협, 경제봉쇄, 사상 문화적 침투 전략 탓으로 돌리고 있으며 이는 문학작품에서도 표현된다.[149] 이에 대해서는 1인 숭배적 정치사상이 김일성 사후 북한 체제 위기의 주요 원인이 되었으며 이에 대한 대응논리로서 수령후계자에 대한 변함없는 '충성과 효성'을 다하는 것만이 '인민의 고상한 사상 감정'이며 이를 고취하는 것이 문학의 사명으로 강변되었다고 설명하는 논의가 있다.[150] 또한 북한이 김일성 사망 이후 '고난의 행군'을 이겨낸 힘은 선군정치와 자주국방으로 조국과 민족의 운명을 구원해 준 김정일의 위대한 은혜라고 하면서, 보은과 섬김의 정당성을 극대화하고 있다고 평하는 논의도 있다.[151] 선군시대의 이면에 대해서는 고난의 행군에 주목하면서 고난의 행군이 북한 주민의 일상에 끼친 영향으로 조성된 공포와 강박, 혁신에 대한 열망 등을 문학작품 속에서 분석한 논의도 있다. 이 글에서는 현재를 추동하는 힘으로 과거의 상처

148 사설, 「당 창건 55돐기념」『로동신문』 2000.10.10. 1쪽.

149 권정웅, 「눈보라 만리」, 『천리마』 1호, 2001. 32쪽.

150 김성수, 「북한의 '선군혁명문학'과 통일문학의 이상」, 『통일과 문화』 1, 통일문화학회, 2001, 93-94쪽.

151 박영자, 「선군시대 북한 여성의 섹슈얼러티 연구: 군사주의 국가권력의 성(性) 정체성 구성을 중심으로」, 『통일정책연구」 15권 2호, 통일연구원, 2006. 158쪽.

를 동원하는 북한 사회의 위기 극복 양상의 문제를 진단한다.[152]

이러한 연구들을 통해 생각해 볼 수 있는 것은 북한이 현실의 위기를 극복해 나가는 방법으로 활용하는 북한 대중의 감성에 관한 것이다.

3절 영웅적인 것과 영웅의 탄생

북한에서 영웅은 신적인 존재가 아니라 평범한 인간이 자신의 한계를 극복하고 무엇인가를 성취했을 때 도달할 수 있는 노력형 인간을 일컫는다. 그 용어의 기원과 변천과정을 살펴보면[153] 1946년 2월 15일에 공산당 분국 제4차 확대회의집행위원회에서 제시한 '노력영웅운동'에서 찾아볼 수 있다. 이후 1947년도 인민경제발전계획이 발표되고 증산 경쟁운동을 위해 건국사상동원운동이 전개되면서 '노동영웅'이 제시되고 6.25 전쟁 중인 1951년 7월 17일에 '노력영웅'이란 호칭이 구체적으로 제시된다.

북한은 천리마 운동 시기인 1950년대 후반부터 대중적인 노력과 증산 경쟁운동을 대규모로 진행한다. 이후 1975년 말부

152 오창은, 「선군시대 북한 농촌 여성의 형상화 연구」, 『현대북한연구』 제13권2호, 북한대학원대학교, 2010.

153 서동만, 『북조선 사회주의체제 성립사』, 선인, 2005; 유호열, 『북한의 사회주의 건설과 좌절』, 생각의 나무, 2004; 김광운, 『북한 정치사 연구』, 선인, 2003.

터는 '3대 혁명 붉은기 쟁취운동'을 시행하고 1982년 7월에는 '1980년대 속도창조운동'을 제안하였으며 1980년대에는 '숨은 영웅 따라 배우기 운동'이 제기되었고 '200일 전투'를 전개하였다. 2000년대 말에는 강성대국 건설을 목표로 '150일 전투', '100일 전투'를 전개한다.

북한문학에서 영웅은 인민이 도달할 수 있는 가장 초월적인 존재에 해당된다. 영웅은 공산주의적 인간형상, 혁명적 공산주의자, 새로운 노동계급의 전형을 모색할 때 발생하는 모범적인 인간의 유형이다. 북한은 대중영웅을 등장시킴으로 사회개조와 함께 인간개조를 내세운다. 여기에서 수령은 영웅적인 존재가 아니라 숭고한 대상에 해당되기 때문에 북한 문학에서 영웅적인 것은 수령에 대한 충성을 바탕으로 하면서 숭고한 것을 체득할 때 비로소 얻을 수 있는 감성적 영역이 된다.

북한문학에서 영웅에 대한 형상화는 시기별로 비교해 볼 수 있다. 북한에서는 해방 후 문학예술이 획기적인 발전을 하였다고 주장하는데 그 이유를 영웅 서사의 창작에서 찾는다.

해방 직후 북한 시단에서는 웅장한 리듬에 조화되는 정열의 언어를 창조할 것을 주문한다.[154] 민병균에 의하면[155] 장편서사시인 「백두산」을 통해 영웅 형상화를 통한 "스케일의 웅장성, 고도의 형상성"을 제시한다.

154 한효, 「새로운 시문학의 발견」, 안함광 외, 『문학의 전진』, 문화전선사, 1950.
155 민병균, 「북조선 시단의 회고와 전망」, 『문학예술』1, 1948, 4.

북한 문학 초창기에는 영웅적 특질을 대중성과 연결시켜 다룬다. 여기에서는 몇몇 소수의 개개인의 영웅적 특질이 아닌 전체 애국적 인민의 기본적 특질을 형성하고 있는 하나의 요소로 본다. 영웅성의 집체성과 대중성은 인민군대를 칭송하는 시에서 찾아볼 수 있다. 빨치산의 영웅을 노래한 「영웅전」 등에서는 조국에 대한 열렬한 사랑을 애국주의라 칭한다.

영웅의 이야기는 애국주의와 연결된다. 전후 복구 시기부터 북한에서는 노력 영웅 이야기를 생산하고 전파하여 인민으로 하여금 생산과 증산에 힘쓰게 만든다.

한설야는 황건의 「행복」(1953)에 대하여 평하면서 '고상한 애국주의와 대중적 영웅주의'에 관해 논한다.[156] 윤시철은 이 소설이 원수에 대한 증오의 감정을 애국주의로 승화시켰다고 평한다.[157] 한효는 이 소설에 대해 '젊은 복수자들의 아름다운 내면세계'를 보여준 작품이라 평한다. [158] 윤세중의 「구대원과 신대원」(1952), 「분대장」(1951), 「분대장과 신입대원」(1953), 「편지」(1951) 등은 반미의식을 고취하고 대중적 영웅주의 및 혁명정신을 고양시켰다고 평가 받는다.

대중적 영웅주의란 김일성의 교시인 「전체 작가 예술가들에게」(1951)에서 원래 인민군대의 영웅성이 대중적이라는 의미에서 비롯된 것인데 이후 '대중적 영웅주의'라는 용어가 널리

156 한설야, 「전진하는 조선문학」, 『조선문학』, 1954, 1.

157 윤시철, 「소설 「행복」에 대하여」, 『문학예술』, 1953. 9. 112쪽.

158 한효, 「우리문학의 10년」, 『조선문학』, 1955. 7. 128쪽.

사용된다. 여기에서 대중은 노동자, 농민 등 평범한 사람들을 일컫는다.

전후복구 3개년 계획 이후에도 여전히 노동과 증산에 대한 압박에 시달린 북한은 1956년 12월에 조선로동당 중앙위 전원회의에서 증산과 절약, 자력갱생의 기치 아래 '천리마를 탄 기세로 달리자'는 구호를 제기한다. 1957년은 5개년 계획 수행으로 도시와 농촌 등에서 사회주의 개조를 완성하기 위한 사회주의 제도를 전면화한다. 이 시기에 북한 문학에서는 노동의 형상화를 통해 인민들로 하여금 노력을 통해 고상한 도덕성으로 교양할 수 있다는 사명감을 부여한다.

김일성의 교시인 「작가, 예술인들 속에서 낡은 사상 잔재를 반대하는 투쟁을 힘있게 벌일데 대하여」(1958.10.14.)는 천리마기수 형상화 논의를 촉발시킨 계기가 되어 1959년 1월부터 '천리마의 기수'라는 말이 등장하고 천리마 시대에는 노력영웅이 대거 등장한다. 노력영웅으로서 천리마 기수가 문학 속에서 많이 형상화된 이유는 1961년 이후 김일성의 담화 「천리마시대에 맞는 문학예술을 창조하자」 (1960. 11.27) 이후 구체화된 '새 인간형', '혁명투사'가 제시되었기 때문이다.

참말로 우리들의 생활은 어떻게 향기 높은 것인가
기쁨이 꽃포기로 향해 밀치며 흐터질
풍만한 생활의 가지가지이야기……
별과 샘과 풀포기

이름없는 풀한포기도 기쁨에 젖는
오! 빛나는 태양에의 길-

-안용만 작 「축제의 날도 가까워」

천리마 시기에는 사회주의 건설의 추동의 원동력으로 노력영웅 이야기를 장려한다. 천리마 시기 문학의 임무는 전체 인민을 공산주의 정신으로 교양하고 개조하며 보다 영웅적인 노력위훈으로 불러일으키는 문학예술을 창조하는 것으로 지정된다. 이 시기에는 "사람들에게 공산주의적 도덕 품성을 배양하고 사람들의 정신생활을 더욱 풍부히 하며 사람들을 흥분시키고 고무하며 그들에게 아름다운 정서를 불러일으킬 수 있는 작품"[159] 이 필요하게 된다.

다양한 직업과 일꾼들의 모습을 형상화한 『천리마 시대 사람들』은 1960년대 초, 중반에 14권이나 출간되었다. 북한의 문학사에서는 천리마 시대 대표적인 작품들로 소설 「해주-하성서 온 편지」(김병훈, 1960), 「길동무들」(김병훈, 1960), 「백일홍」(권정웅, 1961), 「령북땅」 (1963, 리병수), 「먼 해구에서」(리정숙, 1964)와 서정시 「보통날아침에」(허우연, 1961), 「하늘의 별들이 다 아는 처녀」(정서촌, 1961), 「조국이 사랑하는 처녀」(오영재, 1963), 「락원산수도」(안룡만, 1963), 영화문학 〈갈매기호 청년들〉 (한상운, 1961), 〈정방공〉 (한성, 1963), 〈그들은

159 한설야, 「천리마 시대의 문학예술 창조를 위하여」, 『조선문학』, 1961. 3.

이렇게 싸웠다〉 (1, 2부, 양재춘, 김창식, 1964), 〈끝없어라 나의 희망〉(백인준, 1964), 희곡 〈아득령〉 (리응렬, 1963), 〈새살림〉 (리동춘, 리완호, 1964) 등을 제시한다.[160]

이 시기 영웅인 '천리마 기수'의 전형에 해당되는 청년의 모습은 김병훈의 소설 「《해주-하성》서 온 편지」에서 살펴볼 수 있다. 이 소설은 전후 복구 시기에 해주와 하성을 잇는 철도건설사들인 청년들의 노력을 영웅적으로 형상화한다.[161]

다음의 시는 천리마 시기의 5개년 계획을 다룬 시인데 공산주의적 감성을 바탕으로 하여 인민의 노동과 증산 과정을 고무하고 있음을 알 수 있다.

> 석탄이 강물처럼 흘러 오를
> 무쇠 동발 베르트갱을 응시하면서
> 5개년계획의 새벽 노을 펴져 오는
> 운전대에서 또다시 권양기를 풀고 감는
>
> 아오지탄광 노동자, 태양보다 뜨거운 사랑의 불을
> 심심야밤에도 봉화로
> 울리며
> 해방의 포성 울린 북관 땅에서
> 5개년의 첫봄은 붉게 꽃핀다.

160 사회과학원 문학연구소, 『조선문학사 1959-1975』, 과학,백과사전출판사, 1977.

161 김병훈, 「《해주-하성》서 온 편지」, 『조선문학』, 1960. 4, 30쪽.

북한 문예에서는 인민 동원을 위한 노동계급의 형상 창조를 주요한 문제로 다루는데 천리마 시기에 등장하는 '천리마 기수'는 이후 '숨은 영웅'으로 대체된다. 1980년대의 북한 문학에서는 '숨은 영웅, 심오한 철학성, 도식주의의 극복' 등이 논의되어 일상생활 속 영웅들이 작품에 등장한다.

"우리 문학은 또한 혁명의 주인다운 자각을 가지고 오래 동안 나라와 인민을 위하여 소문 없이 큰일을 한 참다운 애국자들의 숨은 공산주의적 미풍과 소행을 찾아내여 일반화하는 데 큰 힘을 기울여야 한다"162

주체시대의 임무는 사상, 기술 문화의 3대 혁명을 통해 사회주의 완전 승리를 앞당기는 것에 있었으며 문학은 사람들의 사상을 고양시켜 평범한 인간의 모습에서 영웅적인 모습을 이끌어내는 것이었다. 이에 대해 신형기는 "평범한 인민들의 일상에 대한 주목이 공동체를 위한 희생과 헌신이라는 도덕적 가치, 혹은 이념과 충돌하고 균열을 일으키는 데까지 나아갈 가능성은 전혀 없었다고 해야 할 것이다"163라고 평한다.

북한 미학에서 영웅적인 것은 숭고한 혁명정신을 체현하여야 한다. 또한 진정한 의미에서 영웅적인 것은 수령에 충실한

162 머리글, 「당정책을 더욱 민감하게 반영하자」, 『조선문학』, 1977.9.
163 신형기, 「주체시대의 북한시연구-숨은 영웅의 형상과 그 의미」, 『현대문학의 연구』36, 한국문학연구학회, 2008.398쪽.

영웅, 수령의 교시를 받드는 영웅주의라고 주장한다.[164]

문학 속에서 수령에 대한 충성과 사회현실에 충실하려는 인민의 모습이 숨은 영웅의 모습으로 등장한다. 1980년 1월 7일에 개최된 제3차 조선작가동맹대회에 '당 중앙'의 이름으로 김정일이 보낸 서한 「현실 발전의 요구에 맞게 작가들의 정치적 식견과 창작적 기량을 결정적으로 높이자」에 의해 숨은 영웅의 문제, 심오한 철학성, 도식주의의 극복' 등이 문학적 과제로 제시되고 1980년 10월에 열린 제6차 당 대회에서 '숨은 영웅 따라 배우기 운동'이 제기된다.

문학에서 '숨은 영웅론'은 대중적 영웅주의와도 일맥상통한다. 백남룡의 소설 「생명」(『벗』, 문예출판사, 1988)은 북한에서의 대학입시를 다루는데 양심을 실행하는 숨은 영웅을 형상화한다.

> "동무나 나나 수험생의 성적을 부모의 직업과 련관시켜 보는 관점은 버리기요. 자본주의적 사고 방식이요. 부위원장 직위와 유능한 외과 의술이 학생 자녀의 지식을 대변할 수는 없잖소? 부위원장과 의사는 그들대로, 학생은 학생대로 자기 힘과 재능으로 나라에 복무하는 게 아니겠소. 입학 성적은 나라의 장래와 관련되는 일이오."

> "환자의 가슴에 청진기를 댄 의사는 융화를 모릅니다. 병세에

164 리기도, 『주체의 미학』, 사회과학출판사, 2010, 136쪽.

대한 무원칙은 죽음을 의미하지요. 그래서 의술은 생명 앞에서 공정합니다. 난 그걸 철칙으로 알고 있으면서도 학장 선생이 사회 륜리를 벗어나서 내 아들 문제를 처리할 걸 은근히 기다렸댔습니다. 생명을 판가리하는 예리하고 가차없는 수술칼을 손에 쥐고서 말입니다."

북한 시에 형상화된 숨은 영웅의 모습은 다음과 같다.

숨은 마음
사람마다 그 마음 간직하고
사람마다 그 길을 걷가애
수수한 작업복에 흔히 보는 보통사람

저만이 간직한 속 깊은 마음 다 알 수 없어도
나에겐 생각되여라
그 모두 시대의 숨은 영웅인듯
꽃은 피여도 소리없이 피고
피여나는 것도 볼 수 없듯이
함께 일하고
이웃에 살면서도
우리 미처 모르고 지내는 숨은 영웅

-김석주, 「그 모습 수수하고 평범해도」(『조선문학』, 1980.6.)

북한문학에서 대중적 영웅주의는 집단적 혁신으로 발휘되는데 2000년대 문학에서 표현된 집단적 영웅주의의 모습은 다음과 같다.

> 《그럼 분대장동지도 철학갑니다.》
> 《엉터리 없는 소릴!》
> 분대장은 화를 냈다.
> 《철학가는 무슨 철학가야? 내가 철학가면 세상에 온통 철학가투성이게? 그저 내가 알고 있는건 우리 조선인민군 군인들의 영웅주의는 그 어떤 몇사람의 영웅적 행동이 아니라 집단적영웅주의라는거야.》
> (……)
> 《(……) 군대복무란게 딴게 아니야. 〈나〉를 잊어 버리는게 군대복무야. 〈나〉라는걸 잊어 버리구 〈우리〉가 되는거지. (……) 저마다 〈내〉가 그냥 남아 있으면 아마 저 엉터리철학가 위생지도원의 말처럼 한쪽 다리나 팔이 제 멋대로 놀아 나는 몸뚱이 같아 지겠지, 안 그래?》[165]

고난의 행군 이후에는 '돌격대'가 등장하는데 이는 또 다른 영웅의 형태라고 볼 수 있다. 북한에서 인기를 얻은 『사랑의 권리』(리준호, 문학예술출판사, 2006)는 돌격대의 활약상을 담고 있다. 이 소설은 사회적으로 문제를 일으켰던 주인공을 중심

165 한웅빈, 「스물한발의 《포성》」 2부, 『조선문학』, 2001. 5. 29쪽.

으로 하여 자강도, 평양시, 함경남도, 평안남도, 평안북도 소대의 돌격대원들의 이야기를 전개한다. 이 소설은 북한 소설에서 보기 드물게 불량했던 과거를 지닌 인물이 주인공으로 등장한다. 탄광지역에서 자라난 주인공은 담임이 자신을 불량하게 보고 개조하려고 하자 반감을 품고 반항을 한다. 이후 그는 방랑도 하고 건달 노릇을 하지만 당원이 되고 대학을 졸업하면서 돌격대원이 된다. 이 소설에서는 사랑을 뜨거운 마음으로 그린다. 뜨겁게 사랑할 권리가 있는 사람이 옳은 일도 할 수 있음을 형상화한다.

북한문학에서 영웅의 형상화는 중요한 문제로 제기되는데 그 이면으로는 "영웅 없는 시대에 끊임없이 '노동영웅'이나 '전투영웅', '천리마기수', '숨은 영웅', '총대 영웅' 등의 영웅을 창조할 수밖에 없는 북조선 문학의 난제가 놓여 있다"는 문제가 제기된다.[166]

4절 희극적인 것과 교양의 힘

북한 문예의 미적 특질과 그 예술적 구현은 『주체의 미학』에서 살펴볼 수 있다. 이 이론서에서는 미적인 범주를 아름다운

166 차문석, 「북한의 노동 영웅에 대한 연구 - 영웅 탄생의 정치 경제적 메커니즘」, 『사회과학연구』 12(1), 서강대학교 사화과학연구소, 2004, 181~201쪽; 김종수, 「6-25전쟁과 북한 청년영웅'」, 『정신문화연구』 110, 한국학중앙연구원, 2008. 봄, 171-183쪽

것, 숭고한 것, 영웅적인 것, 비극적인 것, 희극적인 것으로 구분하는데 주체문예 이론이 역사상 처음으로 영웅적인 것과 비극적의 것의 특질을 과학적으로 해명하고 있다고 주장한다.[167]

그 내용을 살펴보면 비극적인 것은 고통, 불행, 죽음 등의 관념과 결합되어 이해되어 왔고 그 고유한 미학적 정서인 '슬픔, 동정, 연민' 등과 융합된다고 보는 것에는 동의하지만 비극적인적의 근원과 본질이 개인적이고 일면적인 것에 의하며 숙명론적이고 우연적인 것이라고 보는 것에 대해서는 비판한다. 주체의 미학이론에서는 비극적인 것을 전체적으로 볼 때 긍정적 미의 현상을 반영하는 미학적 범주로 본다. 여기에서는 미적 현상이 인민의 자주적 요구와 지향을 체현하고 있으므로 사회적 현상으로 불행, 고통, 죽음이 전부 비극이 될 수 없다고 본다. 비극적인 것은 자주성을 유린당했다고 볼 수 있는 동정, 연민에서 생겨난다고 본다.

이렇게 본다면 비극의 유무는 인간의 자주성에 있다고 보는 것으로 북한 문예에서 중요시 여기는 '혁명적 낙관주의'를 생각해 볼 수 있다. 일례로 참된 혁명가의 죽음에 대해서는 슬픔과 고통, 불행이 아닌 긍지와 자부심, 낙관과 신심, 용기와 결의를 가져야 하는 것이다.

주체문예에서는 자주성을 중심으로 비극적인 것의 본질을 살펴보면서 교양 목적과도 연관하여 이론을 제시한다. 이에 의

167 리기도, 『주체의 미학』, 사회과학출판사, 2010, 176-209쪽.

하면 비극적인 것의 고유한 미학적 정서는 연민과 동정, 비분과 비통 등의 정서인데 이러한 정서를 일으키지 않는다면 슬픔, 불행, 고통, 죽음은 참다운 의미에서 비극적인 것이 될 수 없다는 것이다. 비극적 작품이 고유한 미학적 특성을 살리면서도 교양 목적을 달성하기 위해서는 낡은 사회의 문제점을 폭로하고 그에 대한 증오심과 반항심을 키워야 한다고 본다.

이에 입각하여 사람들을 혁명적으로 교양한 좋은 작품으로 영화 〈월미도〉 〈종군 기자의 수기〉 등을 제시한다. 이 영화들은 주인공들의 죽음도 불사하는 불굴의 정신을 잘 형상화하고 있기 때문이라고 본다.

이러한 비극적인 것의 범주는 희극적인 것과 같은 선상에서 논의할 수 있다. 이 두 범주는 자주성의 유무로 비극적이냐, 희극적이냐를 나눌 수 있는 것이다. 주체문예 이론에서는 희극적인 것의 정서적 특징을 웃음으로 보는데 그 양상에 따라 풍자문학, 경희극, 풍자극 등의 장르를 파생시킨다.

1950년대 북한문학에서는 사회주의리얼리즘 미학에 대해 논하면서 긍정적 형상을 창조해내는 역할만큼 낡고 부정적인 세력에 대한 폭로도 중요하게 여긴다. 이를 형상화하는 풍자문학을 통해 인민을 교양할 것을 주문한다. 풍자문학에 형상화된 풍자적인 빠포쓰는 증오, 분노, 혐오, 모멸, 조소 등의 감정으로 나타나고, 사회에 대한 높은 비판 정신의 산물로 여긴다. 특히 전후 복구 시기에 보수와 침체 및 낙후에 대항하는 풍자문학을 많이 창작해야 할 것을 주문한다. 김하명은 풍자문학에 대한

중요성을 언급하면서 그 특질에 대해 다음과 같이 정리한다.[168]

> 풍자적인 빠포쓰는 언제나 증오, 분노, 혐오, 모멸, 조소 등의 감정으로서 나타난다. 이 풍자적 빠포쓰는 자기 사회의 인민 생활에 대한 깊은 관심, 참다운 성실성, 애정을 토대로 하여 발생한다. 이 분노, 증오, 조소의 감정은 언제나 사회에 대한 높은 비판 정신의 산물이다.
>
> 유모어, 희극적인 것, 웃음 등은 낡은것에 대한 새것의, 거짓에 대한 진리의, 부정한 것에 대한 정당한 사업의 우월성을 표시한다.
>
> 풍자 작가에게도 선진적인 세계관과 함께 생활에 대한 깊은 지식은 절대적으로 필요하다. 이것들이 없이는 생활에서 주요한 것과 부차적인 것, 본질적인 것과 우연적인 것을 가려낼 수 없다.
>
> 따라서 풍자적 작품들에서 그 부정적 형상들에 심오한 일반화가 주어지지 않았을 때에는 그 작품은 한낱 일화로 되고 말며 독자의 분노와 증오를 야기하지못하고 결과로 교양적 의의를 감쇄시킨다.

168 김하명, 「풍자 문학의 발전을 위하여」, 『조선문학』, 1954. 4. 124~127쪽.

> 풍자 문학은 바로 이러한 전후 복구 건설 도상에서 우리의 전진을 방해하는 일체 보수성, 침체성 및 락후성과의 투쟁에서 가장 강력하고도 예리한 무기로 된다.

북한문예에서는 경희극이라는 특수한 장르를 발전시키고 있는데 박영정에 의하면 '희극적인 것(골계미)'인 것을 풍자와 해학으로 나눈다면 경희극은 해학을 주된 '양상'으로 하는 희극('해학극')을 의미한다.[169]

여기에서 풍자와 해학은 북한 문예의 경우 적대적인 관계에서 성립되는 것이 아니라 비적대적인 관계에서 생성된다는 특이점을 지닌다. 박영정은 북한에서 경희극이 부각되어 온 이유에 대해 "북한 사회는 적대적 관계가 사라진 사회이므로, 북한 사회의 현실을 반영한 연극에서는 적대적 관계를 전제로 하는 풍자희극보다는 모든 사회 구성원이 공동의 이상을 지향한다는 전제 아래 낡고 부정적인 것에 대한 동지적 비판을 가하는 경희극이 진실한 반영이 가능하다는" 논리를 제시한다.

경희극은 연극의 하위 장르로, 희극의 형태를 띠지만 시대에 뒤떨어진 낡고 부정적인 형상들을 가벼운 웃음을 통하여 비판 개조하는 것이 가장 큰 특징이다.[170]

『주체의 미학』에 의하면 비극적인 것은 사람에 의한 사람의

169 박영정, 『한국 근대 희극의 사적 연구』, 건국대 대학원 석사논문, 1991, 14-16쪽

170 사회과학원 주체문학연구소, 『문학예술사전(상)』, 과학백과사전종합출판사, 1988, 182쪽.

착취와 억압이 허용되고 근로 인민대중의 자주성을 무참히 짓밟는 착취 사회제도와 그 제도의 유지에 이해관계를 가진 계급에 의해서 생긴다고 한다. 반대로 희극적인 것의 범주에는 사람들의 자주적인 이상과 모순되는 미적현상들이 반영되는 것에 있다고 한다. 그렇기 때문에 사람들은 희극적인 것의 범주를 통해서 모순되고 부정될 대상을 폭로하고 비판하고 극복하는 것이라고 한다.[171]

> 희극적인 것의 정서적 특성은 웃음과 밀접히 련관되여 있다. 웃음은 희극적인 것을 느끼고 받아들이는 사람들의 미적 감정 주요한 표현형태이다. [172]

> 희극적웃음은 희극적대상자체가 낳는 필연적산물이다. 희극적인 웃음은 대상의 계급적본질과 그에 대한 미학적평가의 특성에 따라 크게는 적대분자들에게 던져지는 풍자적웃음과 공동의 목적을 위해서 싸우는 근로자들속에서 나타나고있는 낡은 사상잔재들에 대한 비판적웃음으로 갈라진다. 무자비하고 신랄한것으로 특징적인 풍자적웃음은 민족적 및 계급적 원쑤들의 허위성과 기만성, 취약성과 교활성 등을 폭로하고 근로대중에게 혁명승리의 신심을 안겨주는데서 중요한 의의를 가진다. 가볍고 명랑한것으로 특징적인 해학적웃음은 사회주의사회의 발

171 리기도, 『주체의 미학』, 사회과학출판사, 2010, 201쪽.
172 리기도, 『주체의 미학』, 사회과학출판사, 2010, 212쪽.

전을 방해하는 낡은것을 비판함으로써 그것을 개조하는데 이바지한다. 그러므로 희극적인것을 옳게 반영하여 낡은것을 반대하고 새것을 옹호하는 정신으로 근로자들을 교양하는것은 사회주의, 공산주의 문학예술에서 중요한 의의를 가진다."[173]

풍자적웃음 또한 원쑤들의 심장을 찌르는듯한 예리성으로 놈들을 가차없이 날가놓고 단죄하며 그에 대한 증오와 경멸의 감정을 불러일으키는 한편 긍정을 옹호하고 추종하려는 숭고한 지향도 내포되어 있다. (중략) 그러자면 풍자적웃음으로 폭로규탄되는 부정인물의 희극적요소와 함께 긍정인물들의 생활에서 표현되는 정극적인 요소도 있을수 있다.[174]

최근의 소설 중에는 황병철의 「우리소대」(『조선문학』, 2017. 10.)에 주목해 볼 수 있다. 1인칭 주인공 시점으로 전개되는 이 소설은 소대의 돌격대원 '나'(세일)가 영웅이 되려고 애쓰지만 진정한 영웅의 의미를 몰라서 망신만 당하다가 결국에는 진정한 의미를 깨닫게 된다는 내용으로 전개된다.

이 소설에서 '나'는 기초굴작업을 제일 먼저 끝내고 신문기사에 나올 것을 기대하지만 1센티의 오차도 허용하지 않는 소대장한테 면박을 당하고 경쟁을 해야 할 판에 다른 소대를 도와주러

173 과학, 백과사전출판사 편, 『백과전서』, 과학,백과사전출판사, 1984, 812쪽.

174 명일식, 「풍자희극에서 양상의 다양성」, 『조선예술』, 1996. 11, 59쪽.

가게 된다. 처음 돌격대원이었을 때는 전당 전군 전민이 떨쳐 일어난 북부피해복구 전선에서 직판실에만 박혀 있던 일을 창피하게 생각하고 무슨 일이든 잘한다고 떠벌려 신문에도 나고 텔레비전에도 날 거라고 큰 소리 치지만 사람들 앞에서 제대로 시범을 보이지 못해 망신만 당한다. 경쟁을 하여 이기게 되면 이름을 떨칠 수 있다고 생각하던 '나'는 '우리'가 되어야 성과의 비결을 얻을 수 있음을 깨닫게 된다. 이 깨달음 후에 살림집을 완공한 날에 신문과 텔레비전에 나올 기회를 얻게 된다. 그렇지만 '나'는 우리 소대 전체와 같이 사진 찍자고 제안하면서 우리 소대원들의 위훈을 되새긴다.

《이보라구 세일이, 우리의 경쟁은 사회주의경쟁이야. 남을 디디구 올라서자는게 아니라 서로 돕고 이끌면서 집단주의를 발휘하여 더 큰 힘을 내게 하는 사회주의 경쟁이란 말일세. 글쎄 세일이나 이 회영이가 혁신했다고 하세. 그래야 자네나 내가 맡은 살림방 한칸이나 먼저 끝나겠지. 또 우리 소대가 혁신하면 이 집 한 채 먼저 끝날거구, 하지만 저기 2소대, 3소대, 5소대모두가 혁신하면 우리 대대 아니, 온 려단이 살림집을 빨리 건설할게 아닌가. 임자가 속보에 쓴것처럼 려단이 맡은 살림집들이 북방의 첫눈이 오기 전에 완공되여 한지에 나앉은 이곳 주민들을 입사시킬수 있단 말일세, 그래 어느게 이득인가?》(56쪽)

이 소설은 개인적인 공명심에 이기적인 행동을 하는 주인공의 모습을 희극적으로 형상화하면서 '우리'라는 가치를 교양한다.

희극적인 것은 희극적 웃음과 연관이 깊다. 크게 적대적 대상을 향한 풍자적 웃음과 낡은 사상 잔재에 대한 비판적 웃음으로 대별된다. 여기에서 풍자적 웃음은 민족적이나 계급적인 원수를 상대로 하는 웃음이기에 북한의 사회주의 현실 주제 소설에서는 풍자적 웃음이 나올 수가 없다. 주로 비판적 웃음이나 가벼운 웃음이 문학 속에 등장한다.

김정은 시대에 들어서면 문학에 형상화된 웃음의 양상이 다소 달라진다. 문학에서 희극적 요소가 아닌 웃음 자체로서 등장하는데 민생을 위한 지도자의 결과물에 대한 인민의 웃음의 교향악, 웃음폭탄 등이 등장한다.[175] 문학에서 등장하는 능라인민유원지, 문수물놀이장, 송도원국제소년단 야영소, 위성과학자거리, 섬방어대 등의 인민을 위한 결과물에 웃음만이 형상화될 뿐이다.

175 손광수, 「웃음에 대한 철학」, 『조선문학』, 2014. 4.

2

주체미학과 선군시대 감성의 양상

북한에서 감성은 시대와 사회 체제 맥락에서 살펴볼 수 있다. 한 시대는 역사 문화 사회적 체험을 바탕으로 하여 고유의 감성 구조를 형성하고 이들을 표출하는 양식으로 문화예술을 생산한다. 이에 대한 것은 주체시대에서 선군시대로 변화하는 북한 체제 안에서의 북한 문학을 본격적으로 분석하면서 살펴보고자 한다.

북한은 체제의 위기와 변화 속에서 주체시대에서 선군시대로 변모되어 왔으며 문학에서는 전체가 규율하는 주도적 감성 이면에 이상과 현실의 차이를 드러내는 균열된 감성이 발견된다. 북한 주요 매체인 『조선문학』에는 북한 문학의 공적인 이데올로기 경향 외에 사적인 감수성이 포착된다. 이러한 현상들을 접하면서 이성적이라기보다 감성적 반응이 체제유지의 또 다른 근저가 될 수 있으며 북한 사회에서 공유하는 정서, 사상 등의 바탕이 될 수 있다는 가능성을 제시할 수 있다. 더 나아가 이러한 현상들이 북한 사회를 규정할 수 있는 특성이 될 수 있다고 해석할 수 있다. 이에 이 장에서는 북한 문학에서의 지배적이고 이데올로기적인 측면보다 동시대를 살아가는 북한 사람들의 생활 양상을 살펴볼 수 있는 '사회주의 현실주제' 소설에 주목하여 감성을 통한 시대정신 구현에 주목하고자 한다.

북한의 2000년대는 1990년대 중반 이후의 '고난의 행군' 시기를 거치고 강성대국 건설의 기치 아래 식량난과 경제난을 해소하기 위한 '실리사회주의'[176]를 표방한 시기이다. 이 시기에는 사회경제적으로는 시장경제 요소를 도입한 '7 · 1 신 경제관리 개선조치(2002)'가 실시되었고 남북관계에 이정표를 새긴 '6 · 15 남북 공동선언'(2000), '10 · 4 남북정상선언'(2007) 등이 발표되었다. 북한 문학에서 2000년대를 바라보는 시각은 여러 논의를 통해 살펴볼 수 있다.

「선군사상의 미학화 비판」[177]에서는 2000년 전후 『조선문학』에 나타난 선군시대 문학의 성격을 작가의식과 글쓰기의 변모양상을 통해 분석한다. 이 글에서는 '선군혁명문학'의 사상적 강박을 비판하면서 한편으로는 '사회주의 현실주제(소재)' 경향에도 주목한다. 이 글에서는 소설양식의 다양한 변모, 변창률 소설과 리진철 시, 리동수 비평 등을 예로 들어 리얼리즘으로의 복귀가 중요함을 논증하고 있다.

「실리사회주의와 경제적 합리성」[178]에서는 변창률의 농촌소설 「영근이삭」(『조선문학』, 2004. 1.)을 통해서 선군정치와

176 유임하, 「실리사회주의와 경제적 합리성-변창률의 농촌소설과 "영근이삭" 읽기」, 『겨레어문학』 41권, 겨레어문학회, 2008, 551쪽.

177 김성수, "선군사상의 미학화 비판-2002년 전후 북한문학에 나타난 작가의식과 글쓰기의 변모양상", 『민족문학사연구』, 37권, 2008.

178 유임하, "실리사회주의와 경제적 합리성-변창률의 농촌소설"과 "영근이삭" 읽기, 『겨레어문학』, 41권, 2008.

경제합리화가 초래한 북한 사회의 변화를 분석하고 있다. 이 글에서는 북한 농촌사회의 변화주역인 '분조장'들의 열정과 소명의식을 바탕으로 한 '감화의 서사'에 주목하고 분조장과 분조원들의 오해와 불화를 봉합하는 방법으로서의 감성적 체현을 살펴보고 있다. 이러한 감성적 체현으로는 온화하고 우회적인 교화, 감성적 발언, 기법차원에서의 미적 공감 환기 등을 들고 있다.

「6 · 15 공동선언 이후의 북한문학에 말 걸기」[179]에서는 북한문학에서 개인의 내밀한 욕망을 포착하고 있다. 「선군시대 북한 농촌 여성의 형상화 연구」[180]에서는 고난의 행군 이후 선군시대 북한 주민의 일상에 끼친 영향으로 조성된 공포와 강박, 혁신에 대한 열망 등을 문학작품 속에서 논하고 있다.

「북한 단편소설에 나타난 연애담론 연구」[181]에서는 북한 사회의 지배 기율이 균열되는 양상으로서 연애담론을 포착하고 있다.

「선군시대 북한 문학에 형상화된 주도적 감성」[182]에서는 선군시대 북한 문학에 표출된 주된 감성으로 '웃음, 숭고, 숭엄'에

179 고인환, "6-15 공동선언 이후의 북한문학에 말 걸기", 『실천문학』, 89, 2008.

180 오창은, "선군시대 북한 농촌 여성의 형상화 연구", 『현대북한연구』, 제13권 2호, 2010.

181 오태호, "북한 단편소설에 나타난 연애담론 연구", 『국제어문』, 58, 2013.

182 임옥규, "선군시대 북한 문학에 형상화된 주도적 감성", 『남북문화예술연구』, 제14호, 2014.

주목하여 이를 통해 북한이 문학예술에서의 감성을 주도하여 주민의 체제 순응과 자발적 노동력 동원을 이끌어내고 있음을 확인하고 있다.

『북한 새 세대의 가치관 변화와 전망』[183]에서는 북한의 식량난이 국제사회에 알려지기 시작한 1995년 이후의 북한 새 세대의 가치관을 북한 문학예술 작품 검토, 탈북자 면접, 설문 조사 등을 통해 분석하고 있다.

이상과 같은 연구들을 통해 2000년대 북한문학을 고찰할 때 지배적 이데올로기에 작용하는 감성적 통제에 대한 반응과 반작용으로서의 감수성을 생각해 볼 수 있으며 이를 중심으로 한 시대정신 구현의 양상을 살펴볼 필요성을 제기할 수 있다.

북한 체제는 문예에서의 감성을 활용하여 주민 통제의 방식으로 활용하는데 문학의 경우 이에 대한 이면을 살펴보면 체제에 대한 순응이 대체적으로 취재되면서 한편으로는 새로운 감수성의 도출이 감지된다. 이는 감성적 통제와 감수성의 관계가 상호보완적이면서도 대척 지점에 위치하는 것을 뜻하며 이를 통해 북한 문학에서 감성, 감수성에 대한 해석의 필요성이 대두된다.

북한의 선군시대는 김일성 사망 이후 김정일의 통치체제가 시작된 1995년 이후로 볼 수 있다. 김정일 통치이념으로 선군사상, 선군정치를 들 수 있는데, 여기에서 선군의 의미는 군대를

183 임순희, 『북한 새 세대의 가치관 변화와 전망』, 〈통일연구원 총서〉 통일연구원, 2006.

앞세워 수령결사옹위정신, 결사관철의 정신, 영웅적 희생정신을 구현한다는 의미를 지닌다. 북한은 선군정치를 변함없이 고수해 나갈 방침을 계속 밝히고 있을 뿐만 아니라 선군사상을 주체사상의 하위 이데올로기로 규정하고 있지만 시간이 갈수록 '선군사상-선군혁명노선-선군정치' 등이 '주체사상의 사상-이론-방법체계'와 유사한 형태로 체계화되고 있다.[184]

북한의 '선군혁명'의 의미에 대해서는 고난의 행군으로 불리는 1990년대 중후반의 체제 붕괴 위기의 극복을 반영하는 문학적 슬로건이며 수령형상문학론의 현실적 변이형태라고 보는 견해가 지배적이다.[185] '선군혁명문학'이라는 용어는 「위인의 손길 아래 빛나는 선군혁명문학」(『천리마』, 2000.11.)에서 공식적으로 사용되었다.

선군시대 북한문학은 강성대국 건설의 3대 기둥인 '사상중시', '총대중시', '과학기술중시' 노선을 관철하고자 하는데 이 중 사상중시는 당의 '제일 생명선'으로 중요시되고[186] 있으며 이러한 사상중시는 북한 문학예술에서 선군노선을 구현하는 것으로 나타난다. 2000년대 북한 소설에서는 선군시대[187]의 선군 사상

184 정창현, 「선군시대 경제노선 굳건히, 자본주의적 개혁은 없다」 『민족21』46, 민족21, 2005.1. 107쪽.

185 김성수, 「통일의 이상과 선군혁명문학의 현실-선군문학은 주체사실주의가 낳은 새 형의 문학」, 『민족21』, 민족 21, 56 2005.1. 149쪽.

186 머리글 「공동사설에서 제시된 당의 방침을 높이 받들고 문학작품창작에서 새로운 앙양을 일으키자」, 『조선문학』, 2000. 3. 4쪽.

187 이 어구는 '선군시대'를 논의하면서 반복적으로 등장한다. 한정길은 이에 대해 다음과 같이 설명한다. "오늘 우리 시대는 우리 군인들의

이 중요한 담론으로 제기되고 있다.

선군시대의 단편소설을 분석한 글[188]에서도 "우리 조국이 가장 어려운 시련의 고비를 넘어야 했던 '고난의 행군', 강행군 시기에 결사관철의 정신을 발휘한 인간전형들은 례외없이 자력갱생, 간고분투의 혁명정신의 소유자들"이라며 선군의 정신을 강조한다. 선군시대에 요구되는 북한 문학의 과제는 "수령형상소설들과 선군의 현실에서 제기되는 절실하고도 의의 있는 문제들을 반영한 훌륭한 작품들을 보다 많이 써내는 것"이다. 이를 위해서는 문학적으로 형상화하는 문제가 중요하게 제기될 수밖에 없다.

2000년대 『조선문학』에는 호 별(1~12호)로 2편에서 5편 정도의 단편소설이 발표되는데 수령형상 소설과 사회주의 현실주제 소설, 기타소설(과학 환상소설, 사화 등)로 대별된다. 이중 사회주의 현실주제 소설은 2000년대의 시대적 이상과 새 세대의 경험과 특성을 형상화한다.

혁명적 군인정신 다시 말하여 수령결사옹위정신, 결사관철의 정신, 영웅적 희생정신을 닮아가는 선군 시대이다. 오늘 … 구현되고 있는 주체사상적 내용은 … 선군사상과 령도를 충성으로 받들어나가는 우리 군인들과 인민들의 감정정서로 되고 있으며 커다란 고무적 기치로 되고 있는 것이다." 한정길, 「선군시대 혁명군가들에 구현된 사상예술적 특성」, 『조선예술』, 12월호, 2004, 56쪽.

오창은, 「선군시대 북한 농촌 여성의 형상화 연구」, 『현대북한연구』 13(2), 북한대학원대학교, 2010. 84쪽.

188 리창유, 「선군시대의 요구와 작가의 탐구정신-지난해 하반년도 『조선문학』 잡지에 실린 단편소설들을 두고」, 『조선문학』, 2008.3. 22쪽.

선군시대 새 세대는 미래의 낙관적 씨앗, 종자로서 존재하면서 완벽한 존재라기보다 갈등과 화합을 거쳐 선대의 우수성을 닮아가는 세대로서 표현된다. 그러나 한편으로는 개조대상 혹은 개인 지향적 모습을 문학 속에서 형상화하여 이 또한 북한 사회의 낙관과 비관의 경계를 드러내고 있다.

선군시대 문학은 풍요로움과 낙관적 미래를 제시하여 북한 주민을 독려하고 있지만 새 세대의 감수성을 표현한 작품에서는 명분과 현실 사이에서의 균열된 감성이 포착된다. 2000년대 북한 문학에 드러난 새 세대의 감수성은 지배이데올로기의 감성적 통제에 대한 작용과 반작용으로 파악되며 북한의 획일화된 시대정신과 변별되는 위치에 서 있다.

선군시대의 평론을 살펴보면 생활의 아름다움을 생활미라 하여 장려한다. 이는 북한이 고난의 행군을 극복하고 강성대국에 진입하기 위해 문학에서 웃음의 미학을 장려하는 것에서 비롯된다. 생활미는 미시적이고 범상한 생활상의 이야기에서 숭고미와 결합하는 양상으로 전개된다.

북한의 미학의 범주 안에서 문학에 형상화된 선군시대 인간의 사상 감정의 표출양상을 살펴볼 수 있다. 북한 문화예술에서 선군시대를 이끌어나가는 기본바탕이 되는 감성으로는 숭고한 것과 희극적인 양상이 주를 이루고 있다. 특히 '웃음'과 '숭고', '숭엄'의 감성이 주요하게 표출되어 선군시대 문학예술의 지향점을 파악해 볼 수 있다.

북한 문화예술은 감성을 활용하여 주민의 체제 순응과 자발적인 노동력 동원을 이끌어내고 있으며 숭고와 숭엄의 감성은 대중의 수령에 대한 충성을 이끌고 시대적 아름다움에 대한 자각을 통해 미래에 대한 신심을 이끌어내는 데 이바지한다.

북한은 주체시대에서 선군시대로 변화되면서 여전히 주체문학의 자장 안에 있지만 선군시대의 감성은 시대적 영향을 받는다. 북한 사회주의 현실주제 소설에서 기본 바탕이 되는 주조된 감성과 새 세대의 균열된 감성을 비교 분석하여 북한 문학의 변화를 살펴볼 수 있다. 이 장에서는 선군시대 북한 문학에 표출된 주요한 감성에 대해 분석하고 이를 통해 구현되는 선군시대의 특징에 대해 논하고자 한다.

1장

생활美와 웃음, 숭고, 숭엄

선군시대 생활미는 생활 속 미적 현상에서 찾아볼 수 있는데 생활에서 감동을 줄 수 있는 아름다움의 형상은 숭고, 숭엄, 웃음, 낭만, 사랑 등으로 표출되며 이에 관련된 이야기들은 북한 주민들에게 열정을 불어넣고 감화하게 만든다. 또한 문학 속에서 심리묘사와 생활 형상을 통한 소박한 인간 묘사를 통해 선군시대정신을 구현하고 있다. 이에 이 글에서는 선군시대 북한 문학의 주된 감성으로서의 웃음, 숭고, 숭엄 양상을 고찰하고자 한다.

1절 웃음과 낙관

선군시대 북한 문학에서 생활미의 바탕이 되는 웃음의 정서는 사회적 성격을 지닌다. 북한 문학에서 선군시대에 고난의 행군 시기를 이겨내고 새로운 강성대국의 길로 들어서기 위해 강조되는 것은 혁명적 낙관주의다. 이 중심에는 '웃음의 정서'가 있다.

『조선문학』 2000년 1호 사설에서는 '락원의 봉화'를 언급한다. 이는 제2의 천리마 대진군의 봉화를 의미하는데 1999년 평안북도 토지정리사업의 구상을 '락원기계 공장'에서 펼치던 김정일에게서 비롯된다고 이야기하고 있다. 서설에서는 낙원의 당원들의 결사관철의 정신, 노동계급의 영웅적 투쟁, 전통, 자력갱생을 옳게 밝혀 전후 천리마대고조 시기에 나온 짧고 전투적인 형식의 작품들처럼 작가의 창작적 재능과 열정을 발휘해야 한다고 당부한다.

연단 「길, 우리, 봄의 고향이 안고 있는 심오한 철학의 세계」(김용부, 『조선문학』, 2002. 6.)에서는 가사 「승리의 길」에 형상화된 "고난의 천리를 가면 행복의 만리가 온다"라는 가사를 통해 1930년대 '고난의 행군' 시기 수령과 항일투사들의 낙관주의 정신을 기리고 있다.

평론 「선군혁명시가문학에 나래치는 웃음의 정서」(김성우, 『조선문학』, 2002. 2)에서는 21세기 선군시대 시가문학을 웃음의 문학, 불의 문학, 정의 문학이라고 정의한다. 이 글에서는 가요 〈강성부흥아리랑〉에 웃음의 철학이 담겨 있다며 "넘어야 할 시련의 고비, 겪어야 할 곡절의 굽이들을 몰라 웃는 웃음, 위안의 웃음도 아니다."라고 전제한 뒤 장군이 있기에 "주체강국은 반드시 일떠선다는 불패의 신념을 안고 제 힘으로 무릉도원을 꽃 피우는 흥미며 멋인 것이다."[189]라고 설명하고 있다. 또한 "선군혁명시가에 차 넘치는 웃음의 정서는 참된 사랑이다.

189 김성우, 「선군혁명시가문학에 나래치는 웃음의 정서」, 『조선문학』, 2002.2, 63쪽.

동지의 의리로 하고 배신 없는 총대로 하는 진실한 사랑이다.", "필승의 웃음", "웃음은 장군님이다", "믿음이 있을 때 그리움은 웃음을 낳는다.", "가는 길 험난해도 웃으며 가며" 등의 어구를 사용하여 선군 시대에 웃음의 의미를 중시하고 있음을 알 수 있다.

평론 「단편소설의 매혹과 감동은 어디에서 오는가-올해 상반년《조선문학》잡지에 실린 단편소설들을 읽고」(천재규, 『조선문학』 2006. 9.)에서는 소설의 매혹과 감동의 연속은 생활탐구와 인생문제를 다루는 것에 있다고 평한다.

이 글에서는 생활 미가 평범한 생활 속에서 선군시대가 제기하는 사회 정치적 문제, 작가의 사상 미학적 의도를 작품 속에서 올바르게 형상할 때 비로소 구현된다고 본다.

> 창작실천은 작가의 생활탐구가 생활정서의 탐구, 형상묘리의 탐구로 실현되기도 한다는것을 보여준다. 노래와 열정, 로동의 희열로 충만된 주인공들의 성격미는 그대로 선군시대 인간들의 정신적특질을 그려보게 하며 작품의 랑만적정서를 기초지어준다.[190]

이 글에서는 단편소설 「밝은 웃음」, 「어느 일요일에」, 「축복」 등을 생활미의 견지에서 분석한다.

190 천재규, "단편소설의 매혹과 감동은 어디에서 오는가-올해 상반년 『조선문학』잡지에 실린 단편소설들을 읽고"『조선문학』, 2006.9. 30쪽.

단편소설 「밝은 웃음」(김명진, 『조선문학』, 2006.3.)이 가정과 거리, 직장에서의 웃음을 생활미의 견지에서 밝혀 신심과 낙관에 넘쳐 강성대국건설을 지향해나가는 인민의 고상한 정신미, 자랑찬 선군시대 미를 발랄한 생활감정으로 잘 보여준다고 평한다.

> 소설은 가정에서의 어머니의 웃음, 거리와 직장에 차넘치는 녀성들의 밝은 웃음의 의미를 생활미의 견지에서 설득력있게 밝혔다. 그리한 적들의 고립압살속에서도 신심과 락관에 넘쳐 강성대국건설을 지향해나가는 우리 인민의 고상한 정신미, 자랑찬 선군시대미를 발랄한 생활감정으로 잘 보여주었다. 이것은 작가가 현실에 깊이 침투하여 시대미를 민감하게 감수하고 인간학적견지에서 독창적인 형상을 창조하기 위한 진지한 생활탐구결과에 얻어진 귀중한 결실이다.(30-31쪽)

단편소설 「어느 일요일에」(한웅빈, 『조선문학』, 2006. 6.)는 범상한 생활에서 이야기를 시작하여 범상치 않는 사회적문제인 '이 땅에 완전한 평화가 깃들 때까지는 어느 일요일도 진정한 일요일일 수 없다'는 주제를 효과적으로 부각하여 생활미를 잘 표현하고 있다고 평가 받는다. 단편소설 「축복」(최련, 『조선문학』, 2006. 4.)은 수령의 축복 속에 사는 삶은 그 어떤 시련도 이겨내고 행복의 절정에 오른다는 생활미를 밝히고 있다고 평가 받는다.

평론 「시는 시로 되여야 한다-올해 반년《조선문학》잡지에 실린 시들을 중심으로」(리동수, 『조선문학』, 2006.10.)에서는 시의 서정미를 살펴보면서 "오늘의 서정미는 거기에 시대생활의 기본지향과 시대미감이 선명하게 조명될 때라야 가치를 가진다. 격조높이 솟구치는 아름답고 숭엄하고 장엄한 서정, 시련을 맞받아 미래에로, 확신성 있게 줄달음치는 격렬하고 낭만적인 서정, 이것이 오늘 우리 선군시대의 주되는 서정이며 기상이다"라고 설명한다. 이 평론에 소개된 시초『웃으며 가는 길에 행복이 온다-희천경질유리공장에서』(『조선문학』, 2006.1.)는 현지체험을 바탕으로 노래한 5편의 시로 특히 시 「웃으며 온 길 웃으며 가자」(주광일)는 "가는 길 험난해도 웃으며 가자"라는 구호를 기본 정서로 삼고 있다.

아름다와라
시련속에서 웃을줄 안 사람만이
존엄높고 긍지높은 최후의 승리자로
행복앞에 밝고 떳떳하게 웃을 수 있나니

영원히 아름답고 영원히지지 않는
아, 행복의 봄꽃들이 여기에 만발한다.
승리자의 웃음이 여기에 밝고밝다
조국이여 세상이 들썩하게
웃으며 온 길 웃으며 가자(49쪽)

평론 「랑만의 나래를 펴라, 선군시가여」(리동수, 『조선문학』, 2009.1.)에서는 시에서의 혁명적 낭만성을 다룬다. 이 글에서는 가요 〈높이 들자 붉은 기〉, 〈승리의 길〉, 〈우리는 잊지 않으리〉, 통일주제를 다룬 시 「생각해보라」, 「통일된 평양의 거리에서」를 예로 들고, 선군시대 여인의 전형적인 모습을 노래한 시 「산—녀인」 등을 평한다. 이 시들이 "오늘을 위한 오늘을 살지 말고 내일을 위한 오늘을 살자!"라는 당의 구호처럼 그 어떤 폭풍도 격랑도 두려움 없이 고난을 웃음으로 헤쳐 나가는 군대와 인민의 강의한 의지와 랑만의 세계를 뚜렷이 확증하고 있다고 평한다.

> 미래를 향하여 비약하는 오늘의 선군시대는 사람들에게 고난을 웃음으로 맞받아나가는 의지의 세계, 최후에 웃는자가 승리자라는 만만한 배심과 락관을 심어주는 랑만적인 시와 노래들을 많이 창작해낼것을 절실히 요구하고있다.(17쪽)

이 글에서는 「산-녀인」(리연희, 『조선문학』, 2007.3.)이 "거창한 산악을 안고 산과 함께 살며 한생을 바쳐가는 선군시대 연인의 전형적인 모습"을 형상하면서 미래에 대한 희망과 신심과 낙관을 안겨주고 있다고 평한다. 이 시는 고난의 행군 시기에 시련을 견뎌내고 산을 가꾸어 온 여성관리위원장의 헌신과 사랑을 담고 있다.[191] 이 시는 수령예찬이나 경직된 구호 표현 없

191 이 시의 서정적 주인공은 실제로 자강땅의 심심산골 농장을 잘 꾸린

이 선군 시대의 웃음과 낙관의 정서를 잘 표현한다.

> 녀인이 산을 안습니까
> 산이 녀인을 안습니까
> 나에겐 보여옵니다.
> 굽이굽이 산허리를 휘여감은 길들은
> 그대로 녀인의 손길처럼
> 주름주름 푸르러 흘러내린 산자락은
> 이슬에도 땀에도 눈비에도 함께 젖던
> 녀인의 그 치마자락처럼
> (…중략…)
> 아,
> 녀인의 품에 안기여
> 태연히 웃고 있는 산
> 나는 산의 표정을 그리고 싶습니다.(75쪽)

고난의 행군 이후 북한이 '가는 길 험난해도 웃으며 갈 수 있는' 이유는 시대의 어려움을 이겨낼 수 있는 낭만적인 정서를 형성하기 때문이다. 이러한 낭만적인 정서는 김정일 장군을 받드는 기쁨에서도 비롯된다. 시 「신평휴게소」(최인덕, 『조선문

데 대하여 장군의 치하를 받은 여성관리위원장이라고 한다. 김해월, 「우리의 선군시대에 대한 시인의 체험과 사색」, 『조선문학』, 2007. 10. 72쪽.

학』, 2009. 10.)에서는 신평휴게소에서 명산을 가꿔준 김정일의 노고로 "유람객들의 노래소리 웃음소리"(20쪽)가 끊이지 않을 수 있음을 노래한다. 시 「아기가 웃는 소리」(김명옥, 『조선문학』, 2005. 11.)에서는 아기의 첫 걸음을 바라는 엄마의 마음이 수령의 발자취와 장군의 전선길에서 비롯된 감자농사의 풍년 기원으로 이어진다.

대홍단의 후손
나의 아가야
어서 이리온
아빠 엄마 두손 모아
너를 높이 추켜든다

보아라
캐득거라는
너의 웃음소리에
땅이, 온 벌이 움씰대며 따라웃는다
감자벌의 새 주인의 웃음을 간직한 이랑들이…(23쪽)

이러한 이면에는 현실의 행복을 포기하고 희생과 헌신으로 자신의 일과 사회의 일에 충실할 것이 요구된다. 웃음의 정서는 현실에서의 희생과 헌신으로 밝은 미래를 보장할 수 있다는 믿음에서 비롯된다.

평론 「선군시대 인간들의 철학적 형상」(오춘식, 『조선문학』, 2009. 10.)에서는 단편소설 「뿌리와 열매」(최상기, 『조선문학』, 2009. 1.)를 평하면서 이 작품이 웃음과 낭만이 넘치는 선군 시대 농장원들의 다정다감한 생활을 풍만하게 펼쳐 보이고 있다고 평한다. 이 글에서는 당의 과학농법을 실현하고자 하는 '김용범 기술원'과 동요하는 '조성덕 작업반장', 무작정 높은 수확만을 바라는 '오영순 관리위원장'의 관계를 통해 신념과 배짱이 있는 선군시대 인간을 극적으로 표현하고 있다고 평한다. 그런데 그 이면을 살펴보면 고난의 행군 시기 농촌에서의 생산력 증대에 대한 강박이 감지된다.

> 경기총화가 끝나자 작업반별로 야유회가 벌어졌다. (…중략…) 버들가지가 휘휘 그네를 뛰는 방축우에서의 더없이 유쾌하고 흥겨운 연희, 익살과 웃음과 서로 음식을 권하는 행복한 실갱이로 하여 좌석에서는 흥그러움이 떠날줄 모른다. (…중략…) 조성덕은 웃음과 랑만이 넘실거리는 생활의 바다에 융합되지 못하는 자신에게 짜증이 났다. 너는 무엇때문에 불안해하느냐. 혹은 다른 일로도 갔을수 있지 않느냐. 그렇다면 무슨 일? (65쪽)

> 《어쩐지 미흡한 포전을 보여드린것만 같아 마음 한구석이 괴로웠습니다. 벼가 잘되였다고는 하지만 알알이 잘 여물지 못했고 이삭들이 충실히 못했으니까요. 생육후반기락하때문에 어쩔수 없는 일이라고 일부 사람들은 말하지만 전 거기에 위안을

가지고싶지 않더군요. 우리 아버지도 분조장을 할 때 늘 그 걱정을 하면서 어떻게 하든 그걸 퇴치해야 알속있는 농사로 될수 있다고 자주 뇌이군 했었습니다.》

(…중략…)

그 나날에 일찌기 수령님을 모시고 찾으셨던 오성땅을 바라보시며 감회깊은 추억을 더듬으시지 않았던가…

《이 신성한 땅에…》

성덕은 마음이 아파 쓰러질 듯 비칠했다. 잠시 말을 끊은 오영순은 무언의 질책으로 두사람의 뺨을 호되게 갈기고있다.

《우리가 … 어떤 땅을 가꾸고있는가를 잊지 말자요.》

(…중략…)

어지러운 환영이 성덕이 눈앞을 어지럽게 했다. 곯아빠진 벼씨앗들, 기형적으로 머리를 내민 불충실한 싹들, 불탄 산천처럼 황량한 들판에 벼대인지 풀대인지 엉성한데 그나마 폭풍이 태질하며 산산이 쪼각낸다.(67쪽)

단편소설 「별들이 웃는다」(김영선, 『조선문학』, 2008.10.)는 선군시대 남녀가 총각 아버지와 처녀 어머니로 맺어지는 과정을 통해 고아를 미혼 남녀가 맡아 키우는 북한의 사회 단면을 보여준다. 이 소설에서의 웃음은 젊은 남녀의 사회에 대한 헌신 속에서 피어난다.

사랑이 없이는 헌신이 있을수 없다. 최진호는 아이들과 이웃들을 사랑하고 자기가 사는 이 거리와 사회주의 내 조국을 끝없이 사랑하기에 자기 육체와 넋까지도 깡그리 바쳐가는것이 아닌가.

사랑하자, 나도 최진호처럼 내가 사는 도시와 사회주의 내 조국의 모든것을 열렬히 사랑하고 아름다움을 창조하는데 헌신하자.

애정은 최진호의 모습에 자신을 비추어보며 마음속 결심을 다지고 또 다지였다.

(…중략…)

문득 노래소리가 끊어지며 문이 벌컥 열리였다.

17쌍의 초롱초롱한 눈들이 일제히 밖을 내다보았다. 애정의 손풍금소리가 저도 모르게 높아진 모양이였다.

《애들아, 너희들의 어머니가 왔다.》

한부영은 의아해하는 아이들앞으로 애정을 떠밀었다.

《어머니?》

아이들이 와르르 뛰쳐나와 애정을 둘러쌌다. 너무도 뜻밖인듯 최진호는 문앞에 조각상처럼 굳어져있었다.

《이 사람 총각아버지, 어서 나와 처녀어머니를 맞아들여야지.》

한부영이가 먼저 마루에 올라서며 최진호의 팔을 끌었다.

《엄마!》

문득 뢰성이가 두팔을 벌리고 다가왔다. 손풍금을 내려놓은 애정은 뢰성이를 꾹 그러안았다. 왜서인지 눈물이 왈칵 쏟아졌다. 엄마란 부름이 귀설기도 하고 행복스럽게 느껴지기도 하였다.

그날 최진호의 집에서는 밤이 깊도록 노래소리, 웃음소리가 그칠줄 몰랐다.

노래소리가 끝없이 울려퍼지는 맑은 하늘가에는 태양의 빛을 받은 무수한 별들이 반짝이며 웃고있었다.…(79-80쪽)

시 「탐사대원의 노래」(리영복, 『조선문학』, 2008.12.)는 가족과 조국을 위해 힘든 일도 마다하지 않는 탐사대원의 긍지를 노래한다. 탐사대원은 일상적 행복보다 그들의 웃음을 책임지기 위해 헌신하면서 선군시대의 이상적 인간이 되려고 노력한다.

단란한 가정의 남편으로, 아버지로
휴식일이면 공원과 유원지로
행복의 노를 한껏 저어가고싶다만
어찌하랴
나의 직업이 탐사대원인데야
조국의 《척후병》인데야
(…중략…)

사람들이 행복의 지붕아래서
웃음의 꽃을 떨기떨기 피울 때
우리는 탄전과 제철소
이 나라 천만초소들이 기다리는

《탄약》을 섬기려
밀림과 초원, 계곡과 절벽을 톺아오른다
이슬에 옷자락 적시며

버들개지 움틀무렵 산에 오르면
첫눈이 내릴 때 시료배낭 지고 산을 내린다
폭우에 젖어 사나운 번개와 마주 웃으며
생소한 골짜기와 산마루에 탐사의 발자국 찍어갔거니

변덕많고 심술궂은 자연과 싸우며
수억만년 완고히 숨겨온
지하의 보물을 찾아내여
조국의 미래에 넘겨주는
탐사대원 우리보다
더 긍지로운 직업 나는 모른다

우리의 로동과 위훈
사람들 다는 몰라도
그때문에 깨끗한 량심과
애국의 마음을 날마다 비춰보며 산다
사람들 무심히 대하는 발파소리도
새 광산, 새 생활이 태여나는 고고성으로

우리는 긍지높이 들으며 사나니

섭섭해말라
안해여 자식들이여
선군시대에 보다 떳떳한
남편이 되고 아버지가 되고저
이 시각 집 떠나 멀리 있음을

무성한 숲처럼 가득차 빛을 뿜는
조국의 거창한 근로의 창조물들은
탐사대원의 발자욱에서 시작되였음을
나는 한해와 속삭이며
정든 집에 편지를 부치노라 (75쪽)

선군시대 북한 소설은 낙관적 미래를 제시하기 위해 풍요로움을 상징하는 모습을 제시한다.

벼꽃이 피기 시작한 들판우에 하늘의 별이라도 내려앉은듯 나비등불빛이 쉬임없이 깜박거렸다.

개구리울음소리가 요란스레 울려온다. 한뽐도 못되는 키에 푸른 눈알이 툭 불거진 들의 가수들은 기운찬 물소리와 한데 어울려 장중한 들의 교향악을 연주하고 있다.

유난한 달빛이 무르녹아 내리는 들판의 밤은 제나름의 정서로 매혹적이다. 하지만 나에게는 주위의 모든것이 허전하게만 느껴졌다.

문득 그 감정이 어느날 현아가 보이지 않던 들판에서 느끼던 그런 감정과 비슷하다는 생각이 들었다.

현아가 없는 들판은 막이 내린 무대처럼 쓸쓸하고 허전했었지.… 그러고보면 현아는 이 풍요로운 들판과 얼마나 잘 어울리는 처녀인가.[192]

「겨울의 시내물」(윤경찬, 2002.10.)에는 절망에 빠진 영예군인을 위해 자기 일생을 바치는 '옥심'의 이야기가 전개된다. 이 소설은 난관을 이겨내는 사랑과 감화의 과정을 형상화하고 있다.

《… 돌이켜 보면 내 한생은 난관의 앞을 막아 설 때마다 생활에 대한 사랑과 의지로 그것을 이겨 온 한생이였습니다. 그 사랑의 힘이 나를 죽음에서 이기게 해주었고 조국에 필요한 사람으로 되게 하였습니다. 동무들도 앞으로 탐구의 먼 길을 걸어 가느라면 어려운 일들이 많겠지만 생활을 뜨겁게 사랑할줄 아는 사람은 결코 주저앉지 않을것입니다. 이건 내 한생을 관통해 온 좌우명일뿐아니라 우리 조국의 현대사가 력사에 남긴진리입니

192 지인철, 「들의 매력」, 『조선문학』 2004, 5, 59쪽.

다. 사랑으로 뭉쳐 진 세상은 더 강해 지고 그리고… 더 아름다와 지는 법이지요.》193

한편으로는 북한 문학에 형상화되는 웃음의 정서는 단순히 웃음 자체만을 의미해서는 안 된다. 평론 「값높이 떨치라, 조선지식인의 빛나는 삶을-장편소설 《달라진 선택》을 두고」(김선일, 『조선문학』 2009.2.)에서는 신심과 낙관에 넘치는 교원, 의사, 기자 등 지식인들의 평범한 세계를 밝고 숭고하게 형상화하고 있다고 평하면서 부정적 인물의 웃음 형상화에 대해서는 비판한다.

> 물론 소설의 형상세계가 완벽하다고 말할수는 없다. 타협할수 없는 인물들에게 가차없이 《불침》을 놓는 고원초의 성격에서 풍기는 비양조적인 색채, 웃음을 살린다고 하여 웃음을 위한 웃음으로 될수 있는 경향은 앞으로의 창작에서 경계해야 할 요소라고 본다.(37쪽)

선군시대 단편소설에는 다양한 인물이 등장한다. 단편소설 「인생의 한 여름에」(최치성, 2006.6.)는 무역국의 국장으로 새로 임명된 '손경후'와 처장으로 일하는 '남태설'의 생활을 비교하여 개인주의적 인생관과 집단주의적 인생관을 비교한다. 단편소설 「안해의 성격」(심남, 2006. 6.)은 끊임없이 일거리를 찾는 진취적이고 지칠 줄 모르는 발랄한 성품을 지닌 아내의 생활미

193 윤경찬, 「겨울의 시내물」, 『조선문학』, 2002. 10, 68쪽.

를 다룬다. 단편소설 「밑천」(변창률, 2006. 11.)은 선군시대 당일군의 전형적 성격을 생활 세부들을 통해 흥미롭게 형상화한다. 소설의 주인공 '리당비서' '문인숙'의 형상화는 농사 밑천에 대한 다른 의견을 가진 일꾼과의 비교를 통해 드러난다. '문인숙'은 가장 큰 농사밑천은 농사의 주인이라는 본분 자각과 솔선수범하는 농장원대중이라고 생각하고 그들 속으로 들어가 같이 호흡하고 그들을 당정책 관철에로 고무 추동한다.

「룡산의 메아리」(김성희, 2001. 5.)에서는 돼지를 키우는 사양공 처녀들이 고난의 행군을 거치고 어려운 상황에서도 풍요로운 미래를 위해 헌신하는 내용이 전개된다. 「듣고 싶은 목소리」(변창률, 2006.7.)는 작업 총화 중 일어난 농촌 여성들의 오해와 불신이 인물들의 심리묘사와 생동한 농촌풍경 속에서 전개된다. 이 소설은 "오로지 사회와 집단을 위해 바친 노력과 헌신의 값높은 무게로써만 매개 인간들의 진가를 평가할 줄 아는 선군시대 일군들의 참된 목소리를 대중은 듣고싶어하는 것이 아니겠는가"[194]로 마무리된다.

이상의 글들을 통해 선군시대 북한문학에서 체제 위기를 극복하기 위해 강조되는 사상은 자력갱생, 혁명적 낙관주의, 군민일치 사상이며 여기에는 웃음과 낙관의 정서가 핵심적으로 작용한다는 것을 확인할 수 있다.

194 변창률, 「듣고 싶은 목소리」, 『조선문학』, 2006. 7. 6쪽.

2절 숭고와 숭엄

2000년대 전후로 발표된 선군시대 사회주의 현실주제 작품에는 숭엄의 양상이 많이 드러난다. 그중 대표적인 작품이라 할 수 있는 단편소설 「폭설이 내린 뒤」(리평, 『조선문학』, 2007. 10.)는 '철산봉의 겨울풍경(1)'이란 소제목으로 시작하여 '기사장 최석', '비상협의회', '문화회관 관장 리성욱', '마지막 전투', '철산봉의 겨울풍경(2)'으로 이어지면서 내용이 전개된다.

이 소설에서는 선군시대 인간형으로 주인공 '최석'을 묘사할 때 "정확하고 빈틈없는 일군, 다재다능한 실력가형의 일군"이라고 표한다. 또한 주인공이 다른 인물을 평가할 때 '성급하고 건망증이 심한 1직장장 조철호, 만사에 태평스러운 7직장장 박대평, 노상 웃음기가 헤픈 탓에 도무지 실속이 있어 보이지 않는 '롱구선수' 3직장장'(27쪽) '장황한 사람, 어딘가 푼수 없는 사람' 등으로 표현하여 소박한 인간 묘사를 통한 생활 미를 구현한다.

이 소설은 주인공을 둘러싼 인물들에 대한 세세한 묘사를 통해 그들과의 갈등과 해결의 과정을 흥미롭게 진행하고 있다. 「폭설이 내린 뒤에」는 '가증스런 폭설과 눈보라'에 대한 해결책이 기사장의 노력보다 선군시대 숭엄한 군상들의 노력에 의한 것임을 밝힌다.

소설의 첫 부분은 자연경관의 위엄을 소개하는 것에서부터 시작한다.

두만강의 유유한 흐름을 옆허리에 두르고 천여메터의 높이로 아아하게 솟아있는 북방의 거봉 철산봉에는 10월 하순경이면 벌써 첫눈이 내린다.

산밑의 광산마을에는 아직 그리 차지 않은 가을비가 추덕추덕 날리는데 철산봉은 서둘러 겨울의 흰옷을 갈아입는것이다.

눈이 내린 뒤에는 겨울의 첫 정서를 미처 감득할새도 없이 사나운 칼바람이 기습적으로 달려든다. 그러면 나무 한대 없는 백리채굴장은 삽시에 눈보라의 란무장으로 변해버린다.

흰 머리를 산산이 풀어헤친 눈보라는 땅바닥을 핥고 물어뜯는가 하면 하늘중천으로 허궁 뛰여올라 곤두박히고 솟구쳐오르며 길길이 날뛴다.

두툼하게 눈이 덮였던 곳에 홀연 꺼먼 돌바닥이 드러나는가 하면 삽시에 흰 눈산이 무덕무덕 생겨나기도 한다.

눈에 묻히고 눈보라에 가리워 하늘도 땅도 사람도 기계도 거의나 형체를 가려볼수 없게 된다.

그래도 눈보라는 직성이 풀리지 않은듯 피유피유 윙윙 보이지 않는 입으로 맹수의 포효성같은것을 내지르며 천백가지 기광을 다 부린다.

(…중략…)

그날 밤 밤새 줄달아 쏟아지던 폭설이 뚝 그치였다. 그러자 철산봉 산날가지쪽에서 갑자기 흰 나래가 퍼드득 일어서더니

맹수무리의 비명소리같은 굉음이 터져올랐다.

필경 수십년래의 무서운 강추위와 눈보라가 들이닥친것이였다. (『조선문학』, 2007.10. 26쪽)

소설의 주인공 '최석'은 '정확하고 빈틈없는 일군, 다재다능한 실력가형의 일군'이라는 호평을 받지만 '가증스런 폭설과 눈보라'를 해결하기 위한 그만의 계산법에 틀리고 만다. 그만의 계산법이란 아래 일군들에 대한 평가에 따른 눈사태를 해결할 수 있는 시간 계산법이다. 그는 '성급하고 건망증이 심한 1직장장 조철호, 만사에 태평스러운 7직장장 박대평, 노상 웃음기가 헤픈 탓에 도무지 실속이 있어 보이지 않는 '롱구선수' 3직장장'(27쪽) 등을 생각하며 3일은 실히 걸려야 폭설의 피해를 가시고 생산을 정상화할 것 같았다. 그러나 1직장장은 천여 미터의 고지, 거리상으로는 거의 10리나 되는 가파로운 산길을 '굴진'으로 톺아올랐고, 3직장장도 고지에로의 통로를 개척하였다. 7직장장은 사생결단의 의지로 연유차구조전투를 벌인다. 또한 예술 공연에 관여하는 문화회관 관장 리성욱도 회의에 참여하고 눈 치우는 데 공을 세운다. 최석은 리성욱을 '장황한 사람, 어딘가 푼수 없는 사람'으로 생각했으나 이는 실책이었음을 깨닫는다.

최석은 지휘봉을 찾아들고 자기 《부대》앞에 나서려는 성욱의 차겁게 언 손을 힘주어 틀어잡았다.

《관장동무, 이런 때 고지우에 군가소리가 울리니 정말 힘이 나누만. 고맙소.》

《기사장동지, 음악이란 이래서 훌륭한게 아닙니까. 엄밀하게 따져보면 패배주의는 노래를 멀리하는데서부터 시작된다고 해도 과언이 아닐것입니다.

우리가 역경속에서도 련전련승하는 비결의 하나가 바로 이 노래…》

열렬한《음악지상주의자》, 아니 누구보다 음악을 애호하고 음악으로 우리의 생활과 투쟁을 보다 랑만적으로 채색해나가는 리성욱은 또 한바탕 예술강의를 펴놓을 잡도리였다.

최석은 성욱의 강의가 싫지 않았다.(33쪽)

선군시대 북한 문학에는 음악과 연관된 내용이 자주 등장한다. 이는 북한에서 음악이 혁명가극 등을 통해 민중들을 주체사상의 지도하에 단합시키고 교육시키려는 목적을 지니고 대중화시킬 요소들을 많이 지니고 있기 때문[195]으로 해석된다. 음악은 숭엄의 감정을 더욱 고조시키는 역할을 한다. 이 소설은 주인공 최석만큼이나 음악을 하는 리성욱의 일화를 강조한다. 이는 선군시대 참된 인간상을 표현하면서 숭엄한 감정을 효과적으로 부각시키기 위해 음악을 효과적으로 활용한 것으로 해석

195 이현주, 「《꽃파는 처녀》의 음악적 특성 연구」, 『남북문화예술연구』, 남북문화예술학회, 통권 제6호, 2010. 98쪽, 119쪽.

된다. 이 소설에서는 선군시대 어려움을 이겨내는 요소로 일군들의 숭엄한 감정을 내세우면서 이를 북돋는 요소로 음악을 활용한다.

> 불타는 고지에서 군악으로 병사들의 전투사기를 올려주던 전쟁시기 군악대의 모습을 철산봉우리에도 펼쳐놓은 것이다. (… 중략…)
> 《기사장 동지 음악이란 이래서 훌륭한 게 아닙니까. 엄밀하게 따져보면 패배주의는 노래를 멀리하는데서부터 시작된다고 해도 과언이 아닐겁니다.
> 우리가 역경속에서도 련전련승하는 비결의 하나가 바로 이 노래…》(33쪽)

> 최석의 가슴은 류다른 환희로 높뛰였다. 사색은 하냥 폭을 넓히며 끝없이 나래쳐올랐다.
> (오늘날 파괴적인 자연재해는 이 행성 어디에나 빈번히 횡행한다.
> 물란리, 산불, 눈사태, 왕가물…
> 하지만 최첨단기술로 시시각각 놀라운 신비가 산생되는 현시대에 와서도 세상은 아직 재해를 요격하거나 그 후과를 일격에 가셔버리는 기술만은 발명하지 못했다.
> 하기에 자연재해로 하여 얼마나 많은 인간들과 창조물들이 참혹한 피해를 입고있는가.
> 하지만 우리는 오늘 수십년래의 엄혹한 폭설과 눈보라를 거

의 《요격》에 가까운 타격으로 일시에 걷어냈다.

남들은 상상도 할수 없는 이 큰 공격전이 어떻게 이처럼 빠른 시간안에 이처럼 완벽한 승리로 결속될수 있었는가?!)

등뒤에서 숱한 사람들이 부르는 절절한 노래소리가 들려왔다.

(…중략…)

(그렇다! 시련이 닥쳐올 때마다 장군님에 대한 그리움, 장군님의 어깨에 실린 중하를 덜어드릴 열망이 더욱 불타오르는 우리 광부들의 열렬한 심장이 오늘의 기적을 창조하였다.

(…중략…) 선군정치로 하여 더더욱 신심 드높아지고 원기왕성해지고 슬기로와진 우리 사람들!

정녕 시련이 증대될수록 주접이 들거나 시들기는커녕 더더욱 아름다와지는 선군시대 인간들처럼 훌륭한 인간들이 이 세상 그 어디에 또 있겠는가.

헌데 나는 뜻밖의 시련이 닥쳐오자 일순이나마 당황했다.

일상적인 짐작과 판단에 기초하여 산수적으로, 통계적으로 눈치기작전안을 세웠다. 바로 그런탓에 엄청나게도 3일이라는 시일을 빗보았다.

이것은 실로 엄중한 실책이다. 아니, 너무나 숭엄한 발견이 아닐수 없다.…)

최석의 뇌리속으로는 조철호와 리성욱, 박대평과 오늘은 한번도 보지 못한 직관원 그리고 사업소안의 알고 모르는 사람들의 각이한 모습이 언뜻언뜻 다가왔다.

하나같이 아름다운 심장을 지닌 선군시대 인간들의 자랑스러

운 모습은 최석의 넓은 가슴에 한폭의 숭엄한 군상으로 아로새겨지였다. (35-36쪽)

선군시대 북한 문학은 대중의 감정적인 반응을 이데올로기적 측면에 종속시키기 위해 감성의 분출을 이끌어낸다. 북한 체제는 감성의 분출을 이끌어내기 위해 시, 음악 등을 중요한 문화적 장치로 활용하고 있다. 유교에서 감성의 정치적 수단화는 감정의 감염 및 공감 개념에 기초하듯이[196] 북한의 감성도 이와 비슷하게 공감과 감염을 유도하며 문학에서 표현된 감성은 정신적 자양분이 되어 승리에로 이끈다.

《신문과 출판물은 사람들의 정신적량식이거든, 내가 하루 안 뛰면 숱한 사람들의 머리가 하루 굶게 된단 말이요.》

아버지, 어머니 같은분들이 있었기에 시련의 나날 집집마다 쌀은 떨어 졌어도 신문과 출판물들은 사람들에게 끊임없이 정신적자양분을 공급하여 《고난의 행군》을 승리에로 불러 일으키지 않았던가![197]

단편소설 「림형빈 교수」(최윤의, 2004. 8.)는 스승인 '림형

196 정용환, "한국 감성의 개념사적 이해", 『감성연구』, 2권, 전남대학교 호남학연구원, 2011. 75쪽,

197 김혜성, 「제비」, 『조선문학』, 2002. 11. 64, 66-67쪽,

빈' 교수의 죽음으로 스승의 삶에 대해 다시 되돌아보게 된 '나'의 이야기이다. 이 소설에서는 과학과 시의 관계를 스승의 가르침 속에서 설명하고 있다.

> 다음날 그는 나를 강좌에 불렀다.
>
> 방안에 들어서는 나를 이윽히 보다가 그는 물었다.
>
> 《요즈음 어떤 시를 쓰오?》
>
> 나는 숨을 죽이고 서있었다.
>
> 사실 그 당시 나는 공학을 배우면서도 짬짬이 시를 쓰군 하였다.
>
> 그는 조용히 말했다.
>
> 《아인슈타인은 바이올린을 사랑했소. 그러나 그 현줄에 과학을 용해시키지 않았소. 그가 바이올린을 왜 켰는지 아오?》
>
> 《과학을 위해서요. 자, 보오. 우리가 해야 할 설계요. 이 속에도 시가 있소.》[198]

스승은 "자기 창조물에 대한 뜨거운 사랑, 그것이 바로 시"라고 말한다. 시는 과학자들에게 '창조적 노동'의 기쁨을 알게 해주는 계기가 된다.

단편소설 「대지의 음향」(박윤, 『조선문학』, 2004. 10.)은 선군 정치에서 음악의 중요성을 강조한다. 작곡가 '서명준'은 민요 대신 현대음악을 선택했다가 예술가의 감수성을 잃어버린다.

198 최윤의, 「림형빈 교수」, 『조선문학』, 2004. 8, 59쪽.

그는 '창작의 극심한 침체기'를 겪게 되는데 김정일의 부름과 살핌으로 다시 곡을 창작할 수 있게 된다.

2장

새 세대 특성 및 감수성 양상

고난의 행군 시대 이후 경제난과 자생적 시장화의 경험 속에서 북한 주민들의 의식과 심성 체계가 변화하였고, 2000년대에 등장한 새 세대는 이러한 사회 정치적 변화의 영향을 많이 받으면서 이전 세대와는 구분되는 특징을 지닌다.[199] 이 시기에 발표된 북한 사회의 일상을 형상화한 단편소설은 이념과 체제 수호의 목소리 대신 다양한 현장의 경험과 새 세대의 감수성을 선보이고 있다.

2000년대 북한 단편소설에서 선군 시대정신을 구현하는 사회주의 현실 주제 작품을 살펴보면 선군시대 북한의 감성을 새 세대의 감수성에서 찾아볼 수 있다. 북한 문학의 변화에 대해서는 이성적이라기보다는 감성적 반응 체제로서 체제 유지와 연동하는 방식으로 살펴볼 수 있는데 북한 단편소설을 구체적으로 분석하면서 새 세대 대상을 청춘세대, 개조 대상으로서의 새 세대, 일상과 행복을 갈구하는 새 세대 여성 주체 등으로 유형화할 수 있다.

199 조정아 외, 『새로운 세대의 탄생: 북한 청소년의 세대 경험과 특성』, 통일연구원, 2013, 3쪽.

1절 종자로서 청춘 세대

> 종자! -≪목숨같은 한마디!≫ -너는 곧 《진주》! 그때문이였던지 지금에 와서도 나는 자기 시를 쓸 때나 남의 시를 마주할 때나 매한가지로 하나의 《진주》를 캐내기에, 단 하나의 《진주》를 찾아보기에 마음 태운다.
>
> 그러나 《진주조개》는 쉽게 캐지지 않는다.[200]

북한은 해방 이후부터 체제 순응을 위해 문학예술에서의 감성을 활용하여 왔는데 선군시대에는 감성을 활용한 새로운 메커니즘의 양상을 선보이고 있다.[201] 한편으로는 주체시대에서 선군시대로 변모하는 시기의 북한 문학을 살펴보면 인간의 기본정조인 희로애락을 비롯하여 다양한 감정이 표출되며 사회주의 현실주제 작품에서는 이데올로기에 순응하는 양상 외에 내면의 표현을 통한 균열된 감성이 감지된다. 특히 새 세대가 주요하게 등장하는 작품 속에서는 2000년대의 북한 사회의 단면을 부각시키면서도 세대 간의 갈등, 영예군인을 가족으로 책임지거나 혈연이 아닌 군인을 가족으로 맞이하는 선군가정 지향,

200 한미영, 「생활의 《진주》는 어디에 있는가」, 『조선문학』, 2003. 5. 64쪽.

201 이에 대해서는 총대 사상의 미학, 선군사상에 강박된 수령문학 등으로 설명한다. 김성수, "선군과 문학", 이화여자대학교 통일학연구원 편, 『북한문학의 지형도 2』, 청동거울, 2009.

부정적이고 개인 지향적인 세대의 등장, 정보화 시대 전문직 여성의 고민과 갈등이 표출된다.

북한은 세대 개념을 "비슷한 나이 또래의 사람들이 약 20~30년 정도의 차이를 두고 서로 바뀌는 기간 또는 그 나이 또래에 속하는 사람들의 총체이며, 한 생물이 생겨나서 생존을 마칠 때까지의 사이"[202]로 정의한다. 2000년대에 등장하는 세대는 1990년대 '고난의 행군' 시기를 거치면서 성장한 세대를 일컬으며[203] 일련의 경제개혁을 경험하고 빈곤과 자연재해, 식량난 극복 노력의 임무가 주어진 세대이다. 이를 참고하여 2000년대 새 세대의 특징과 감수성을 다음과 같이 분류해 볼 수 있다.

새 세대의 감수성을 살펴보는 것은 북한의 2000년대 시대정신을 분석하는 일과 상통하다고 볼 수 있다. 이에 이 장에서는 2000년대 『조선문학』에 게재된 사회주의 현실주제 작품 분석을 통해 선군시대 시대정신 구현과 새 세대의 감수성의 양상을

202 리광선, "세대에 대한 주체적 리해", 『철학연구』(평양: 과학백과사전종합출판사, 2001), 32쪽. 대체로 4세대를 구분해 왔으나, 최근에는 혁명 5세대와 6세대에 대해 언급한다.(주종경, "정론: 조국이 우리를 지켜본다", 『로동신문』, 2006년 10월 15일자)

203 2000년대에는 북한의 세대구분을 4세대로 구분하여 혁명 1세대는 항일빨치산 세대, 2세대는 1950~60년대 전쟁 및 전후복구와 천리마 운동 세대, 3세대는 1970~1980년대 3대 혁명소조운동과 3대 혁명 붉은기 쟁취운동을 통해 성장한 세대, 4세대는 고난의 행군 시기를 거치면서 성장한 세대로 구분한다. 정창현, "북한 지배 엘리트의 구성과 역할", 세종연구소 북한연구센터 엮음, 『북한의 당-국가기구 군대』, 한울아카데미, 2007, 572쪽.

살펴보고자 한다. 북한에서의 2000년대 새 세대는 1990년대 중후반의 '고난의 행군기'에 유아기와 청소년기를 보내고[204] 사회 역사적 경험을 공유하는 동일한 출생 집단이라는[205] 의미로 사용하고자 한다. 이 장에서는 2000년대의 젊은 세대를 동시대의 시점에서 새 세대라 칭하고 논의를 전개하고자 한다.

단편소설 「한 분조장의 수기」(변창률, 2001.1.)에서는 청춘세대의 심리를 통해 선군시대 인간들의 성장을 형상화하고 있다. 소설 서두에는 종자의 중요성을 언급하면서 농사의 기본인 종자가 성장하기 위해 겪어야 할 과정을 청춘세대의 인생 경험에 빗대어 설명하고 있다.

> 《고투리를 내여 놓고 다니던 어릴적부터 귀에 익히고 입에 오른 〈닭은 고개〉전설은 나에게 종자란 무엇이며 종자는 왜 그리도 신성불가침의 가치를 가지는가에 대해서 때 일찍 깨우쳐 주었다. 한알의 종자는 수십수백배로 불어 날 앞날을 안고 있기에 농민의 꿈이고 희망이며 미래이기도 하다는것을 인생의 진리로 체험하기까지에는 아직 많은 나날이 흘러야 했다.》[206]

농사의 핵인 종자의 중요성은 꿈과 희망, 미래의 상징으로

204 조정아 외, 『새로운 세대의 탄생: 북한 청소년의 세대 경험과 특성』, 통일연구원, 2013, 4쪽.
205 카를 만하임, 이남석 옮김, 『세대문제』(서울: 책세상, 2013), 57쪽.
206 변창률, 「한 분조장의 수기」, 『조선문학』, 2001. 1. 68쪽

표현되는데 이는 청춘 세대의 중요성을 설명하는 은유에 해당된다. 소설에서는 이러한 전제 하에 '찬성과 반대'라는 소제목으로 이야기를 시작한다. 이 소설의 화자인 '나'(20대 리창훈)는 분조장으로 선출되는데 반대표 5장이 나오고 '나'는 '혐의자'로 '채홍기 아바이', '김숙희 아주머니', '주봉실 아주머니', '진출자 김송이', '전분조장 차영세' 등을 생각한다. 이들은 나와 충돌하는 일이 많았던 인물들로 나는 그들에게 혐의를 두게 된 이유를 외모와 성격 묘사로 풀어나간다.

구세대인 '채홍기'는 나의 아버지가 분조장이었을 때 같이 활동했던 인물로 사사건건 천리마 시대와 현 시대를 비교하여 불만을 제기한다. 화자는 채홍기 아바이의 형상을 "얼굴은 컴컴하고 미간에 새겨진 주름살은 좀처럼 펴질 줄"(68-69쪽) 모르는 '드덜기'라고 표현하여 신세대에게 부담을 주는 존재로 묘사한다. 식구들의 온갖 치다꺼리를 도맡아 해주고 노상 지각하는 '김숙희 아주머니'에 대해서는 "키도 작고 눈, 코, 입이 모두가 자름자름하여《자투리》로" (71쪽) 통한다고 표현한다. '나'는 "재단하다 남은 쪼박지"처럼 구는 숙희 아주머니에게 과학적 이치에 맞게 책임져야 하는 벼농사를 전적으로 맡기지 못한다. 주봉실 아주머니에 대해서는 "분조 앞에 제기되는 일체 대소사를 전부 좌지우지"(72쪽)하는 인물로 묘사하는데 실제로 예상수확판정에서 눈속임을 하고 콩을 심은 천수답 면적을 논벼면적으로 잘못 잡는데 인심을 쓰는 바람에 '나'는 '울분의 급류'에 휩싸인다. '김송이'는 "텔레비젼과 신문에 소개되고 싶어서"(74

쪽) 농촌으로 진출한 처녀로 당돌하고 여무질 뿐 비조직적이고 비사회적인 행동만 일삼는다.

이들과 갈등을 겪은 화자는 분조장이 된 후 '주길손 필지'라는 땅에 농사를 짓게 되면서 이들에 대한 혐의를 거두게 된다. 채홍기는 화자가 화자의 아버지의 아들다워 찬성표를 냈다는 말을 듣게 되고 주봉실도 그녀의 아버지인 주길손이 1950년 전쟁 중 피살당하기 전에 토지개혁으로 분배받은 땅이 버림받고 있자 고통스러워하고 있었음을 알게 된다. 이 소설의 마지막 장에 해당되는 '우리 분조원들'에서는 김숙희 아주머니의 변화를 묘사하고 김송이의 성장도 드러낸다. 또한 반대표는 밭일을 하지 못하는 애기 엄마들 중에 있었음이 밝혀진다.

「한 분조장의 수기」는 분조장과 분조원들의 갈등 양상과 화해 과정을 인물들에 대한 세세한 묘사로 진행하면서 선군시대 인간들의 성장을 종자의 성장에 비교한다.

《땅과 산천은 예나 오늘이나 변함이 없다.

〈닭은 고개〉전설도 변함이 없다.

그러나 사람들은 해마다 달라 져 간다. 보다 더 아름답게, 고상하게, 훌륭하게 완성의 경지에로 달음쳐 간다.

한해가 가고 새봄이 오면 우리들은 또다시 땅에 씨앗을 묻는다. 선대의 우수성만을 닮은 좋은 종자를 어머니대지에 뿌린다. 농민의 꿈이고 희망인 그 씨앗은 해빛과 바람과 폭우를 뚫고 가을을 향하여 줄기차게 커간다. 우리 역시 인생의 터전에서 아름드리 거목으로 성장해 간다.
나도, 나의 분조원들도…》(80쪽)

평론 「끌려드는 맛과 소설의 여운」에서는 이 소설의 매력이 "독자들의 예상을 뒤집어서 주인공이 자기의 〈반대파〉로 생각하였던 인물들에게서 자책을 받는 이야기로 끌고 나갔다"[207]는 점이라고 설명한다. 이 소설은 반전과 유머 감각을 바탕으로 청춘 세대의 심리를 통해 선군시대의 나아갈 바를 재미있게 전개하고 있다. 또한 선군시대 청춘 세대를 선대의 우수한 점을 물려받은 종자로 비유하여 이들이 펼쳐 나갈 미래에 대한 낙관과 신심을 제시한다.

이 소설의 의미는 2000년대 청춘 세대는 미래의 낙관적 씨앗 혹은 종자로서 존재하며 이들이 이전 세대와의 변별되는 점은 온전하고 완벽하지 않지만 갈등과 화합의 과정을 고상하고 아름답게 이겨낸다는 점이며 선대들이 물려 준 우수성을 닮아 더욱 우수한 세대로서 거듭난다는 것이다.

2절 개조 대상 혹은 개인 지향적 새 세대

2000년대 북한의 주된 관심은 선군사상 중심의 체제유지와 강성대국으로의 진입이다. 북한 문학에서는 이를 위해 자력갱

207 리영순, 「끌려드는 맛과 소설의 여운」 『조선문학』, 2001.8. 52쪽

생을 강조하는 현실주제의 소설들이 창작된다. 그런데 그 내용을 살펴보면 투철한 사상에 입각한 인물들이 등장하기보다는 부정인물이 등장하여 개조되는 과정이 전개되거나 전체주의보다는 개인주의에 입각한 인물들이 등장한다.

소설에서 부정인물로 등장하는 세 세대들은 탄광, 농촌 등지로 지원해 나가는 것을 기피하거나, 국가와 사회, 집단과 인민을 위한 희생적인 삶보다는 자신의 출세와 안락한 삶을 추구하고, 포부와 지향이 일치하는 배우자를 만나기보다는 집안배경이 좋아 사회진출에 도움을 받을 수 있거나 경제적으로 부유해 물질적으로 풍요로움을 누릴 수 있는 배우자들을 선호한다.[208] 이외에도 신세대가 등장하는 소설에서 세대의 갈등과 개인의 행복을 갈망하는 내용을 찾아볼 수 있다.

김혜성의 「열쇠」는 이혼을 극복하는 여인의 심리를 그려내고 있다. '나'는 남편이 고난의 행군 시기 모두가 신념을 지키고 조국을 지킬 때 자기자신도 지키지 못한 '락후한 사람', '불량배'였기에 부부관계를 유지하기 힘들다고 생각한다. '나'는 이혼에 대해 고민하면서도 사회적 비난과 아버지 없이 자라게 될 아들 때문에 괴로워한다.

이 소설 속에 묘사된 남편은 '법적 교양'을 받고 돌아와 '나'와 '아들애'를 사회적 비난의 대상이자 동정의 대상으로 만든 사람이다. 평상시에 "쌍욕, 행패질, 손찌검" 등을 일삼던 남편이 법적

208 임순희, 『북한 새 세대의 가치관 변화와 전만』, 〈통일연구원 총서〉(2006), 41쪽.

제제까지 받게 되자 '나'의 아버지는 이혼을 권유한다.

> 나도 녀성이다. 나도 다른 녀인들처럼 살고싶다. 그저 소박하게, 행복하게, 단란하게 살고싶다. 그러나 남편은 나의 이 소박한 소원마저도 짓뭉갰다. 희망과 기대, 꿈조차 깨버렸다. 그런데도 내가 끝까지 그와 살아야 하는가?
>
> 왜 결심을 못내리는가? 사회적비난이 두려워서? 아니, 누구도 나를 비난하지 않을것이다. 오히려 동정할것이다. 그럼 아버지가 없게 될 아들애가 불쌍해서? 그런 아버지는 차라리 없는게 낫다. 아니다. 나는 모든것을 각오했고 결심도 확고하다. 남은 것은 행동뿐이다![209]

사나이의 열정에 이끌려 모든 사람들이 반대하는 결혼을 한 '나'는 이혼을 한 후 올바르게 변모된 그와 다시 새 출발을 하라는 주위의 권유를 받게 된다. 이 소설은 고난의 행군 시기 '자기 궤도를 이탈'한 사람들에 대한 용서를 한 부부의 이혼과 재결합을 통해 은유적으로 형상화한다. 이 소설은 당에 대한 믿음만 버리지 않는다면 누구든 용서받을 수 있다는 사상을 드러내고 있지만 그 과정에서 개인의 사적인 갈등과 공적인 욕망이 드러난다.

김교섭의 「보통사람들의 이야기」에서는 산골생활을 기피하는 새 세대의 모습이 나타난다. 이 소설은 '오필녀'가 군대에 입

---

209 김혜성, 「열쇠」, 『조선문학』, 2004. 4. 68-69쪽

대하여 임무 수행 중 목숨을 잃은 아들 대신 자식을 자처하며 찾아온 아들의 분대장 '김석'과 새로운 가족을 이루면서 시작한다. 그런데 '김석'의 여자 친구는 편지를 보내면서 "재능의 나래를 펼칠 수 있는" 평양으로 돌아올 것을 권유하면서 "수도를 떠나 한적한 산골에서 일생을 보내는 것은" 좋은 일은 아니라고 설득한다.[210]

리영환의 「버드나무」에는 세계적인 작곡가가 꿈인 청년이 아버지의 뜻대로 평양에서 농촌으로 내려가 농장원이 되고 나서 농촌 생활에 불만을 품는 내용이 전개된다.

> 밤이 왔다. 나는 잠들 수 없어 뒤척거렸다. 눈앞에는 지금까지의 생활이 무의미한 허물로 되어 환영처럼 얼른거렸다. 그래도 내딴에는 이 땅을 위하여 청춘의 땀을 바친다고 자부하여 왔다.
>
> 이것이 허영이고 기만이였단 말인가? 하다면 사람은 자기의 희망에 대하여 책임질 권리가 없단 말인가? 희망같은 건 없어도 군인정신만 가지면 당장이라도 음악가가 되고 애국자가 된다는 건가. [211]

지금까지 살펴본 바에 의하면 소설 속 부정인물 혹은 개인지향적인 인물을 통해 2000년대 들어 북한 주민의 삶의 목표와

210 김교섭, 「보통 사람들의 이야기」, 『조선문학』, 2005. 4. 62쪽.
211 리영환, 「버드나무」, 『조선문학』, 2001. 2. 45쪽.

지향이 집단 중심에서 자아 중심으로 변화하고 있으며 실리주의를 추구하고 있음을 확인할 수 있다.

3절 일상과 행복을 열망하는 새 세대 여성

선군시대 북한 문학에는 교사, 연구사 등 전문직 여성이 등장하고 그들이 대의를 위해 헌신하는 과정을 그리고 있으나 그 이면에는 세대갈등과 남녀갈등, 일과 가정에서의 갈등으로 인한 여성의 개인적 행복의 의미와 욕망의 문제가 표출된다.

리라순의 「행복의 무게」에서는 연구사였지만 연구에 지쳐 모든 것을 포기했던 '유경'의 이야기가 전개된다. 이 소설은 "대학을 졸업하고도 과학연구사업이 고달프다고 하여 쉽게 살아 가려고 가정에 붙박혀 있거나 린접부문에서 적당히 일하려는 적지 않는 녀성들에게 교양적가치가 큰 절박한 사회적문제라고 할수 있다"[212]고 하여 사회적 명분을 강조하지만 주인공은 연구에 지쳐 가정을 돌보는 착실한 주부를 꿈꾸기도 한다. 결국 '유경'이 "인생의 극한점에서 끝내 자기자신을 이겨낸 사람만이 진정한 삶의 기쁨과 행복의 참무게를 느끼게 되는 것"(35쪽)이라는 깨달음을 얻는 것으로 마무리를 짓지만 그 과정 속에서 개인적 행복과 공적 사명 속에서 고민하는 여성의 모습이 형상화된다.

212 리라순, 「행복의 무게」, 『조선문학』, 2001. 3. 30쪽.

최련의 「따뜻한 꿈」[213]은 열교환장치에 새로운 첨단기술을 도입하는 연구사 '최윤경'을 중심으로 청년 연구사들의 열정과 노력을 형상화하고 있다. 이에 대해 평론 「새로운 형상세계의 탐구」에서는 이 소설이 "우리 시대 청년들의 꿈은 허황한 공상이 아니라 래일에 대한 믿음이고 그를 위해 바치는 사랑이고 헌신"이라고 주장하고 있으며 "조국의 과학기술을 최첨단 수준에 올려세울 높고 아름다운 꿈을 간직하고 살며 투쟁하는 우리 시대 청년과학자들의 모습을 보다 진실하게 보여 주는 데서 의의가 있다"[214]고 평가한다. 그런데 소설 전반에는 여성에 대한 사회적 편견으로 여성 과학자의 과학적 의견이 무시당하는 모습이 전개된다.

> 회의장에는 수군거리는 소리가 잔물결처럼 퍼져나갔다.
> 《처녀가 당돌하구만.》
> 《속에 얼음만 가득 찬 것 같네.》
> 《여간 아닌데.》
> (…중략…)
> 윤경은 입술을 아프게 깨물었다. 이것은 모욕이고 랭대정도가 아닌 무시였다. 자기가 자리를 비웠던 며칠사이에 엄청난 일이 일어 났던 것이다. 예상치 않았던 그만큼 타격은 컸다. (55쪽)

213 최련, 「따뜻한 꿈」, 『조선문학』, 2002. 1.
214 최광일, 「새로운 형상세계의 탐구」, 『조선문학』, 2002.1 37쪽.

> 새삼스런 이야기 같지만 누구나 과학탐구의 길에 들어 설 때는 다 제나름의 꿈이 있구 희망과 포부가 있지. 하지만 실지 그 길에서 자기의 꿈을 실현해서 성공하고 행복을 찾는 사람은 많지 못하지. 현실은 그만큼 랭혹한 것이거든. 더욱이 녀성의 몸으로…(57쪽)

윤경은 이에 굴하지 않고 실험을 계속하지만 번번이 실패하고 남성 연구사인 '리남진'이 이를 성공시키자 자괴심에 빠져 회의, 경멸, 분노의 감정에 휩싸인다. 결국 윤경은 남진의 설계도를 인정하고 남진은 윤경의 착상에서 비롯된 것임을 밝히면서 둘은 따스한 미래를 약속하게 된다.

「바다를 푸르게 하라」에서는 인물의 자연에 대한 심리묘사를 통해 가정주부로서의 역할과 행복에 대한 개인적 의지를 형상화한다. 주인공 '연경'을 바라보는 또 다른 연구사 '해송'은 정보화 시대에도 여전히 여성에게 부과된 일과 가정의 '2중의 짐'에 대해 생각하면서 진정한 행복의 의미를 제기한다.

> (2중의 짐…) 해송은 속으로 뇌이였다.
>
> (왜 그 훌륭한 녀인은 남자들과 똑같은 일을 하면서도 또 하나의 짐을 더 져야 할가. 더 무겁고 더 힘든 짐을… 연경 언니는 연구사업의 실패와 고민에 대해서는 한마디도 하지 않았지… 그래 그것은 그가 겪는 마음속 고통에 비해서는 너무도 하찮은 것이야. 그렇다면 행복이란 대체 뭐야? 그런 여인이 슬픔에 잠

기고 고통을 받을진대 대체 행복은 누구의것일가.)[215]

여성의 행복에 대한 의미는 리희남의 「한 가정에 대한 이야기」에서도 제기된다. 이 소설에서 화자는 '고난의 행군' 시기 조국과 남편을 위해 희생한 아내의 죽음을 두고 무엇을 위한 헌신이었는지 되묻는다.

> 안해의 죽음을 놓고 비로소 몸부림치는 그를 보며 우리는 묵묵히 말이 없었다. (…중략…) 일부 사람들이 제 살궁냥만 하고 있을 때 그들은 과연 무엇을 위해 살았는가. 화목하던 한가정의 마지막피 한방울도 무엇을 위해 바쳐졌는가. 어찌하여 자기것은 단 한쪼박도 남겨두지 않았단 말인가. 그것이 과연 무엇을 위한 헌신이였는지.[216]

2000년대 북한 소설 속 새 세대 여성들은 연구사, 과학자 등의 전문직으로 등장하여 그들의 이상을 실현하기 위해 노력하지만 가정과 일을 병행하는 데 있어 어려움을 표출한다. 2000년대 소설에는 전문직 여성이 주인공인 소설이 이전보다 많이 발표되었는데 이전과 달리 갈등의 양상을 여성끼리의 갈등이 아닌 여성 대 남성 혹은 여성이 속한 사회의 문제로 전환시키고[217] 있으며 정보화 시대이지만 개선되지 않는 가정의 일과

215 최련, 「바다를 푸르게 하라」, 『조선문학』, 2004.2. 76쪽,
216 리희남, 「한 가정에 대한 이야기, 『조선문학』, 2004.5. 40쪽.

개인적 행복에 대한 문제로 고민하는 여성의 모습이 표면에 등장한다. 이는 2000년대 신세대적 사고를 지닌 여성을 등장시켜 당 정책이 주도하는 감성을 강조하기보다 개인적 감성에 주목하는 새로운 경향을 지닌 신세대 작가의 등장과도 무관하지 않다. 이러한 일련의 작가들로 김혜성, 리라순, 리연희, 최련 등을 거론할 수 있다.

> "축구는 집단경기여서 자기 이름을 날리기 힘들지만 권투는 개인경기여서 본인만 노력하면 얼마든지 이름을 날릴수 있다나요."(33쪽)

장편소설 『별하늘』(김혜성, 문학예술출판사, 2007)에서는 고난의 행군 이후 새롭게 등장한 여자권투 운동종목을 다루고 있다. 이 소설이 특기할 만한 것은 여자권투선수를 다루고 있다는 것 외에 개인성을 드러낸다는 지점에 있다.

217 이상경, 「북한 여성 작가의 작품에 나타난 여성 정체성에 대한 연구」, 『여성문학연구』 17권, 한국여성문학학회, 2007. 375쪽.

3장

여성 작가의 감성적 글쓰기 양상

북한 여성 작가의 글쓰기는 일반적 의미의 여성적 글쓰기와는 다른 양상을 선보인다. 여성적 글쓰기가 기존의 글쓰기에 이의를 제기하는 성격을 지니고 주류 권력이나 그들의 지배담론에 의문을 제기하고 비판을 가하여 그 속에 숨겨진 드러나지 않는 의도들을 들추어내고 전복을 꾀하는 역할을 할 수 있는 것[218]에 비해 북한의 여성 작가는 체제 유지에 기여하는 글쓰기 형태를 선보인다. 북한 작가들이 '고난의 행군'으로 일컬어지는 체제 붕괴의 위기와 '선군사상'으로 일컬어지는 체제 극복 정책 노선을 예술 창작의 미학으로 전환시킨 문예정책[219]이 정립된 2000년대 전후 '선군혁명문학' 기치 아래 이념적이고 강박적인 글쓰기를 선보일 때 여성 작가들의 글쓰기도 이에서 크게 벗어나지 못한다.

그런데 선군혁명문학이 학술적 용어 개념의 단선화, 토론과 논쟁의 부재, 도식주의의 만연[220]으로 리얼리즘의 본령에서 벗

218 안미현, 「여성적 글쓰기의 특성과 가능성」, 『사고와표현』 2(1), 한국사고와표현학회, 2009. 61~81쪽.

219 김성수, 「선군과 문학-『조선문학』(1998~2007) 10년의 쟁점」, 이화여자대학교 통일학연구원 편, 『북한문학의 지형도』2, 청동거울, 2009.

어날 때 북한 여성 작가의 작품 속에서는 정치적이거나 선언적이거나 도식적인 표현을 지양하고 대화적이고 유희적인 글쓰기, 소수자를 위한 글쓰기의 형태를 발견할 수 있다. 이러한 북한 여성의 글쓰기 양상을 통해 이념적이고 집단적인 형태가 아닌 소통적, 정서적 형태의 글쓰기 양상을 살펴볼 수 있다.

이러한 여성 작가의 글에는 감성적 글쓰기의 특징이 나타난다. 1990년대 수령의 사망과 '유훈 통치기'를 거쳐 고난의 행군 시기를 겪고 2000년대 선군시대를 맞이하면서 연이은 재난과 위기의식이 문학적으로 표출될 때 일련의 북한 여성 작가의 글 속에서는 여성 특유의 감수성이 드러난다.

감수성을 하나의 세대나 시대에 있어서 부상하는 경험, 특히 이미 형성된 스타일이나 규범이 아니라 일종의 출현하는 정서로 본다면, 감수성은 사적인 것이 아닌 시대와 그 구성원들의 가치관과 무의식이 드러나는 장이며, 때에 따라서는 담론적 인정투쟁의 장이기도 한다는[221] 의견에 따른다면 선군시대 북한 여성 작가의 감성적 글쓰기는 북한의 시대정신에 대한 문학적 대응으로 볼 수 있다.

북한은 체제의 위기 속에서 주체시대에서 선군시대로 변모

220 김성수, 「선군과 문학-『조선문학』(1998∽2007) 10년의 쟁점」, 이화여자대학교 통일학연구원 편, 『북한문학의 지형도』2, 청동거울, 2009, 8쪽.

221 김은하, 「여성의 교양화 과정과 젠더화된 글쓰기의 이중 전략」, 『인문과학연구』제31집, 성신여자대학교 인문과학연구소, 2013, 69쪽.

하였으며 문학에서는 전체가 규율하는 주도적 감성 이면에 사적인 감수성이 포착된다.[222] 특히 여성적 글쓰기 양상에서는 가부장적 북한 체제에서 겪는 여성으로서의 삶과 감성이 문학적으로 표출되어 고난의 시대를 감내하고 이겨나가는 극복의 양상이 전개된다.

북한 여성 관련 연구들을 살펴보면 북한 체제에서의 여성이 처한 현실과 삶에 대해 가까이 접근할 수 있다. 선군시대를 맞이하여 남성은 체제를 지키는 군대와 군수산업에 투입되는 상황에서 북한 여성은 국가권력에 의해 이악할 것을 요구받았으며, 북한 여성들은 생존과정에서 스스로 이악함을 내면화 할 수밖에 없었다는 연구가 있다.[223] 이 연구에 따르면 선군시대 북한은 "공급과 자원부족 상황에서 일차적 자원분배를 군 사업에 집중해야 하는 선군시대에 국가의 국민부양 의무를 여성에게 전가시키면서 북한여성들은 '돌봄의 윤리를 사회적으로 확장시킬 것'을 요구받았으며 해방 이후 현재까지 북한 권력이 여성에게 요구한 성적 정체성은 '보은과 섬김, 헌신, 근면. 알뜰'이라는 여성 도덕률에 집중되어" 왔다는 것이다. 이러한 요인으로 "수령제와 세습체제가 제도화 하는 과정에서 북한 체제의 가부장

222 임옥규, 「2000년대 북한 문학 감성과 새 세대의 감수성」, 『현대북한연구』17권 2호, 북한대학원대학교 북한미시연구소, 2014, 165쪽

223 박영자, 「선군시대 북한 여성의 섹슈얼리티 연구: 군사주의 국가권력의 성(性) 정체성 구성을 중심으로」, 『통일정책연구』15권 2호, 통일연구원, 2006.

성은 권력의 위계성을 극도로 강화했으며 양성 간의 성별 위계를 더욱 구조화했"기 때문이라고 설명한다. 이 연구에 따르면 선군시대 남성상은 "불변성, 무조건적 충성심, 동지애, 인내심, 용맹함, 비타협성, 단호함, 무자비함, 적에 대한 증오" 등 군인정신을 정교화한 '총대정신'을 그 특성으로 한다.

이와 연관하여 식량난이라는 극심한 위기 하에서 여성들의 변화가 두드러짐에 따라, 그 변화가 갖는 의미에 대한 관심이 높아졌다는 연구가 있다.[224] 이 연구에 따르면 여성의 삶의 변화가 가부장적 사회로 평가되는 사회를 변화시켰는가, 아닌가가 중요한 관심의 대상이 된다는 것이다. 또한 북한 여성의 삶이 변화할 수밖에 없었던 것은 여성과 남성이 기존 사회질서에서의 위치와 국가와 맺는 관계가 달랐기 때문이라는 연구가 있다.[225]

1990년대 후반 이후 북한의 사회적 변화와 위기는 북한 여성의 삶에도 많은 영향을 끼쳤으며 이는 문학적으로 형상화되는데 고난의 행군 시기를 전후하여 여성 작가들의 활약이 두드러진다. 이와 관련하여 북한의 위기와 재난을 이겨내기 위한 극복의 방식이 여성적이라는 전제 하에 북한의 엄혹한 식량난 시기

224 임순희, 『식량난과 북한 여성의 역할 및 의식변화』(통일연구원 총서), 통일연구원, 2004.

225 조영주, 「북한의 '인민 만들기'와 젠더 정치: 배급과 '성분-당원' 제도를 중심으로」, 『한국여성학』제29권 2호, 한국여성학회, 2013.

에 여성적 의식은 어떤 방식으로 창작에 구현되었는가를 살펴보는 연구가[226] 있다. 이 연구에 따르면 평양시 문학창작실의 대표적 여성시인들은 식량난 시기의 문학을 각이한 방식으로 창작하였다.

북한 여성작가의 작품에 나타난 여성 정체성에 대한 연구에서는[227] 고난의 행군 이후 북한 여성의 새로운 의식에 주목하고 있다. 이 연구에 따르면 고난의 행군 시기를 거치면서 기존의 공식적인 것, 남성적인 것들에 대해 심각한 질문을 던지는 본격적인 '여성문학'의 가능성을 보여주는 작품이 등장하였음을 제기한다.

이 장에서는 선행연구를 바탕으로 하여 선군시대 북한 여성작가의 작품에 투영된 감성적 글쓰기 양상을 살펴보고자 한다. 북한의 정규 작가양성 과정으로는 김일성종합대학 문학대학 창작과, 김형직사범대학 어문학부 작가양성반(3년) 등이 있다. 비정규 작가양성과정으로는 6.4문학상, 군중문학작품 현상모집 등 전국 단위의 문학작품 경연대회나 작가동맹이 연 1회 도별로 실시하는 문학통신원 강습과정에 개인투고를 통해 추천되는 경우가 있다.[228] 이 장에서는 1982년에 북한에서 전국의 문학통신

226 최진이, 『북한 여성시인 렴형미 연구』, 이대 석사논문, 2006, Ⅴ쪽.
227 이상경, 「북한 여성작가의 작품에 나타난 여성 정체성에 대한 연구」, 『여성문학연구』 17, 한국여성문학학회, 2007.
228 작가선발은 문예총 산하 조선작가동맹 간부과에서 관련학부 졸업생 또는 현상모집 입선자, 문학통신원들을 대상으로 이루어지고 있으며,

원들을 위한 6.4문학상 제정을 시작으로 국가적 지원 하에 성장한 세대[229] 중 감성적 글쓰기 양상을 선보인 북한 여성 작가를 선정하여 북한 체제의 위기를 극복해 나가는 방식으로서의 글쓰기 양상을 고찰하고자 한다.

선군은 군대를 앞세운다는 의미로 여성적인 것보다 남성적인 성격이 두드러진 용어이다. 이 장에서는 선군시대라는 북한의 위기이자 전환의 시기에 여성 작가들이 표출한 감성은 무엇인지에 대해 주목하고자 한다. 북한에서는 작가들로 하여금 생활 속으로 들어가 직접적으로 체험하여 이를 문학적으로 형상화할 것을 요구하고 있다. 선군시대 여성 작가들 또한 다양한 체험을 글로 표현하면서 세밀한 관찰을 통해 생활의 발견과 시대의 감성을 발현하고 있다. 이 장에서 연구대상으로 삼고 있는 렴형미, 리연희, 리라순의 글에서는 정서적 교감을 통한 감성적 글쓰기의 형태가 돋보인다. 이들은 군중문학 작가 출신으로 생활 현장에서의 체험을 통해 선군시대의 이상과 감성을 분출하고 있다.

선발되면 조선작가동맹을 비롯하여 4.15 문학창작단, 외국문종합출판사 등에 배치된다. 작가동맹 산하 평양지부 창작실은 시문학, 소설, 아동문학, 희곡, 고전문학, 평론, 외국문학 분과 및 신인지도부 등의 분과로 조직되어 있으며 활동 중인 작가는 대략 180여명 정도로 알려져 있다. 지방의 각 도지부에는 대략 20여명 정도가 소속되어 활동하고 있다. 『북한의 직업세계』, 통일부, http://unikorea.go.kr/content.

229 최진이, 『북한 여성시인 렴형미 연구』, 이대 석사논문, 2006, Ⅴ쪽.

렴형미, 리연희, 리라순은 북한의 고난의 행군 시기부터 선군시대, 최근 김정은 체제까지 활발하게 문학 활동을 전개해온 여성작가들이다. 이들은 북한에서 여성작가들이 많이 등장한 1990년대 이후 문학세대로 다른 작가들에 비해 많은 양의 작품을 창작하고 내용에 있어서도 우수한 작품을 많이 창작하였다. 렴형미, 리연희는 60여 편 이상의 시를 주요 잡지와 신문에 게재하였고 리라순은 단편 소설과 중, 단편 소설을 두루 섭렵하고 있다. 이들은 북한 체제의 시기별 특성을 옹호하고 이를 형상화하면서도 감성적인 여성적 글쓰기를 선보인다. 이는 이념과 구호에 치중되어 있는 북한 문학의 보편적인 양상에 비해 새로움을 선사한다.

렴형미는 북한의 고난의 시기에 "녀성으로서 시인으로서 그 시련의 와중에 있었으며 그는 그속에서 력사에 류례 없는 시련을 맞받아 나아가는 이 나라 녀인들이 무엇을 생각하고 바라며 또 무엇을 증오하는지 그리고 어떻게 살고 있으며 웃고 있는지 생활 속에 간직된 인간 내면세계의 심연을 헤아려"[230] 본 작가로 평가받고 있다. 리연희는 "녀인의 시점에서 선군시대 녀성들의 정신세계를 파고든"[231] 작품을 창작한 작가로 평가받으며 리라순은 2010년 전후 북한이 최첨단 돌파를 외치며 북한의 과학중

230 류만, 「시인은 누구나 시를 쓰고 있다. 그러나?(1)」, 『조선문학』, 2002.5, 65쪽.

231 리동수, 「시는 시로 되어야 한다」, 『조선문학』, 2006, 10, 74쪽.

시 사상과 인민생활 향상을 위한 지식경제 시대를 유도하는 최첨단 시대를 이야기할 때 그러한 최첨단이 무엇으로 돌파되는가를 문학적으로 형상화한다.

이 장에서는 이들의 글쓰기 양상을 통해 선군시대 북한 여성들의 삶과 문학적 구현을 살펴보고자 한다.

1절 렴형미, 접촉의 시어

북한은 1990년대 중반 이후 '고난의 행군', 강행군 시기를 거치면서 선군시대에 접어들었다. 선군시대에 북한 작가에게 요구되는 문학적 과제는 시대의 사상 감정과 현실을 절실하고 의의 있게 반영하는 것이다.[232] 특히 시대와 생활을 체험적으로 형상화할 것이 요구되었는데 렴형미는 고난의 행군 시기, 여성들의 목소리를 담고 있는 당선작 「시련과 녀인」을 발표한 뒤, 줄곧 여성들의 다양한 삶과 운명을 노래한 작품들을 선보이면서 북한 문단에서 꽤 주목을 받고 있는 여성 시인으로 알려져 있다.[233]

렴형미는 함경북도 청진에서 태어나 21살에 강선제강연합

232 리창유, 「선군시대의 요구와 작가의 탐구정신」, 『조선문학』 2008년 제3호, 22쪽.

233 최진이, 『북한 시인 렴형미 연구』, 이화여대 박사논문, 2006, 참고.

기업소 생산현장에 입직하였으며 80년대 말부터 시를 발표하였으며 6.4 문학상[234]을 2차례나 수상한 이력을 지니고 있다. 렴형미는 1987년 1월에 『조선문학』에 시를 발표한 이후 1997년 시초 「엄마의 노래」로 전국 군중문학작품 현상모집에서 1등에 당선되었으며 1999년 전국 군중문학작품 현상모집에도 시초 「시련과 녀인」이 1등에 당선 되었다. 렴형미는 자신의 생활 체험을 바탕으로 하여 선군시대 북한 여성의 삶을 형상화한다. 렴형미는 현실 체험의 중요성을 깨닫고 노동현장에서 일하면서 이를 형상화한 시를 창작하였다.

몇 달전에 나는 문학수업에 뜻을 두고 로동계급 속에서 일하며 생활을 배우고싶어 철의 도시 강선으로 왔다.

얼마전에 나는 강철직장 배전공으로 견습을 받으며 느껴지는 바가 있어 시 한편을 썼다. 내가 보건대 시의 상이며 정서 그리고 시대적 미감도 좋다고 생각되는데 시어 하나가 어쩐지 마음

234 6.4문학상은 북한 작가동맹중앙위원회에서 전국의 문학후비군 속에 대중적 창작 열의를 한층 더 높일 의도로 작성한 제의서가 1982년 6월 4일 김정일에 의해 비준되어 제정된 상이다. 1982년 6월 평양에서 전국 문학통신원대회가 열린 가운데 '6.4문학상' 당선작품 첫 시상식이 있었다. 작가동맹중앙위원회의 주최로 된 전국문학작품현상응모작 천여 편 중 소설, 시, 희곡(혹은 아동문학) 부분의 최우수 작품에 이 상이 수여되었다. 문학통신원들은 2.16 전국군중문학작품 현상모집과 월간지인「청년문학」을 통해 등단하고 있는데, 이들에 대한 최고의 상은 '6.4문학상'이다. (최진이, 『북한 시인 렴형미 연구』, 이화여대 박사논문, 2006, 2쪽)

에 들지 않아 몹시 안타까왔다.

(…중략…)

그래! 자기의 피를 바치고 자기의 땀과 살을 바치고 자기의 모든 희로애락을 바치고싶은 그런 생활속에서 우리는 참된 인간의 심장을 지니게 되며 문학의 열쇠도 찾아쥐게 되는 것이 아니겠는가!

(…중략…)

나는 이시각도 나자신에게 말하고 있다. 현실은 참말로 창작의 어머니라고![235]

렴형미는 사회주의 현실주제의 시에서 고난의 행군을 헤쳐나가는 여성들의 삶의 자세를 의연하게 그려내고 있다. 시인은 시 속에서 고난의 행군 시기 사회 참여에 나선 어머니들이 가정과 사회에 기여하는 과정을 형상화하면서 쌀, 물, 불 조달을 위해 애쓰는 대범하고 억센 여성의 모습을 형상화한다. 시에 나타나는 고난의 행군 시기 여성의 형상은 자애롭고 낙관적이고 강인한 성격을 띤다. 이러한 형상화 이면에는 헌신적으로 기여하는 어머니의 역할이 강조되어 가족과 국가를 위해 필수적인 것으로 미화된다.

땅이여/서른해나마 너를 꾹꾹 밟으며/한 사내애의엄마로 되

235 렴형미, 「현실에 대한 생각」(단상, 천리마제강 련합기업소 현지특집), 『조선문학』, 1987. 3. 35~36쪽.

기까지/나는 너를 너무도 몰랐구나//

(…중략…)

오, 시련의 오늘 /못난 쐐기풀조차 덥석 밟을수 없노라/말없이 네품에 뿌리내린 그것들/나에겐/흰쌀마냥 귀중하거니//

씁쓸한 향기 그 떫음을/인생의 참맛으로 달게 먹으며/행복의 서른해에 몰랐던 것을/고난의 한 해에 다 알았노라//

-렴형미, 「땅이여!」(시초 「시련과 녀인」), 『청년문학』, 1999.11.

아우성치는 거리의 눈보라속에/법석 떠드는 녀인들의 웃음소리/괭이 메고 삽날 번쩍이며/발전소건설장으로 뭉쳐가는 가두의 행렬//

꽁꽁 동여맨 털수건속에서/불쑥 튀여나온 북변사투리/-에그, 신통히두 "ㄹ" 받침 달린것들만 여자들 속을 태우지 않습메?//

와하 웃으며 받아치는 목소리들/쌀! 물! 불! …/허나 그게 무슨 큰 일인가고/또다시 타래쳐오르는 웃음소리 웃음소리//

-렴형미, 「겨울」(시초 「시련과 녀인」), 『청년문학』, 1999.11.

빈손으로 배급소문을 나서며/나약하던 그 걸음은 저멀리 사라졌노라/빨라감 모아놓고 수독물 기다리던/천진스런 그 모습도 없어졌노라//

이악하고 씩씩하고 두렴 모르는 내 마음/인민반 윷놀이에 남

편까지 불러오고/주먹밥 싸든 지우너부대의 한 대원으로/명승지건설장에 더운 땀 바치노라//

오, 괭이날 휘두르면 감자밭 늘어나고/중소형발전소 수풀처럼 솟거니/조선옷 차려입으면 춤판이 덩실덩실/총창을 틀어쥐면 육탄이 못되랴//

-렴형미, 「시련과 녀인」(시초 「시련과 녀인」), 『청년문학』, 1999.11

어찌하여 북쪽의 녀인들이/그토록 아름답고 강의하고/일손은 류달리 올골찬것인지…(중략)

대범스럽고 억세기도 한 이 녀인들에게/그렇게도 감미롭고 재간많은/보배로운 손이 있다는 것은 참…//(중략)

북쪽의 녀인들과 한번 인연을 맺으면/천겸 바줄로 칭칭 동애맨 듯/떨어 지기 정녕코 쉽기 않아라/참된 사나이는 더더욱 참되어 지고/그렇지 못한 사나이는 비로소 삶의 진미를 알게 되나니…//

-렴형미, 「어찌하여 북쪽의 녀인들이…」, 『조선문학』, 2001. 2.

렴형미의 시초 「선군과 녀인」은 선군시대 여성들의 정신세계를 정서적으로 호소하고 있는 작품으로 평가받는다. 이 시초는 정치적이거나 선언적이지 않으며 직선적인 시어들로 추상화되지 않은 점이 높이 평가된다.

> 시초의 모든 시편들이 선군과 녀인과의 필연적인 인연속에 탐색되면서 시적계기와 정서적충격과 같은 형상요소들이 생활적으로 자연스럽게 잘 맞물려지고 있다. 시 ≪사랑의 담보≫, ≪별많은 밤에≫, ≪선군과 녀인≫등이 다 그렇게 착상되고 탐구된 시들이다. 특히 마감시 ≪선군과 녀인≫은 시초를 품위있게 결속지으면서 이 나라 녀인들의 성격과 생활을 섬세하게 파고들어가 감성적이면서도 지성이 있게 폭을 넓혀나간 시적일반화의 솜씨를 훌륭히 보여주고 있다.[236]

렴형미가 「선군과 녀인」에서 국가와 체제를 위해 동원되는 모성을 형상화하고 있다면 다른 작품에서는 결혼과 출산, 육아의 경험을 통해 조화로운 감각, 돌보는 모성 역할에 대해 노래한다. 렴형미 시에 나타나는 '모성'은 남성 중심적인 부정적 질서에 대한 전복이 아니라 여성이 겪는 결혼, 출산, 육아 등의 본질적인 문제가 선군시대 북한이 겪는 문제들과 결부되어 이를 극복해내는 방식으로서 표현된다. 그의 시에서의 모성은 여성의 삶을 바탕으로 체제에 기여하려는 책임의식, 돌봄, 사랑으로 표현된다. 시초 「엄마의 노래」는 처녀 적에 아들을 낳고 싶다는 바람에서 시작하여 선군을 위해 헌신할 준비가 되어 있는 모자의 모습을 형상화한다.

236 리동수, 「시는 시로 되어야 한다」, 『조선문학』, 2006, 10. 74~75쪽.

봄날의 종다리마냥/명랑하고/새벽의 들국화마냥 싱싱한/나의 처녀시절//(…중략…)

기쁨만을 저으는 종다리 나래에/무거이 무거이 짐을 실을래/싱싱히만 웃는 들국화꽃잎에/숭고한 아름다움 더해놓을래//

조국의 래일을 두팔에 안아/사랑의 젖으로 키우는 엄마/가꾸는 행복으로 가슴풍만한/ 이 나라의 한 어머니 되고싶어//

-렴형미, 「고백」(시초 「엄마의 노래」, 『조선문학』, 1997.8.)

이 나라의 한 아버지 어머니되여/ 새로운 효성 더해갈 높뛰는 두 심장//

사회주의 조국의 한송이로 꽃핀 우리 사랑/ 이 행복 지켜갈 사내애를 낳을 것입니다!//

-렴형미, 「사랑의 열매」(시초 「엄마의 노래」, 『조선문학』, 1997.8.)

난알향기 땀향기에 흠뻑이 취해/불어나는 젖가슴 느껴질 때면/ 그윽히 피여나는 행복의 미소/그러면 포전에는 유모차 들어서네/

로동의 보람 엄마의 긍지/한껏 부풀은 가슴 아기에게 맡기니/덩달아 흘러하는 분조원들/비서어머닌 버릇처럼 또 그 이야기//(…중략…)

장군님과 애기어머니/언제나 이 벌에 함께 계시네/오곡을 가꾸며 미래를 키우며/조국의 부강 사랑으로 마련하시네//

-렴형미, 「장군님과 애기어머니」(시초 「엄마의 노래」, 『조선

문학』, 1997.8.)

손에서 비누 거품 마를새없이/ 아기의 옷을 빨고/ 장난꾸러기 몸 깨끗이 씻어주며/엄마는 무얼 생각하나// (…중략…)

아, 엄마되여 나는 알았네/우리 장군님 어머니 조국을/아기를 안은 엄마 결코 쓰러질수 없듯/사회주의 붉은 기치 꿋꿋이 전진함을//

자식을 낳아 사랑다해 키우며/그 땀젖는 행복속에/누구보다 장군님을 잘 아는 이 나라 어머니들/이제는 나도 그속의 평범한 녀인//

자식을 위해서라면/목숨도 아낌없을 나는 엄마/허나 나의 조국 김정일장군님 위해서라면/아들과 함께 총폭탄이 되리라//

-렴형미, 「엄마의 노래」(전국군중문학작품현상모집 1등 당선작품, 시초「엄마의 노래」, 『조선문학』, 1997.8.)

렴형미의 시는 고난의 시기를 겪고 선군시대에 접어들면서 모성 경험을 체제의 변화와 연계시키고 있으며 추상적이거나 도식적이지 않은 감성적 글쓰기가 돋보인다. 그의 시는 '너를 꾹꾹 밟으며', '네 품에 뿌리내린 그것들', '두 팔에 안아 사랑의 젖으로 키우는', '한껏 부풀은 가슴 아이에게 맡기니', '장난꾸러기 몸 깨끗이 씻어주며', '고운 입술 비비는', '한 가슴에 비벼 안고 뜨거운 눈물에 얼룩지고 싶은' 등의 접촉의 시어를 사용하여 시적 화자의 생동감 있으면서도 따스한 마음의 움직임을 전달한다. 아래의 시에서는 체제의 속박과 시대의 어려움을 벗어나 자유롭게 사유하는 시적 화자의 모성이 돋보인다.

> 푸르른 이 땅 아름다운 모든 것을/백지같이 깨끗한 네 마음속에/또렷이 소중히 새겨 넣어라/이 엄마 너의 심장은 낳아 주었지만/그 속에서 한생 뜨거이 뛰어야 할 피는/다름 아닌 너 자신이 만들어야 한단다 //
>
> 네가 바라보는 하늘/네가 마음껏 딩구는 땅이/네가 한생토록 안고 살 사랑이기에/아들아, 엄마는 그 어떤 재간보다도/사랑하는 법부터 너에게 배워 주련다/그런 심장이 가진 재능은/지구 우에 조국을 들어 올리기에...... //
>
> -「아이를 키우며」(렴형미, 『조선문학』, 2002.11. 75쪽.)

위의 시는 「엄마의 노래」에서 김정일 장군을 위해 아들과 함께 총 폭탄이 되리라고 다짐했던 어조와는 사뭇 다른 모성적 사유를 표현하고 있다. 모성적 사유는[237] 러딕(S.Ruddick)이 제시한 개념으로 어머니의 경험에서 비롯된 사유를 기술하는 것이다. 모성적 사유에서 핵심어는 '공감, 배려, 관계 중심'이다. 여기에서 배려 모델의 특징은 어머니가 자녀를 양육하는 모성의 방식을 통해 체현된다. 모성적 사유는 리얼리즘과 공감, 생명의 성장을 온전히 기쁨으로 받아들이는 것을 미덕으로 간주한다.[238] 위의 시를 통해 렴형미가 북한 체제에서 비롯된 이념적

237 이미식, 「모성적 글쓰기를 활용한 도덕과 수업지도 방안」, 『한국초등도덕교육학회』, 〈초등도덕교육〉 43권, 2013, 295~299쪽 참고.; Ruddick, S., *Maternal Thinking: Toward A Politics of Peace*, 1995.

경직에서 벗어나 자유롭게 사유하고 표현하는 방식으로 기여와 돌봄의 모성적 글쓰기를 활용하고 있음을 다시 한 번 확인할 수 있다.

또한 렴형미는 서정을 통해 조화와 통일적 세계를 지향한다. 「녀인의 노래」에서는 타인과의 상호소통을 중시하며 부강한 조국에 일조하는 모성의 힘으로써 의연히 일어서는 여인의 모습을 형상화한다.

> 아름다운 행복의 옷은 녀인이 뜬다네/기쁨과 때로 아픔이 엉킨 생활의 실토리/녀인이 작은 두손에 풀려 나가네/인생은 다시 뜰수 없는 뜨개질과 같아/만약 한코를 놓친다면/불행의 흠집은 날로 커지리//
>
> 아, 녀인이여 불 같은 사랑으로/마직막 한코까지 뜨고 또 뜨라/정다운 이들에게 입혀 줄/아름다운 행복의 옷은/성실한 녀인만이 지을수 있다네//
>
> 아기를 업은 엄마 넘어 질수 없듯이/사회주의 어머니는 꿋꿋이 걸어 가리/애끓는 눈빛으로 요람을 다독이고/창조의 두손으로 생활의 뿌리 가꾸는/강직한 이 나라 녀인들 있어/부강의 조국은 일떠서리라//
>
> 아, 녀인이녀 사랑의 시작도/사랑의 마무리도 그대가 맺는 법/정다운 이들에게 입혀 줄/아름다운 행복의 옷은/굳세인 녀

238 이미식, 「모성적 글쓰기를 활용한 도덕과 수업지도 방안」, 『한국초등도덕교육학회』, 〈초등도덕교육〉 43권, 2013, 296쪽.

인만이 지울수 있다네//

-「녀인의 노래」(렴형미, 『조선문학』, 2002.3. 30쪽)

렴형미는 1990년대 전후에 시단에 등장하여 여성들이 겪은 시대적 시련과 난관에 대해 접촉의 시어를 활용한 모성적 글쓰기를 통해 감성적으로 형상화하였다.

2절 리연희, 안음과 안김의 시어

선군시대 북한 문학은 대중의 감정적인 반응을 이데올로기적 측면에 종속시키기 위해 감성의 분출을 이끌어낸다. 이러한 선군시대의 주된 정서는 낭만적인 서정으로 정의된다.

> 오늘의 서정미는 거기에 시대생활의 기본지향과 시대미감이 선명하게 조명될 때라야 가치를 가진다. 격조높이 솟구치는 아름답고 숭엄하고 장엄한 서정, 시련을 맞받아 미래에로, 확신성있게 줄달음치는 격렬하고 랑만적인 서정, 이것이 오늘 우리 선군시대의 주되는 서정이며 기상이다.[239]

선군시대 북한 문학에는 시련을 이겨내고 강성대국의 길에

239 리동수, 「시는 시로 되여야 한다」, 『조선문학』, 2006.10, 72쪽.

들어서는 현실을 반영하면서 혁명적 낭만성을 구현할 것이 요구되는데 리연희의 사회주의 현실주제 작품을 살펴보면 이러한 시대적 요구를 반영하면서도 시인의 독특한 글쓰기 양상이 발현되고 있음을 알 수 있다. 리연희 시에서의 혁명적 낭만은 열정과 환상으로 표출되며 여성 특유의 감성인 안음과 안김의 시어로 표출된다.

리연희는 1990년에 「힘들지 않습니다」라는 시로 등장하였으며 2001년에 '조선로동당 창건 55돐기념 전국문학축전'에 서정시 「해빛」, 「끝나지 않은 노래」로 입선하였다. 시인인 리건구를 아버지로 두고 화가인 류덕순을 어머니로 둔[240] 덕분인지 감각적이고 회화적인 언어를 구사한다.

시 「밤하늘의 처녀들」은 시적 화자가 석탄산에서 일하는 처녀들의 현장을 체험하러 갔다가 잠든 처녀들과 별을 안아올리는 것처럼 보이는 석탄산의 모습을 감각적으로 형상화하고 있다.

> 전차마다 가득히 석탄을 싣고/머리우에 불꽃을 날려가는 처녀들…/이 밤엔 별들도 많네/탄전의 밤하늘엔 별들도 많네//
> 반짝이는 별들과 꼬리잡이하는가/아득히아득히 오르는 불꽃/좌르르 검은금 저 하늘에 쏟고서/류성처럼 즐겁게 땅속으로

240 최진이, 『북한 여성시인 렴형미 연구』, 이화여자대학교 석사논문, 2006. 63쪽.

흘러드네//

기특한 처녀들/눈동자 별빛같을 그 얼굴들/내 보고싶어 만나고싶어/로적봉을 올랄 청년갱으로/석탄산으로 올라서니//

어느새 잠들었는가/밤새동무하여 빛나던 별들/처녀들도 수집은 듯 땅속깊이 사라지고/멀리 가까이 비껴오는 노을/아 눈부신 새벽 번쩍이는 석탄산!//

처녀를 안아올렸네/땅속의 검은금/ 이 하늘 아래 이 땅우에/모두 안아내렸네/저 하늘의 별들도…별들도…

-「밤하늘의 처녀들」(리연희, 『조선문학』, 2000. 5. 49쪽)

시 「행복한 사람」은 일생 동안 숲에 살면서 그 숲을 가꾸는 것에 사랑과 땀을 바쳐온 산림감독원에 대한 노래로 이 시의 화자는 산림 감독원이 씨앗을 심고 거름을 주고 키워나가는 과정을 상상하면서 산림감독원을 "온 산을 떠메여올린 사람", "돌박산우에 숲을 안아올린 사람"으로 표현하고 차판마다 나무들을 떠나보내는 심정을 "시집, 장가가를 보내는 자식마냥"으로 형상화한다. 이 시는 시대에 대한 열정과 낭만을 표출하고 있다.

한삽한삽 바위마다 흙을 얹으며/한배낭 또 한배낭 나무마다 거름을 주며/땀젖은 저 등어리로/온산을 떠메여올린 사람/돌박산우에 숲을 안아올린 사람//(…중략…)

산기슭에 처마를 잇댄 그의 집/밤이면 그와 함께 산도 누운 듯/어린잎 살랑대는 서재골/아름드리 듬직한 령대골의 설레임

소리/자식들 숨결처럼 다 가려들으며 잠드는/그것이 산림감독원 그의 더없는 락이였어라//

이 아침에도/이슬젖은 밀림속에 나무들 자라는 소리/봄비속에 산이 크는 소리/온몸으로 들으며/산짐승들 울음소리 맹수들의 발자취에도/숲의 늘어가는 식솔들을 자랑하는 사람//(중략)

오늘은 산이 그를 받들었네/그 그루마다 또다시/뿌리를 내려 솟구쳐오를 그의 삶/영원히 푸르러 늙지 않을 애국을 떠받들었네//

-「행복한 사람」(리연희, 『조선문학』, 2007. 10.)

이에 대해서는 시대에 대한 열정이 낳은 시적 환상과 낭만이 서정적 주인공이 평생 동안 숲을 가꾸는 애국의 형태로 잘 형상화되었다고 평가받는다.

시 ≪행복한 사람≫(리연희 작, 10호)은 한생 숲에 살면서 그 숲을 살지우며 사랑과 땀을 바쳐온 산림감독원을 노래하고 있다. 시는 귀중한 재부를 가꾸어 어머니조국에 심장의 선물을 올리는 순간을 시적계기로 하여 한생을 기꺼이 푸른 숲과 바꾼 서정적주인공의 숭고한 인생관을 구체적이고 섬세한 생활정서에 담아 절절하게 노래하고 있다. 시는 시대에 대한 열정이 낳은 시적환상과 랑만의 세계속에서 숲과 애국과 인생에 대한 삶의 철학을 얼마나 진지하게, 무게있게 발견하고있는것인가. 시에는 선군시대 영웅을 찬양하고 자랑하고싶어하는 시인의 열정과 함께 그에 대한 시대의 찬가, 시대의 축복이 비껴있다. 하지만 이 시에서 서정적주인공이 선군시대 인간이라는것을 정서적으로 감수할수 있도록 서정을 펼쳤더라면 새맛도 나고 시적감흥도 컸을 것이다.[241]

시 「산-녀인」은 선군시대 여성의 전형적인 모습을 혁명적 낭만성으로 형상화하고 있다. 거창한 산악을 안고 산과 함께 살며 한 생을 바쳐가는 여인의 모습이 안음과 안김의 관계를 통해 내일에 대한 희망과 신심, 낙관을 안겨주는 환상적인 모습으로 선보인다. 산과 몰아일체가 된 여인의 모습에서 산에 안겨 있는 모습이 아니라 오히려 산을 품에 안고 있는 거인의 모습을 떠올리게 하는 이 시는 시인의 서정이 열정과 환상으로 표현된다.

산이 무섭지 않던가고/그 말에도 빙그레 웃기만 할뿐/힘들지 않던가고/고생스럽지 않던가고/그 말엔 더더욱 말없이/나를 바라보며 웃기만 하던 녀인//(…중략…)

왜 무섭지 않았겠나요/개간의 첫 발파를 울려/천년 잠자던 산을 흔드니/쌍바위 절벽은 하늘을 가리며 막아섰어요/걸음걸음 바위돌을 들어내며/억척같은 뿌리들과 싸워야 했어요/한자욱도 그냥은 열어주지 않는 산이였어요//(…중략…)

241 김해월, 「선군조국에 대한 끝없는 사랑과 서정세계」, 『조선문학』, 2008. 4호, 64∼65쪽.

연두봉 구름봉…/녀인과 함께 올라선 굽이굽이/내 벅찬 숨을 틀으며 돌아보니/첩첩 산마다 휘여감은 저 길들은/그날에 풀새 없던 녀인의 허리띠가 아닙니까//(…중략…)

녀인이 산을 안습니까/산이 녀인을 안습니까/나에겐 보여옵니다/굽이굽이 산허리를 휘여감은 길들은/그대로 녀인의 손길처럼/주름주름 푸르러 흘러내린 산자락은/이슬에도 땀에도 눈비에도 함께 젖던/녀인의 그 치맛자락처럼//(…중략…)

아 녀인의 품에 안기여/태연히 웃고있는 산/나는 산의 표정을 그리고 싶습니다

-「산-녀인」(리연희, 『조선문학』, 2007. 3호, 위대한 수령님 탄생 95돐 전국문학축전 작품)

이 시는 북한에서 고난의 행군이라는 시련을 겪으면서도 미래를 위해 희생을 하는 여인의 모습을 묘사하여 북한 주민들에게 시적 감동과 미래에 대한 신심을 고양시키고 있다.

시 ≪산-녀인≫은 한생을 산과 함께 살며 그 산을 가꾸어온 너무나도 평범하고 순박한 녀성관리위원장을 노래하고 있다. 깊은 미학정서적의미를 안겨주는 이 체험세계의 분출속에서 우리는 ≪고난의 행군≫의 준엄한 시련속에서 우리의 사회주의를 목숨으로 지켜낸 개간자의 참모습, 자식을 소중히 안듯이 산을 품에 안은 녀인의 헌신적인 모습을 생동하게 표상하게 한다. 시는 고생을 고생인줄 모르고, 기울인 정보다 바쳐야할 그 정이 얼마인지 따로 헤아릴줄 모르는 녀인의 사랑의 노래, 모성애의

노래이다. 참으로 시에서는 평범한것 같으면서도 평범치 않은 거인의 모습, 사심없는 자각과 책임감, 깨끗한 량심을 지닌 산과 같은 거인적인간의 형상이 뚜렷이 떠오르는 것이다.

-김해월, 「우리의 선군시대에 대한 시인의 체험과 사색-올해 상반년 『조선문학』 잡지에 실린 시들을 중심으로」, 『조선문학』, 2007. 10호, 71~72쪽)

북한에서는 현실에 환상을 부여하는 낭만적 수법을 부르주아적 환상과 구별해 혁명적 낭만주의라고 부르는데 그것은 일반적으로 신심이 깊고 열정이 강렬해서 현실의 한계를 떨치고 미래를 앞당기려는 경향을 일컫는다.[242] 북한 문학예술은 작가들이 직접 현장체험을 통해 체득한 현실의 생생한 묘사와 비루한 현실을 열정과 믿음으로 극복해 미래를 선취하려는 낭만적 의지를 결합하는 과정을 통해 탄생했다고 할 수 있다.[243] 리연희는 생생한 현실을 묘사하면서 안음와 안김의 시어를 통해 미래에 대한 신심을 열정과 환상으로 표현한다. 이는 리연희의 시가 선군시대 주요하게 요구되는 혁명적 낭만주의 경향을 대표하면서도 시인만의 독특한 열정과 환상적 낭만을 표출하는 것으로

242 신형기, 「혁명적 낭만주의 시대를 넘어」, 『문예중앙』, 2000년 가을호, 129쪽.

243 이명자, 「'7-1경제관리개선조치' 이후 북한영화에 나타난 혁명적 낭만주의와 리얼리즘의 긴장관계」, 『정신문화연구』 제31권 제3호, 2008, 214쪽.

볼 수 있다. 리연희는 체제에 이바지하는 시를 많이 창작하였지만 사회주의 현실주제 시에서는 시인의 현실 체험이 낭만성과 결합하여 미래에 대한 신심을 환상적으로 표출하고 있다.

3절 리라순, 정의 서사

리라순은 강원도 벽촌 출생으로 1998년 '전국군중문학현상'에 「따뜻한 눈」이 당선되면서 작가의 길에 들어섰다. 북한에서 비정규 작가가 정규 작가로 되는 길은 무척 어려운데 리라순은 전국 군중문학 현상에 당선된 후 추천을 받아 김형직 사범대학 작가양성반에[244] 편입할 수 있었다. 이후 2006년에 '조선로동당 창건 60돐 기념' 전국문학축전 현상모집에서는 조선작가동맹 중앙위원회 작가의 신분으로 당선되었다.

리라순은 장군의 업적을 형상화한 「문수봉 기슭에서」 등의 작품을 창작하였으나 사회주의 현실주제 작품 창작에서 두각을 나타낸다. 리라순의 소설에는 공통적으로 여성과 과학, 청년 과

244 북한의 정규 작가양성 과정으로는 김일성종합대학 문학대학 창작과, 김형직사범대학 어문학부 작가양성반(3년) 등이 있다. 특히 김형직사범대학은 북한의 인문학 분야에서는 인정받는 대학으로서 작가지망생들에게는 '희망의 등대'로 일컬어지고 있다. 전영선, 「북한의 예술교육 체계와 예술교육 기관」, 단국대학교 부설 한국문화기술연구소 편, 『선전과 교양』, 경진, 2013, 37~49쪽 참고.

학자들의 좌절과 극복이 나타난다. 최근의 작품에서는 최첨단 돌파를 위해 국가에 자발적으로 헌신하는 여성 주체를 형상화 한다.

단편소설 「행복의 무게」(『조선문학』, 2001, 3호)에는 연구사였지만 연구에 지쳐 모든 것을 포기했던 '유경'의 이야기가 전개된다. 이 소설은 "대학을 졸업하고도 과학연구 사업이 고달프다고 하여 쉽게 살아가려고 가정에 붙박혀 있거나 린접부문에서 적당히 일하려는 적지 않는 녀성들에게 교양적가치가 큰 절박한 사회적문제라고 할수 있다"[245]고 하여 사회적 명분을 강조하지만 주인공은 개인적인 행복 사이에서 갈등한다. 결국 '유경'이 "인생의 극한점에서 끝내 자기 자신을 이겨낸 사람만이 진정한 삶의 기쁨과 행복의 참 무게를 느끼게 되는 것"(35쪽)이라는 깨달음을 얻는 것으로 마무리를 짓지만 그 과정 속에는 개인적 행복과 공적 사명 속에서 고민하는 여성의 모습이 형상화된다. 이 소설은 선군시대 북한의 경제발전과 강성대국 건설에 참여하는 청년과학자들의 모습을 잘 형상화하고 있다는 평을 받는다.

> 「행복의 무게」(리라순, 3호)는 청년과학자들의 형상을 비교적 특색있게 형상한 작품들이다. 이 작품들의 특성은 정보산업의 시대인 새 시대의 요구에 맞게 최첨단 과학기술을 개발하고

245 리라순, 「행복의 무게」, 『조선문학』, 2001.3.

> 도입하기 위하여 애쓰는 청년과학자들의 형상을 나라의 경제발전과 강성대국건설의 현실적 요구에 맞게 참신하게, 절절하게 그린 것이다.(리창유, 「탐구와 사색의 뚜렷한 자취」, 『조선문학』, 2001. 9. 29쪽)

단편소설 「내 사랑 내 하늘」(『조선문학』, 2007, 4호)은 환경공학부에서 일하는 '경주'라는 여성이 고무공장에서 생산능력을 높이기 위한 새로운 제진장치를 연구하는 모습을 형상화한다. 경주는 사투를 벌이면서까지 '우리 식의 중화제'를 찾아내고 보일러 폐수로 폐먼지를 중화할 수 있는 습식제진장치를 개발하여 후에 첫 여성환경 공학박사가 된다. 이 여성과학자는 진정한 사랑도 성취하여 가정을 이룬다. 이 소설에서는 진정한 사랑의 상대로 관료주의나 보신주의자가 아닌 열정적이고 성실한 남성상을 제시한다. 이 소설은 북한에서도 사회문제로 대두되고 있는 환경문제를 여성 연구자의 모습을 통해 제기한다.

> 환경오염을 방지하는 문제는 사람들의 건강을 도모하고 수도의 거리를 알뜰히 하는 데서 매우 중요한 현실적 문제로 제기되고 있다. 그러므로 이 작품이 제기한 사회적 문제성은 현실적 가치가 있고 의의가 있는 것이다.(리창유, 「시대의 요구와 작가의 형상세계」, 『조선문학』, 2007.8. 40쪽.)

리라순의 첫 장편소설 『사랑하시라』(문학예술출판사, 2009)

는 평양산원에서 벌어지는 일을 기본 줄거리로 하여 정과 사랑의 문제를 다룬다. 이 소설은 전체 6장으로 구성되어 끊임없이 정이 무엇인가, 사랑이 무엇인가를 묻고 독자들에게 "사랑하시라"고 요청한다. 소설 속 주요배경인 평양산원은 북한이 자랑하는 의료기관으로 산부인과 분야의 치료 및 예방, 기술 개발, 치료 장비 및 약품을 자체 생산하며 과학연구와 임상실험을 병행하는 곳이다. 이 소설은 평양산원의 의미를 여성들의 친정집이자 큰집으로 부각시킨다. 이 소설은 기술부원장 권일학이 평양산원으로 부임하면서 하경옥 여의사, 강학선 과장, 서범천 의사 등과 겪는 갈등과 사랑을 주요한 내용으로 한다. 주요 사건은 복강경수술 도입을 강력하게 주장하는 권일학과 전통 개복수술을 지지하는 강학선의 갈등이다. 또한 권일학의 원칙주의적 입장에 상처 받지만 그를 사랑하는 하경옥의 이야기도 전개된다. 권일학이 남성이지만 산과의사를 택하게 된 경위를 밝히는 부분에서는 산과의사의 중요성을 되짚는다.

권일학이 계속했다.

≪제가 잘못 생각하고 있었습니다. 두 생명을 다루어야 하는 산과야말고 종합적이며 녀성다운 부드러움과 정다움만이 아닌 용기와 결단, 힘과 무자비성이 필요한 그러한 과들중의 하나라는 것을 전 알게 되었습니다. 그리고 태여나는 애기들과 우리 녀성들을 위한 산과의사의 고결함과 긍지가 얼마나 큰 것인가

를! 전 그것을 군사복무기간 어느 한 섬초소에서 배웠습니다. 그래서 대학을 졸업하(38)면 꼭 산과의사가 되리라가고 결심했던 겁니다.≫(38쪽)

녀성 전문병원인 산원에는 서범천이나 강학선이처럼 중요한 모퉁이를 맡고 있는 남성의사들도 많다. 단번에 두 생명을 책임져야 할 산과의사들에게 남성적인 힘과 용기 그리고 결단이 필요하기 때문인지도 모른다.(44～45쪽)

이 소설은 정과 사랑의 의미를 모성에 비유하여 설명한다. 이 소설에서 정과 사랑의 의미는 강인하고 뜨거운 믿음이다.

여자란 곧 어머니일세, 어머니처럼 강하고 뜨겁구 한없이 자애롭고 정찬 품이 또 어디 있겠나. … 그리구 산과에 있는 하경이는 또 얼마나 이악하고 성실한지 몰라(46쪽)

왜 어머니가 자지자식을 매질하는가?
그것은 사랑하기때문이다! 자식이 귀하기 때문이다. (103쪽)

피와 생명, 수술칼과 인정… 진정 사랑이란 무엇인가? 무엇이 참다운 사랑인가?(143쪽)

얼마나 무서운 사람들인가! 얼마나 진실한 사람들인가? 훌륭하고 아름다운 사람들, 그들의 가슴속에선 고동치는 뜨거운 사랑… 이런 사랑이 있는 한 절대로 생은 꺼지지 않는다. 뜨거운 정과 사랑이 있는 한 인간에 대한 믿음도 영원히 변하지 않는다.(376쪽)

사랑하라! 그러면 모든 것이 다 열린다! (중략) 얼마나 뜻이 깊은 말인가. 마음의 문은 강요한다고 하여, 사정한다고 하여 열려지는 것이 아니다. 오직 참되고 진실한, 가장 뜨거운 정과 사랑만이 심장의 문을 여는 법이다. (378쪽)

그가 모르는 것이 또 있었다. 그것은 생명을 구원하기 위해 8시간, 대로는 12시간도 계속되는 피나는 수술로 바쳐지는 의사들의 진정한 사랑이나 서로의 우정과 의리를 지키는 동지적 사랑, 청춘남녀의 살틀한 련정을 포함한 이 세상 모든 크고 뜨거운 사랑의 밑바탕에는 모성의 진통처럼 사랑을 낳아 키우는 아픔이 동반된다는 것을 모르고 있는것이였다. (406∽407쪽)

무엇인 사랑인인가고? 그건 무엇보다도 아낌없이 바치는 뜨거운 심장이라고

사랑은 위대한 힘이라 한다. 바치는 것이라고 한다. 헌신이라고 한다. 사랑은 곧 열이며 빛이라고도 한다. 다 옳은 말이다. 그러나 여기에 한가지 더 첨부하고싶은 것이 있다. 그 모든 것의 제일 밑바탕에 깔려있는 것, 그것은 아픔이다. 새 생명이 태여날 때 겪는 모성의 진통… 그 신성한 아픔 속에서 태여난 억세고 진실한 사랑마이 헌신이라는 아름드리줄기로 자라나 사랑이 태

> 여나고 자라는 이 땅을 위해 모든 것을 깡그리 태우고 바치는 것이 아니겠는가? (424)

> 사랑은 바치는 것입니다, 헌신입니다, 우리의 피와 땀으로 지켜온 것이고 길이 빛내갈 우리의 조국이며 미래입니다....
> 사랑하시라! 우리 녀성들과 태여나는 미래를 그리고 더 아름다워질 우리의 조국을... 더 높이, 더 빨리 전진하여 우리 조국이 강성부흥하기를 바라는 사람들이여, 가장 뜨겁고 진실한 사랑을 안고 미래를 향해 꾸준히 걸어가시라. 우리의 모든 것, 우리이 미래와 우리이 이 땅을 위해 자신의 모든 것을 다 바치시라!...(425)

리라순의 최근 장편소설인 『은하수 흐른다』(문학예술출판사, 2012)는 '최첨단 돌파'를 위해 국가에 헌신하는 사람들의 모습을 형상화한다. 이 소설은 김정은 시대에 창작된 소설로 주민들의 식생활 향상을 위한 공장사람들의 고군분투를 주요하게 전개한다. 이 소설은 현대과학기술에 기초한 엿 생산 공정을 확립하는 내용을 중심으로 하여 김정은 시대에 중시하는 경공업을 다루고 있다. 이 소설의 주인공인 림성하 기사장을 비롯하여 여러 기사들의 노력으로 엿 가락 절단기 등의 기계설비들을 설계 제작하여 생산율을 높이는 과정이 소설 속에서 전개된다. 소설 결말 부분은 공장 사람들이 생산 공정을 컴퓨터로 조종하는 CNC기계들을 비롯한 기계설비들을 성공적으로 구축하고 국방위원장을 기다리다가 그가 급서했다는 소식에 슬퍼하지만 다시 일어선다는 내용이 전개되며 김정은 체제에 들어서면서 김정은의 지시로 평양곡산공장의 준공식이 새롭게 진행된다는 내용으로 마감한다. 이 소설의 제목인 '은하수 흐른다'에서 은하수는 북한의 생필품 상표 이름이다. 이는 이 소설이 김정은 체제가 추진하는 인민향상의 일환인 식생활 향상에 관한 소설이라는 것을 암시한다.

리라순은 여성 주제에서부터 수령형상화, 김정은 시대 최첨단 돌파 주제에 이르기까지 다양하게 소설을 창작하고 있다. 그 중심에는 정과 사랑을 기본 서사로 하는 감성적 글쓰기가 자리 잡고 있다. 정은 감정이나 정서, 정감이라는 말을 포함하는 폭넓은 의미로 사용되지만 정은 서로를 결속해주는 감정[246]으로 서로를 이어주는 것이다. 리라순의 소설에서 정은 사람들과의 관계 속에서 무르익고 서로에 대한 배려와 헌신으로 발전된다. 리라순 소설 속에서 사랑은 정과는 비슷하면서도 다르게 형상화된다. 정이 배려와 관심의 측면에서 형상화된다면 사랑은 정을 통해 생겨나지만 매섭게 상대를 강하게 일으켜주는 그 무엇에 해당된다. 리라순의 소설은 모성의 구현 등을 통해 정과 사랑을 표출하고 진취적이고 주체적인 여성을 형상화한다. 리라순은 소설 속에서의 여성, 과학, 과학자 간의 연관 고리를 통

246 강영안, 「정(情)의 현상학」, 『서강인문논총』제13집, 서강대학교 인문과학연구소, 2000, 36쪽.

해 국책 사업 혹은 체제에 부응하는 주체의 모습을 전달하고자 하였으며 정의 서사를 선보이는 감성적 글쓰기로 표출된다. 21세기 정보화 시대를 맞이하여 북한에서 달성하고자 하는 최첨단이 무엇으로 돌파되는가 하는 의문을 리라순의 감성적 글쓰기에서 찾아볼 수 있다. 리라순의 작품 속에서는 공장 현대화와 기술 혁신을 위해 헌신하는 주인공들의 자질의 바탕을 정과 사랑에 두고 있으며 이는 최첨단 돌파의 원동력으로 표현된다.

이 장에서는 2000년대 전후 선군시대라고 일컬어지는 북한의 체제 하에서의 북한 여성 작가의 감성적 글쓰기 양상을 살펴보았다. 1990년대 수령의 사망과 '유훈 통치기'를 거쳐 고난의 행군 시기를 겪고 2000년대 선군시대를 맞이하면서 연이은 재난과 위기의식이 문학적으로 표출될 때 일련의 북한 여성 작가의 글 속에서는 여성 특유의 감수성이 드러난다. 1990년대 후반 이후 북한의 사회적 변화와 위기는 북한 여성의 삶에도 많은 영향을 끼쳤으며 이는 문학적으로 형상화되고 고난의 행군 시기를 전후하여 여성 작가들의 활약이 두드러진다. 이 장에서는 1980년대에 비롯된 국가적 지원 하에 성장한 문학세대 중 감성적 글쓰기 양상을 선보인 북한 여성 작가를 선정하여 선군시대에 위기를 극복해 나가는 방식으로서의 글쓰기 양상을 고찰하였다.

선군시대 여성 작가들은 다양한 체험을 글로 표현하면서 세밀한 관찰을 통해 생활의 발견과 시대의 감성을 발현하고 있다. 이 장에서 연구대상으로 삼고 있는 렴형미, 리연희, 리라순의 글에서는 정서적 교감을 통한 감성적 글쓰기의 형태가 돋보인다. 이들은 군중문학 출신으로 생활 현장에서의 체험을 통해 선군시대의 이상과 감성을 분출한다.

렴형미의 시는 결혼과 출산, 육아의 경험을 통해 조화로운 감각, 돌보는 모성 역할에 대해 노래한다. 렴형미 시에 나타나는 '모성'은 남성 중심적인 부정적 질서에 대한 전복이 아니라 여성이 겪는 결혼, 출산, 육아 등의 본질적인 문제가 선군시대 북한이 겪는 문제들과 결부되어 이를 극복해내는 방식으로서 표현된다. 그의 시에서의 모성은 여성적 체험을 바탕으로 체제에 기여하려는 책임의식, 돌봄, 사랑으로 표현되고 이는 접촉의 시어로 형상화된다.

리연희 시에서의 혁명적 낭만은 열정과 환상으로 표출된다. 선군시대 북한 문학은 시련을 이겨내고 강성대국의 길에 들어서는 현실을 반영하면서 혁명적 낭만성을 구현할 것이 요구되는데 리연희의 사회주의 현실주제 작품을 살펴보면 이러한 시대적 요구를 잘 반영하고 있다. 이러한 시대적 요구는 여성 특유의 감성인 안음과 안김의 시어로 표출된다.

리라순은 사회주의 현실주제 작품 창작에서 두각을 나타냈다. 최근의 작품에서는 최첨단 돌파를 위해 국가에 자발적으로 헌신하는 여성 주체를 형상화하고 있다. 리라순의 소설에서는 정과 사랑의 의미를 모성에 비유하여 그 의미가 강인하고 뜨거운 믿음임을 강변하는데 이는 정의 서사를 이룬다.

3

김정은 체제에서의 감성의 동원과 작동

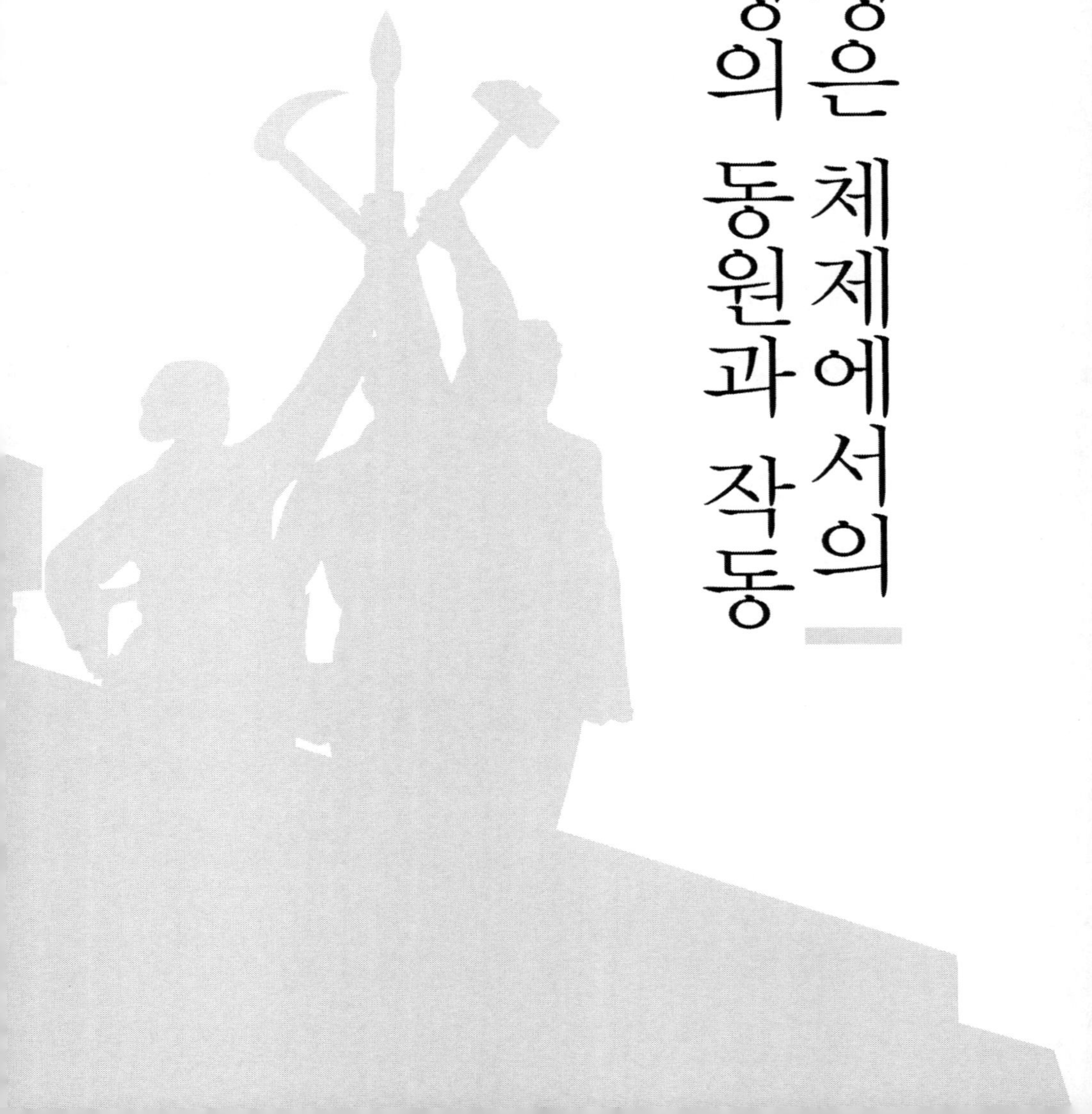

북한은 사회주의 체제를 유지하면서 가족국가, 민족국가라는 특징을 나타내는데 선군시대에 들어서면서 군대를 앞세운 군사주의 통치이념을 선보인다. 이와 관련된 사회통제의 메커니즘은 '감성'을 핵심으로 하는 문학예술을 활용하면서 전개되었다고 볼 수 있다.

북한의 김정은 정권은 천리마 시대를 답습한 새로운 대고조 시대를 강조하면서 국가 주도의 군중동원을 통해 국가와 사회 그리고 가족 집단에 이르는 내재적 순응과 사회통합을 도모한다. 무엇보다 체제 유지의 중심인 수령 승계 작업이 중시되는데, 김일성, 김정일, 김정은으로 이어지는 정통성을 확보하기 위해 다양한 장치들이 제시된다.

김정일 사후 등장한 신조어 '김정일애국주의'는 수령 중심 용어이면서 국가 구성원의 사회적 동원 근거로 활용된다. '김정일 애국주의'는 김정은이 2012년 3월에 인민군 전략로켓사령부를 시찰할 때 처음 쓰게 된 용어로 김정은 시대를 맞아 북한이 새로 내놓은 일종의 국가관으로 볼 수 있다.[247] 북한은 "전 인민을 김정일 애국주의로 튼튼히 무장시켜 온 사회의 김일성-김정일주의화 위업을 실현해나가려는 것이 우리 당의 의도"[248]라고 밝히고 있다.

2012년 5월12일자 노동신문은 「일꾼들은 인민에 대한 헌신적 복무정신을 깊이 간직하자」 제목의 사설에서 당 간부들에게 인민을 위한 헌신적 복무를 촉구하면서 "오늘 조선노동당은 전체 일꾼과 당원과 근로자들이 김정일 애국주의의 기치를 높이 들고 나갈 것을 바라고 있다"고 강조한다. 이어 김정은 국방위원회 제1위원장은 7월 26일에 「김정일 애국주의를 구현하여 부강조국 건설을 다그치자」라는 제목의 담화를 제시한다.

북한은 '김정일 애국주의'를 "주체사상, 선군 사상에 기초한 애국주의"로 규정함으로써 김일성 주석의 주체사상과 김정일 국방위원장의 선군 사상을 넘어서는 제3의 사상으로 김정은 시대의 새로운 이념임을 시사한다.

북한이 설명하는 '김정일 애국주의'의 핵심은 유일 지배체제의 근간인 수령중심주의이다.[249] '김정일 애국주의'는 김정일이 김일성의 주체혁명의 위업을 대를 이어 계승하였던 것처럼 김정은도 이를 계승하고 완성할 것이라는 의미를 지니며 인민들로 하여금 김정일의 조국애와 수령에 대한 충성이 최고의 애국임을 깨닫게 하는 역할을 한다.

247 「北 매체에 '김정일 애국주의' 일제히 등장」, kbs co.kr. 2012.5.22.
248 「김정일 애국주의 교양을 강화하자」『노동신문』, 2012년 5월 21일자
249 「김정일 애국주의' 김정은 시대 통치이념 되나」,
http://www.yonhapnews.co.kr/bulletin/2012/09/04/

김정은 체제에서는 김정일 시대에 이어 시대적 과업에 해당되는 '사회주의 강성대국'의 완수가 목표로 제시된다. 북한이 1990년대 후반부터 국가적 목표로 삼은 것은 '사회주의 강성대국'이고 2012년은 강성대국을 완성하는 해로 선포된 바 있다. 북한에서 강성대국이 처음으로 언급된 것은 1997년 7월 22일자 『로동신문』에서였다. 1998년 8월 22일자 정론에서 "강성대국 건설은 사상의 강국을 만드는 것부터 시작하여 군대를 혁명의 기둥으로 튼튼히 세우고 그 위력으로 경제건설의 눈부신 비약을 일으키는 것이 강성대국 건설방식"으로 규정되었다.[250]

김정은 체제에서 문학예술에 형상화된 '감성'의 양상은 선대에 대한 애도와 추모의 방식, 김정일 애국주의로 대표되는 삼대세습의 형태, 사회주의 강성대국 건설의 완수를 위한 도약의 형상화에서 살펴볼 수 있다.

250 1998년 8월 22일자 「강성대국」이란 제하의 『로동신문』 정론에서부터 '강성대국' 용어와 담론은 본격적으로 제기되기 시작한다.

1장

시공간적 감성: 집단 애도와 추모

1절 슬픔을 힘과 용기로!

2011년 12월 11일에 김정일이 현지지도를 다녀오는 열차 안에서 사망한 이후 북한 문학계에서는 김정일에 대한 추모의 글과 김일성부터 김정은까지 대를 이어오는 3대 계승에 대한 문학적 형상화 방법론이 대세를 이룬다. 이에 관해서는 북한의 대표적인 종합잡지인 『조선문학』에 잘 나타난다.

2012년도『조선문학』은 기존의 틀을 유지하면서 수령 사후 북한 문학의 향방에 대한 지침을 주요하게 제시한다. 머리글, 새해결의 묶음, 논설 등에서는 김정일이 현지지도 중 상을 당하게 된 것을 강조하여 '함남의 불길' 정신을 되새기고 '최첨단 돌파'라는 시대적 요구에 부응할 수 있는 문예적 표현에 관심을 기울인다. 1호는 김정일을 추모하는 글로 시작한다. 1호는 전체 80쪽 중 34쪽을 할애하여 김정일 사망에 따른 애도의 글과 국가장위위원회 공보, 조의의식에 관한 글, 추도대회 글, 상임위원회 정령, 추도시, 정론 등을 제시하고 있으며(1-22쪽) '잊을 수 없는 12월의 나날에'라는 지면을 만들어(23-34쪽) 김정일에게 조의를 표하는 작가들의 시, 수필, 추모의 글을 게재한다. 또한 잡지의 차례가 제시된 이후에도 머리글 전에 보도의 글과 시를 게재하여 김정일의 업적을 기리고 그의 계승자인 김정은에 대한 충성을 다진다. 5호에는 김일성 100돌을 축하하는 열병식에서 행한 김정은의 연설, 조선노동당 제4차 대표자 회의와 최고인민위원회 제12기 제5차 회의에서 김정은을 국방위원회 제1위원으로 추대한 내용을 제시하여 이 잡지가 북한의 관변잡지임을 다시 한 번 상기시킨다.

2012년도 『조선문학』은 전반적으로 김정일을 애도하면서 그의 유훈을 관철할 것을 다짐하고 후계자인 김정은에 대한 맹세와 신념을 다지는 한편 '강성국가 건설 대고조'를 독려하는 내용이 주를 이룬다. 특히 김정은의 영도에 따라 '슬픔을 힘과 용기로 바꿔' 현재의 난국을 이겨내겠다는 의지가 문학 속에서 구현된다.

평론 「피끓는 심장으로 선군혁명문학의 새로운 포성을 울리자」(김려숙, 3호)에서는 추도시를 소개하면서 이 시들이 "장군님을 잃은 절통과 슬픔을 용기로 바꾸어 김정은 동지를 따르려는 신념과 의지가 맥맥히 흐른다"(22쪽)고 평한다.

소설 「인간의 향기」(김혜영, 2호)와 「영원한 품」(김하늘, 3호)에서는 지도자의 사망 이후에도 내일을 위해 힘을 다짐하는 작업반원들, 어획반원들의 이야기가 형상화된다. 「영원한 품」에서는 수산성 부국장인 '림해철'이 물고기 수량을 확보한 상태에서도 명태 떼가 빠져나가기 전에 더 수확하기 위해 출항길에 오르는 이야기가 전개된다. 이 일행은 강행군을 하면서도 장군의 현지지도를 떠올리며 견딘다. 이들은 명태 떼 수확을 풍요롭게 하지만 김정일 장군의 죽음을 접하게 된다. 여기에서 특이한 점은 이들이 슬픔에 빠져 돌아오려고 할 때 그들이 할 일을 집행하라는 전보를 받고 하던 일을 마친다는 내용이 전개된다는 것이다. 이들은 장군의 죽음에 피눈물을 쏟을 정도로 슬퍼하지만 내일을 위한 대책을 세우는 김정은 동지를 받들겠다고 다짐한다. 이러한 내용은 현실의 슬픔을 내일을 위한 힘과 용기로 바꾸고자 노력하던 당시 기조를 반영한다.

2013년도 신년사에서는 이 해가 사회주의강성국가 건설의 전환적 국면을 열어나갈 거창한 창조와 변혁의 해라고 제시한다. 사회주의 문명건설이라는 슬로건 아래 과학자 기술자의 전형이 문학 속에 대거 등장한다. 또한 수령에 대한 송가에 대한 평론도 다수 등장한다. 북한문학에는 김정일애국주의라는 슬로건이 주요하게 사용되는데 이는 김정일을 잃은 슬픔을 되새기면서도 이를 후계자의 동력으로 삼는 구호처럼 존재한다.

북한사회에서 수령의 죽음은 인민들에게 깊은 슬픔과 상실감을 주지만 한편으로는 이 위기감을 돌파하는 하나의 계기로 삼게 된다. 또한 후계자의 수령 형상화 주제가 문학 속에서 주요하게 대두된다.

2절 집단 기억과 공간

북한에서 국가 최고 지도자의 죽음이 기억되는 방식은 특기할 만하다. 북한이 수령의 유훈통치와 영생론 그리고 숭고한 도덕의리를 강조하고 있는 것에 대한 의문은 여러 연구에서 진행되고 있다.

이종석의 연구에 의하면 북한에서 수령의 영생이 후대들의 숭고한 도덕의리를 이끌어내고 수령의 영생을 위해 김정일을 결사옹위할 것을 촉구하는데 이는 인민들의 숭고한 도덕의리임을 강조하는 논리로 나타난다.[251]

이우영은 북한 사회의 변화는 복합적인 요인에 의해서 진행되어 왔는데 최고 지도자의 권력이 과도하게 집중되어 왔던 북한체제에서 김정일의 사망과 김정은의 등장으로 사회변화에 미칠 수 있는 영향력이 상대적으로 크다고 본다.[252]

이지순은 김정일 사망 후에 출판된 추모문학집을 애도와 구원이라는 핵심어로 분석한다.[253] 이 연구에서는 수령 사후 슬픔을 딛고 신념을 강화하고 전대 수령의 삶의 궤적에서 자취를 보여주는 공간의 지표에 주목한다.

오삼언은 김일성과 김정일의 죽음을 다룬 『영생』과 『야전렬차』를 분석하면서 기억장치인 공간과 장소는 망각의 우려를 차단하고 기억을 확인하고 보존한다고 본다.[254]

251 이종석, 「북한 유훈통치체제의 현황과 전망」, 『군사논단』 제6권 1호, 1996. 144쪽.

252 이우영, 「김정은 체제 북한 사회의 과제와 변화 전망 」, 『통일정책연구』 21(1), 통일연구원, 2012. 83쪽.

253 이지순, 「김정은 시대의 애도와 구원의 코드」, 『어문논집』 69, 2013.

254 오삼언, 「『영생』과 『야전렬차』를 통해 본 북한의 지도자 형상 연구」, 『통일인문학』제74집, 2018, 180쪽

북한 문학에서 수령의 죽음은 국가 위기이자 국가체제 통합의 원리로 작용한다. 이야기 정체성을 "역사와 허구의 결합에서 비롯된 허약한 싹이면서도 독특한 정체성을 한 개인이나 어떤 집단에 부여하는 것"[255]이라는 관점에서 볼 때 북한에서 수령의 죽음은 하나의 이야기로 고정화되고 북한의 집단적인 정체성을 형성한다.

북한은 김정일 국방위원장 사망 이후 김정은 시대[256]를 맞이하여 체제 전환에 따른 변화에 대비하여 새로운 정책과 제도를 정비한다. 이러한 변화와 위기를 극복하기 위해 북한은 새로운 구호와 교양을 통한 선전선동을 통해 사회 구성원들의 역할을 구조화하고 있으며 이러한 체제의 변화는 구성원들에 대한 역

255 폴 리쾨르. 김한식 옮김, 『시간과 이야기』3, 문학과 지성사, 2004, 471쪽.

256 북한은 김정일 국방위원장 사망 이후 100일 간의 추모기간을 거친 뒤 김정은 체제로의 권력승계를 마무리하고 김일성 주석 100회 생일(태양절)인 2012년 4월 15일 대규모 군 열병식을 통해 '김정은 시대의 공식 개막을 대내외에 선포했다 .정창현, 「김정은 시대 북한의 정책전망과 남북관계」, 『역사와 현실』84, 한국역사연구회, 2012, 3쪽.
2013.4.11. 제4차 당대표자회의 개최: 김정은 당주앙군사위원회 부위원장을 당 제1비서겸 정치국 상임위원, 당중앙군사위원장으로 추대
2013.4.13. 최고인민회희 12기 5차회의: 국방위원회 제1위원장으로 선출
김정은이 김정일의 후계자로 알려진 것은 2009년 무렵이고 공시적으로 인정된 것은 2010년 9월 27일 조선인민군 대장 임명과 28일 3차 노동당대표회의에서 당 1비서로 추대되었을 때이며, 4월 12일에는 국방위원회 1위원장으로 추대되었으며, 2012년 7월 18일 공화국 원수가 되었다.

할과 위상의 변모를 야기한다.

북한 문학 담론과 텍스트에서는 이러한 현상을 반영하고 있는데 김정은 체제 이후 북한 문학의 특징은 계승과 변화로 설명된다.

이 시기 문학에서 수령의 이미지는 이전 시대와 중첩되면서도 아이와 청년들과의 연관성을 통해 미래지향적인 자애로운 아버지 상으로 형상화된다. 이에 대한 대중의 감성은 '숭고함'에 대한 경외와 '숭엄한 감정'에 휩싸이는 형태로 나타나는데 이러한 감성은 대중의 사상을 높이고 미래에의 낙관을 지향시키는 역할을 한다.

이와 관련된 숭고와 숭엄의 감성은 대중의 수령에 대한 충성을 이끌고 시대적 아름다움에 대한 자각을 통해 미래에 대한 신심을 이끌어낸다. 일련의 시에서는 김정일 서거에 대한 슬픔을 그와 영원히 함께 한다는 신념으로 바꾸어 김정은을 받들어 나가겠다는 의지로 전환하여 형상화한다. 소설에서는 김정일의 업적을 노래하고 김정은에 대한 매혹과 흠모의 정서를 표출한다. 논설에서는 김정은의 전우이자 동지로서 군민(軍民)이 경험하는 환희의 감정을 다룬다.

김정일 사후 시 관련 글에서는 주로 추도와 계승의 문학적 형상화에 주목하는데 김정일에 대한 추도시와 김정은을 형상화한 작품에 관한 내용이 많이 제시된다. 김려숙(논설, 2012년 3호)에서는 수령 후계자로서 김정은의 위대성을 강조하기 위해서는 '김정은의 뜨거운 사랑이 군대와 인민의 심장을 어떻게 매혹시켰는가', '태양의 위업이 어떻게 계승되며 천출명장의 담력과 배짱, 신념과 의지가 어떻게 이어지는가'를 형상화하여야 한다고 설명한다. 또한 올바른 일꾼들의 전형으로 '준엄한 시련의 시기에도 순결한 양심과 의리로 영도자, 당을 받들 줄 알고 인민을 위하여 참답게 복무'하는 자를 창조할 것을 주문한다.

그 내용에 따르면 김정일에 대한 슬픔을 영원히 함께 한다는 의지와 신념으로 바꾸어 김정은을 받들어 나가는 시, 김정일의 업적을 노래하고 김정은에 대한 매혹과 흠모의 정서를 분출한 소설, 김정은의 충직한 전우, 동지로 선군의 한길을 가는 천만군민의 환희의 감정을 장식한 논설, 장군의 가르침대로 한 편의 아름다운 서정시처럼 생명력을 발휘한 수필 등으로 김정일 사후 문학의 성과가 대별 된다. 이 글에서는 추도시 〈조선의 12월〉, 〈김정일장군의 인민이여 일떠서라〉를 소개한다.

추모설화, 시집, 수필 등을 다룬 글에서는(박춘택, 2012년 12호, 평론) 추모시집 『장군님 세월은 영원하리라』에 대해 장군 사후 비보를 접한 군대와 인민의 슬픔의 감정, 충정의 눈물 등이 잘 형상화되었다고 평한다. 운문평론(리정웅, 2012년 12호)에서는 김정일을 추모하는 시 「김정일장군의 인민이여 일떠서라」, 「야전차는 멎지 않았다」, 「병사들은 장군님을 못 잊습니다」, 「백두산은 솟아있다」, 추도시 「위대한 김정일동지의 령전에」, 시 「위대한 상봉」, 장시 「장군님세월은 영원히 굽이쳐흐르리라」에 대해 운문의 형식으로 평한다.

김정일의 업적과 위인상을 칭송한 〈광명성 찬가〉(2호), 장군이야말로 선군 조선의 강한 힘이라는 종자를 밝혀내는 가사 〈조선의 힘〉(2호), 700일 동안 언제를 쌓은 업적에 대한 칭송을 노래한 서사시 〈붉은 언제〉(2호)에 대한 글이 제시된다. 〈붉은 언제〉에 관한 글에서는 이 서사시가 장군의 내면 체험이 '단숨에'라는 세 글자에 응축되어 수령의 유훈을 실현하려는 지향과 염원, 맹세를 형상화한다고 평한다.

이외에 수령흠모의 송가라고 평하는 〈어디에 계십니까 그리운 장군님〉에 대한 해설(김정평, 2012년 4호), 2011년 『조선문학』에 발표된 백두산 위인들에 대한 그리움을 담은 시에 대한 해설(김봉민, 2012년 5호)에서는 시묶음 〈영원한 동행자의 발걸음〉이 장군의 믿음 속에 당의 영원한 동행자로 삶을 누려가는 작가들의 정신세계를 노래한다고 평한다.

김정은에 관한 시를 소개하는 글에서는 '발걸음'이라는 시어에 주목한다. 김려숙(논설, 2012년 3호)은 김정은을 칭송한 우수한 시로 〈발걸음〉, 〈인민이여 우리에겐 김정은대장이 계신다〉를 제시한 바 있으며 권선철(평론, 2012년 6호)은 가사 「발걸음」의 의미를 되새기면서 '발걸음', '척척척' 이라는 시어 반복이 기백 있고 박력 있는 운율 조직을 담보한다고 평한다.

이러한 시나 소설 평론 등을 살펴보면 북한에서 수령의 죽음은 시간과 공간의 이미지와 연결되면서 인민의 감성을 자극하여 도덕에 호소하는 역할을 하고 있음을 알 수 있다.

2장

감성적 문화정치: 총알 더하기 사탕알

1절 선군(先軍)에서 선경(先經), 사회주의 선경(先境)으로

김정은 체제는 총알로 설명되는 선군시대를 유지하면서 이에 사탕알도 필요하다는 논리를 펼쳐 민생안정 문제를 해결하기 위한 대책을 세운다.

> 그이의 뇌리에는 고난의 행군길이 시작되던 밤, 지금처럼, 창밖에서 눈발이 몰아치전 피눈물의 밤이 어제런듯 삼삼히 떠오르시였다.
>
> 어버이 수령님을 잃은 그해 마직막날 밤을 그이께서는 뜬눈으로 새우시면서 인민군군인들과 인민들에게 보내는 글을 쓰시였다. 모두다 수령님의 전사, 제자답게 한마음한뜻으로 굳게 뭉쳐 내 나라, 내 조국을 더욱 부강하게 한자는 서한이였다. 우리 아이들이 사탕알을 먹지 못해도 총알이 있어야 사회주의 조국을 지킬수 있으며 장차 총대에서 식량도 기계도 천도 다 나온다는 철의 진리를 인민이 리해해줄 때가 있으리라는 믿음

과 신념을 지니고 선군장정의 길에 오르시였다.[257]

김정은은 2012년 4월 27일에 '사회주의 강성국가 건설의 요구에 맞게 국토관리사업에서 혁명적 전환을 가져올 데 대하여'를 발표한다. 2013년 12월에는 '건설 부문 일군 대강습'을 진행하며 '건설의 대부흥기'를 제시한다.

북한에서는 2012년 7월 26일에 "김정일애국주의를 구현하여 부강조국건설을 다그치자"(『조선신보』, 2012년 8월 3일자)고 제시하였는데 "내 나라, 내 조국의 풀 한포기, 나무 한그루까지도 다 자기 가슴에 품어안고 자기의 더운 피로 뜨겁게 덥혀주는 참다운 애국주의", "우리식 현대화", '자기 힘과 지혜에 기초한 과학기술' '설비, 원료, 자개 국산화' 등을 강조하는 '자강력제일주의'[258]를 내세운다.

북한은 2000년대 후반부터 김일성 탄생 100돌이 되는 2012년에 사회주의 강성대국을 건설한다는 구호를 제시한 바 있다. 2012년부터 북한에서는 '인민의 락원'에 해당되는 만경대 놀이장, 릉라도 유원지, 평양체육관, 마식령스키장 등을 건립하고 있다. 2013년에는 '공화국 창건 65주년', '조국해방전쟁 승리 60주년'으로 신년사에서[259] 평양시, 지방 주요 도시 도로, 조경의

257 백남룡, 『야전열차』, 〈불멸의 향도〉, 문학예술출판사, 2016

258 류영철, 「자강력제일주의는 경제강국건설의 성과를 담보하는 근본방도」, 『경제연구』, 2016, 3,

259 올해는 평양시를 주체조선의 수도, 선군문화의 중심지답게 더욱 웅장하고 풍치수려한 도시로 만들며 모든 도, 시, 군들에서 거리와 마을,

현대화를 언급하고 '사회주의 선경' 건설을 천명한다.

북한은 사회주의 낙원이자 선경이라는 미명 아래 평양을 중심으로 대단위 주택거리와 유희 오락 시설을 건설하며 이를 사회주의 강성국가 건설의 이상향의 현주소라고 선전한다.

소설 「밝은 거리」(리용운, 『조선문학』 2014년 5호)에서는 도시와 농촌의 현대화를 위해 헌신하는 애국자의 모습들이 형상화된다. 시 「이 해를 보내는 노래」(한원희, 『조선문학』 2014, 12)에서 화자는 2014년을 돌아보며 "황홀히도 눈부신 기념비"인 사회주의 선경을 보며 감격한다. 그 대상으로는 '청천강 수백리 굽이굽이마다 소리치며 솟아오른 언제(댐)들, 사과바다, 송도원국제소년단양여소, 마식령스키장, 옥류아동병원, 과학자의 살림집들'을 제시한다.

2절 최첨단은 무엇으로 돌파되는가?

새로운 시대정신의 체현을 위해 사용되는 용어(슬로건)인 김정일 애국주의는 문학 속에서 애국자의 형상 속에서 형상화된다. 김정일 애국주의는 북한의 강성국가건설을 위한 지배적

조국산천을 사회주의 선경으로 꾸리고 인민들을 위한 현대적인 문화후생시설과 공원, 유원지들을 더 많이 건설하여 우리인민들이 새시대의 문명한 생활을 마음껏 누리도록 하여야 합니다. 『로동신문』, 2013년 1월 1일자.

담론의 형태로 인민의 낙원을 세우기 위한 애국 위업을 대중에게 강조하면서 대중의 애국적 열정과 희생이라는 감성을 이끌어내기 위한 장치로 사용된다. 소설에서는 건설장, 기업소, 탄광, 광산, 경공업, 농업 전선 등에서 헌신하는 애국자 형상에 관련된 작품들이 창작되고 시에서는 김정일 애국주의를 반영한 작품들이 창작된다.

김정은 시대 북한 단편소설에는 '최첨단 돌파(전)'란 구호가 많이 등장한다. 이 구호는 2010년 이후 『노동신문』 등에 자주 등장하여 북한의 선군시대의 과학기술 중시 사상과 인민생활 향상을 위한 지식경제 시대를 유도하고 있다. 이와 연관된 최첨단 시대는 인민생활 향상을 위해 수많은 근로 인민들이 헌신적 노력과 열정을 통해 최고속으로 대고조의 진군을 수행하는 시대를[260] 일컫는다.

북한의 최첨단 시대는 'CNC(computer numerical control 컴퓨터 수치 제어)기술에 의한 현대화', '혁명의 수도 평양시 건설' '광명성 발사' 등으로 상징화되어 문학 속에서 형상화된다. 그렇다면 최첨단은 무엇으로 돌파되는가 하는 의문이 제기되는데 문학작품에서는 현대적인 물질이나 혁신적인 변화보다도 김정은에 대한 인민들의 믿음, 사랑, 헌신, 애착에 의해 최첨단이 돌파되는 것으로 형상화된다.

260 오태호, 「'최첨단' 시대와 김정일 애국주의의 추구」, 『김정은 시대의 북한문학, 변화와 전망』, 제13회 국제한인문학회, 한국문학평론가협회 공동 국제학술대회, 2013. 6.7., 42쪽.

푸른 하늘에 우리의 위성이 날고 주체철과 주체섬유, 주체비료가 쏟아지고 우리 식 CNC화가 새로운 경지에 올라서고 백리사과바다에 웃음꽃이 넘쳐나는 오늘의 경사와 사변 밑에는 무엇이 있는가 (…중략…) 조국이라는 성스러운 것도, 영웅적 위훈이라는 고귀한 것도, 강성대국건설이라는 거창한 위업도 다름 아닌 작은 것으로부터, 애착이라는 열렬한 사상감정으로부터 싹트고 자라게 되는 것

단순히 애지중지하는 마음만으로는, 높은 이상과 새것의 창조가 없이는 애착에 대하여 말할 수 없다"면서 "'이쯤하면…'에 머무른 창조와 '보다 더 높이'라는 이상이 낳는 창조, 그 차이이자 애착심의 차이[261]

최첨단은 진보의 가장 높은 단계, 세계적으로 가장 발전된 수준을 의미한다. 때문에 최첨단은 완강한 의지와 창조력이 없이는 돌파할수 없다고 누구나 말한다. 옳은 말이다.

하지만 우리의 최첨단돌파, 그것은 뭇사람들이 말하는 의지와 창조력의 발현이기에 앞서 과학자, 기술자들에 대한 위대한 장군님과 경애하는 김정은동지의 하늘같은 믿음과 사랑의 숭고한 결실인 것이다.

경애하는 김정은동지께서는 다음과 같이 말씀하시였다.

《믿음을 떠나서 사랑이 있을수 없고 헌신이 있을수 없습니다. 확고한 믿음에 기초해서만 참답고 열렬한 사랑이 나올수 있으며 자기를 기꺼이 바치는 헌신도 나올수 있습니다.》[262]

261 「무엇으로부터 시작되는가」, 『노동신문』, 2010년 10월 29일자.

단편소설 「우리 삶의 주로」는 장 생산공정의 기계화에 관여하는 기초식품공장 식료기계기사인 '신해'를 중심으로 전개된다. 이 소설은 공장현대화와 기술혁신을 위해 헌신하는 주인공들을 통해 '인간의 삶의 목표'를 '최첨단주로'에 둘 수밖에 없는 이유를 역설한다.

> 한순간에 신해는 모든 것을 깨달았다. 낡고 진부한 것을 과감히 털어버리고 자신의 참된 리상과 목표를 향해 시대의 격류속에 사품쳐 내달리는 사람들, 부단히 자신을 채찍질하며 최첨단돌파의 강행군주로를 쉬임없이 달리는 사람들, 사랑도 개인도 오직 그 길에서만 찾는 그들이기에(… 이하 생략)(김경일, 「우리 삶의 주로」, 『조선문학』, 2012. 4. 78쪽)

단편소설 「꽃은 열매를 남긴다」는 1만톤 프레스의 현대화 체계설계에 대한 이야기를 연구사 '현아'를 중심으로 전개한다. 이 소설은 우리 실정에 맞게 우리 식으로 최첨단을 돌파하기 위한 자력갱생의 정신세계가 무엇인지 형상화한다.

> 최첨단돌파전의 벅찬 투쟁에서 내앞에 서있는 처녀, 새 세기 산업혁명의 미래를 위하여 자신의 영예와 공명을 아무런 사심도 없이, 주저없이 희생하는 처녀, 조국을 위해서 《나》라는 것을 깡그리 무시하고 아낌없이 바치는 순결하고 아름다운 현아

262 「최첨단은 무엇으로 돌파되는가」, http://cafe.daum.net/earthtruth/

의 지성세계에 인석은 아무말도 할 수 없었다.(김철순, 「꽃은 열매를 남긴다」, 『조선문학』, 2012.7. 41쪽)

단편소설 「안해의 풍경화」는 연구사인 남편 '나'가 그림을 그리기 위해 지방으로 출장을 다니는 아내 '화영'이 자신과 아이를 챙기지 못하고 집안일이나 총화모임에 소홀하자 섭섭한 마음을 가졌다가 아내의 활동을 보고 자랑스러워하게 된다는 이야기다. '나'는 아내가 정들인 고장의 통나무들이 가닿게 될 평양 수도의 살림집 건설장을 보며 어머니조국에 대한 사랑과 탐구, 노동이 담긴 하나의 거대한 풍경화를 떠올린다. 이후 아내는 '림산사업소'의 현장이 담겨 있는 '북방의 봄' 풍경화로 전국미술축전에 입선한다.

북한은 2013년 3월 31일 당 중앙위원회 전원회의를 통해 '경제건설과 핵무력건설 병진(竝進)노선'을 새로운 노선으로 선택한다. 1962년 김일성의 '경제·국방병진'이 국방에 초점을 맞추고 있다면 2013년 김정은의 '경제 · 핵무력 병진'은 경제에 초점을 맞추고 있다고 평가받고 있다.[263]

263 「국방-경제 병진, 김일성과 김정은 확연히 달라-김정은 핵무력 바탕에서 경제발전 강조…김일성 '4대 군사노선'으로 경제 발목」, 2013. 4.1. www.dailynk.com
"김정은이 처음 주도한 이날(2013.3.31.) 전원회의에서 첫 번째 안건으로 '주체혁명 위업 수행 결정적 전환을 위한 과업' 문제를 논의해 내놓은 결과물이다. 이번 '경제 · 핵무력 병진노선' 채택은 김일성 때인 1962년 12월 당 중앙위 제4기 5차 전원회의에서 채택한 '경제 · 국방 병진노선'을 떠올리게 한다. 북한은 이번 김정은의 '경제-핵무력 병진노선'을 단편소설 「어머니 품속에서」(석남진, 『조선문학』, 2013년 7호)는 김정은 시대 북한의 이상과 현실을 잘 드러낸 단편소설로 김정은 시대 핵경제병진정책에 대한 당대적 과제의 내러티브라는 측면에서 주목할 수 있다.[264]

이 소설은 군인과 국방과학연구사의 결혼을 통해 선군시대에 걸맞은 이상적 부부의 모습을 그리고 있으며 여성 연구사가 광명성 1호, 2호, 3호 작업에 연달아 참여하면서 겪게 되는 어려움을 해결해 주는 '특류영예군인' 가족의 헌신과 봉사의 미덕과 이 모든 것을 마련해 주는 어머니 당에 대한 칭송을 담고 있다.

> 한선희의 아버지는 특류영예군인이였다. 선희의 어머니는 특류영예군인청년을 사랑하여 결혼한 후 선희 아버지의 건강을 위해 한평생을 바치였다. 선희는 어려서부터 주위의 수많은 사람들이 영예군인아버지를 도와주는 과정에 스스로 형제가 되고 자식이 되는 것을 목격하였다. 선희의 아버지는 늘 딸에게 말하군 했다고 한다.
>
> 《넌 우리가 얼마나 고마운 제도에서 살고있는가를 명심해야 한다. 모든 사람들이 당을 받드는 그 한길에서 하나의 대가정이 되는 이 제도를 목숨으로 지켜야 한다.》(석남진, 「어머니의 품

김일성 · 김정일이 구현했던 '독창적인 경제국방 병진 노선의 빛나는 계승'이라고 밝혔다. 더불어 '새로운 높은 단계로의 심화발전'이라는 의미도 부여했다."

264 유임하, 「'전승 60주년'과 북한문학의 표정-『조선문학』(2013.7) 소재 소설에 나타난 전쟁기억의 양상」, 돈암어문학회 발표논문, 2013. 11.

속에서」, 『조선문학』, 2013.7. 71쪽)

국방과학연구사인 '엄정화'가 인공지구위성 광명성 1호 제작에 참여했을 때에는 조선로동당원의 영예를 지니게 되어 당원증을 수여 받고 평양 아빠트를 얻게 되었으며 이웃들의 축하를 받는다. 엄정화의 광명성 2호 제작 참여 때에는 딸아이가 이웃의 도움을 받아 김원균명칭 평양 음악 대학 입학수험자격을 획득하고 2호 발사 때에는 딸이 대학에서 수업을 받는다. 이 당시 김정일 장군과의 사랑의 기념사진을 찍을 수 있는 영광을 얻는다. 엄정화가《광명성-3》호 2호기 발사에 참가하였을 때에는 김정은 원수의 초청으로 평양 시내를 참관하고 모란봉 국립교향악단의 공연을 관람하면서 딸이 찬조 출연하여 독창을 하는 것을 보게 되는 기쁨을 누리게 된다.

이 소설은 국방 연구사인 여성이 자신의 일에만 전념할 수 있게 이웃, 사회체제 모두가 헌신해 주는 과정을 형상화하면서 이 모든 것을 해결해주는 조선노동당에 대한 칭송을 통해 대가정 제도를 행하는 이상적인 국가의 모습을 그리고 있다.

> 노래부르는 현주의 두 눈에서 맑은 것이 반짝이였다. 그는 관람석의 중심에 앉아있는 어머니의 모습을 띠여보았을 것이다. 그리고 어머니가 걸어온 생애의 자욱자욱을 눈앞에 떠올리면서 어머니를 이끌어준 우리 당의 사랑을 절감했을 것이다.(…중략…)

(어머니…) 하고 정화는 조용히 입속으로 불러보았다.

그의 두 볼로 뜨거운 눈물이 흘러내렸다.

(이 땅의 천만자식을 품에 안아 키워주는 조선로동당, 그 품속에 안겨 네가 자랐고 이 엄마도 자랐구나. 그 품속에서 이 땅에 행복의 화원이 만발했구나.

아, 고마운 당이여! 위대한 어머니이시여!)(석남진, 「어머니의 품속에서」, 『조선문학』, 2013.7. 73쪽)

평론 「총대는 무엇으로 강해지는가」(강철국, 『조선문학』 2016년 8호) 는 편집원과 평자의 대담 형식으로 구성되어 있다. 이글에서는 『조선문학』에 실렸던 「그 품을 알기까지」』(박성진 , 2015년 7호)를 분석한다. 이 소설은 주인공 '나' 선우순철과 종군기자 김석영과의 사연 속에서 한 가정이 남긴 피의 교훈과 '나'의 체험을 통해 1950년대 조국수호정신을 기린다. 이 평론에서는 순철 성격의 핵을 용감성으로 파악하면서 '절해고독의 운명 앞에서 좌절하지 않는 삶'에 대한 신념과 의지를 보이고 있다고 평한다. 이 글에서는 석영 성격의 핵이 죽음을 두려워하지 않는 승리에 대한 낙관과 믿음이라고 평한다.

이 소설에서 '총대는 무엇으로 강해지는가'에 대한 해답으로 제시하는 것은 5명의 무명전사의 영웅적 최후를 통해 기리게 되는 '수령결사옹위정신, 수령의 사랑과 믿음에 뿌리를 내린 영웅적 투쟁정신'이다.

이 소설에서 주인공이 진리를 체득한 내용은 '조국과 인민에 대한 사랑을 지닌 수령만이 조국과 인민의 운명을 지켜주고 그 총대를 억세게 틀어쥔 인민만이 자주적인 인민으로 자강력 제일주의 기치높이 존엄 높이 살수 있다는 역사의 진리'인 것이다.

3절 우주정복의 정신, 경제강국건설의 기백

『조선문학』 2013년 1호 사설인 「경애하는 김정은동지의 신년사를 높이 받들고 사회주의강성국가건설에 적극 이바지하는 명작창작전투에 더욱 박차를 가하자」에서는 "조선민주주의인민공화국창건 65돐과 조국해방전쟁승리 60돐"의 의의를 강조하면서 "우주를 정복한 그 정신, 그 기백으로 경제강국건설의 전환적 국면"을 열어가자고 주장한다. 이와 연관하여 '광명성-3'호 2호기 발사를 칭송하는 시들이 대거 등장한다.

> 얼마나 통쾌한 선군의 승리이냐
> 우리의 위성이
> 또다시 우주에 날아올랐다
> 또다시 조선이 세계를 뒤흔들었다
>
> -변홍영 「격정의 웨침」(2013년 3호, 50쪽)

이와 관련된 시로는 박정철의 「행복한 이 저녁 이밤은」(2013년 3호, 16~17쪽), 박성일의 「《광명성-3》호 2호기 너와 함께」(2013년 3호, 39쪽) 등이 있다.

북한은 당 제7차 대회를 앞두고 『노동신문』(2016년 4월 7일자)을 통해 "당과 수령의 두리에 사상과 뜻과 정으로 굳게 뭉친 군민대단결의 위력"을 높이 떨칠 것을 강조한다.

시 「폭풍치라 조국이여!」(방명혁, 『조선문학』, 2016년 8호)에서는 인민이 '높이 받들어 모신 김정은 동지'로 인해 조국은 더욱 젊어지고 창조와 변혁의 폭풍 속에서 사회주의 문명도시를 세우고 있다는 내용을 전개한다. 이 시에서는 풍작을 부르는 협동벌에서는 웃음소리가 들리고 막강해진 군사위력으로 원수들의 간담을 서늘하게 하며 복받은 아이들의 미래는 밝고 창창하게 될 것이라고 하여 김정은 시대를 기린다.

김정은 시대에 들어서는 과학환상소설이 대거 등장한다. 「《광명성-30》호에서 날아온 전파」(『조선문학』 2016년 8호)는 '광명성 30'호를 쏘아올린 상황에서 벌어지는 위험을 극복하는 모습을 상상하면서 전개하는 4장 구성의 과학환상소설이다. 이 소설에서는 우주공간 한 복판에 사회주의 강성 조선의 모습을 상상한다.

> 거대한 태양전지판을 거느리고 우주공간 한복판에 거연히 솟은《광명성-30》호! 우주에 비낀 저 창조물이야말로 영원무궁할 사회주의강성조선의 장엄한 모습이 아닌가!
>
> 장혁은 한동안 말이 없다. 탐구의 한길로 줄달음쳐온 나나들이 주마등처럼 눈앞을 스치며 가슴속에 크나큰 환희의 파도를 실어온다.

(…중략…)

장혁과 기사장은 창밖으로 시선을 던졌다. 저기 우뚝 솟은 송전탑들과 조국의 방방곡곡에 줄기차게 뻗어간 송전선들에서 전류의 동음이 미쳐온다.

《웅-웅!》

그것은《광명성-30》호에서 보내오는 우주발전소의 전류였다!(60쪽)

과학기술과 우주 정복에 관한 내용은 자력갱생으로 이루어진 북한의 자부심을 상징한다. 이와 관련하여서는 강문혁의「영원한 주소」(『조선문학』, 2016년 4호)를 살펴볼 수 있다. 이 글에서는 강성국가 건설의 지름길은 우리의 것, 조선의 것인 위성이며 이는 김정은의 영원한 사랑을 의미한다고 본다.

3장

주도된 감성과 균열된 감성: 계몽의 수사학과 일상의 감성

1절 조선속도, 단숨에, 단김에

『조선문학』 2012년 2호에는 '함남의 불길' 특집이 중요하게 제시된다. 〈영원한 그리움의 불길〉이라는 제목을 단 시묶음은 지나온 나날을 추억하고는 내용을 전개한다. 시 「불길처녀」(최정용)는 비날론 돌실 뽑는 일에 청춘, 희망, 꿈, 열정을 바친 처녀방사공의 헌신을 예찬한다. 수필 「불꽃」(김혜인)에서는 용접을 할 때 생기는 불꽃을 처녀들의 헌신에 비유한다. 북한에서는 함남의 불길을 주민정서 핵심으로 규정하면서 김정일 시대의 함남의 정신을 이어받은 김정은 시대에 대한 애국헌신을 강조한다.

'함남의 불길'은 북한의 산업 증대를 위한 성과를 의미하는 신조어로 김정일 위원장이 2011년 10월 16일에 함경남도의 비날론연합기업소 등을 방문해 성과에 대만족을 표하고 관련자들을 평양으로 초청했다는 보도가 계기가 됐다. 이 용어는 2012년 강성대국 건설을 위해 노동자의 생산성 증대를 독려하기 위해 만든 것으로 김정일 사후 그의 행적을 치하하고 함남이라는 모범지역을 선정해 집단적인 경쟁을 유도하고 그 성과를 확산시키는 전형적인 선전선동 방식에 해당된다. 또한 북한이 자체적으로 개발했다는 주체철과 주체섬유가 생산되고 있는 함남을 부각시켜 자력갱생을 강조하고 있는 것으로 풀이된다. '함남의 불길'이 강조되는 것은 북한의 경제 상황과 밀접하다. 북한은 2012년을 '강성대국 진입의 해'라고 강조해 왔다.[265]

2012년도 『조선문학』에 실린 〈편집부의 말〉에서는 단편소설을 평하면서 김정일애국주의를 자신의 이상이자 삶과 투쟁의 근본으로 삼고 조국의 부강번영을 위해 헌신하고 있는 선군시대의 애국자들, 시대의 전형들이 형상화된 작품으로 「재부」(희천발전소건설장), 「비날론을 사랑한다」(2.8비날론련합기업소), 「아이적 목소리」(탄광, 광산), 「꽃은 열매를 남긴다」(강선땅), 「우리 삶의 주로」(경공업전선), 「아흐레갈이」(알곡생산의 전투장인 농업전선)[266] 등을 들고 있다. 이 작품들에는 여성이 생산주체로서 여러 분야에서 헌신하는 모습이 형상화된다.

엥겔스는 사회주의가 도래하여 사적 소유재산이 철폐되면

265 「'함남의 불길' 뭐길래…北 연일 강조」, 『한국경제tv』, 2012년 1월 3일 http://wowtv.hankyung.com
「북 '함남의 불길' 강조...강성국가-주체 상징」, 2012.1.25. http://www.ytn.co.kr 함남은 함흥과 흥남, 단천을 포함하는 함경남도를 일컫는 것으로 비료와 기계 방직 공업단지가 집중 배치돼 있는 곳이다.

266 편집부, 「위대한 추억의 해 주체 101(2012)년을 보내며」, 『조선문학』, 2012.12. 77쪽.

성적 불평등은 자연스레 사라질 것이라 주장한다.[267] 그러나 사회주의 국가 건설을 완수했다고 하는 북한은 고난의 행군, 경제난, 수령의 사망을 겪으면서 국가의 권력을 활용하여 인민의 노동력을 통제, 동원해 왔다. 1950, 60년대에 농업협동화와 천리마 운동을 중심으로 펼쳐졌었던 북한의 가정의 혁명화 정책은 김정은 시대에도 이어진다. 국가의 강력한 개혁 속에서도 '효와 충'을 중심으로 한 인민의 역할과 의무가 증대된다.

특히 북한은 사회주의 노력경쟁 운동의 일환으로 이른바 '속도전 운동'을 제시하면서 내부자원 동원 및 인적역량 결집을 극대화하여 경제목표의 조기 달성, 초과 달성 등을 도모해 왔는데[268] 노동생산 주체로서 여성의 동원이 많이 격려되었다. 북한에서는 사회주의 노력경쟁 운동의 일환으로 이른바 '속도전 운동'을 제시하고 있다.[269]

267 프리드리히 엥겔스, 김경미 옮김, 『가족, 사적 소유, 국가의 기원』, 책세상, 2007, 132-133쪽. 참고

268 「北, 새로운 천리마 속도로'희천속도'제시」, unibook.unikorea.go.kr

269 '천리마 속도' : 1958년부터 전국적으로 진행된 천리마 운동 시기에 속도와 결합된 노력경쟁 운동 구호

'평양 속도' : 1958년 5개년 계획과 당해년도의 기본건설 방침에 따라 추진된 평양시 복구 건설과정에서 제시되었으며, 11년이 소요되는 평양대극장 건설을 18개월만에 완료하였다고 선전

'비날론 속도' : 1961년 흥남 비날론 공장을 건설하면서 시작, 계획 달성을 500% 수행하면 수수하고 1000% 수행하면 괜찮으며 3500% 이상을 수행하면 '비날론 속도'라고 칭했음.

'강선 속도' : 1970년 강선제강소 노동자들이 전년도 강철 생산량의 2배에 달하는 강철 고지를 무조건 초과달성할 것을 결의하고 전국적인

선군시대 애국 여성의 전형은 '준마처녀'[270], '희천처녀' 등으로 칭해지는데 이러한 명칭은 노동생산의 속도와 관련이 있다. 이러한 명칭은 새로운 속도에로의 동참을 이끄는데 천리마 속도, 평양속도, 비날론 속도, 강선속도, 희천속도[271]로 이어지며 최근에는 북한이 내세우는 구호인 마식령 속도전을 따른 마식령 처녀도 나올 정도이다.

준마처녀는 잘 달리는 말처럼 일을 잘하는 여성을 의미한다. 경제난이 심했던 '고난의 행군시기'(1990년대 중반 이후)를 벗어나면서 경제부흥에 주력해 온 북한은 일 잘하는 근로자에게 '선군시대 기수', '숨은 영웅', '선군시대 선구자' 등 각종 칭호를 부여, 근로의욕을 높이고 있는데, 준마처녀 역시 이러한 목적에서 나왔다. 북한 매체의 경제기사에서는 "연간계획의 완수자들인 준마처녀들", "꿈 많은 처녀시절 소중한 땀을 조국과 인민을 위해 바쳐가는 준마처녀들의 보람은 일터마다 노래되어 울려퍼진다", "000 동무는 올해에도 첫 달부터 혁신을 일으켜 공장에서 준마처녀로 불리게 됐다" 등의 구절을 쉽게 볼 수 있다.

운동을 호소

「분야별 북한 동향」, http://unibook.unikorea.go.kr/

270 《준마처녀》는 조선민주주의인민공화국의 노래이며, 가수는 현송월, 작사가는 리광숙, 작곡가는 안정호이다. 이 노래의 제목인 준마처녀라는 단어는 일솜씨가 좋은 여성에게 붙이는 칭호이다.(발매일 1999)

271 「새로운 천리마속도, 희천속도로 대고조의 위대한 승리를 이룩하자」, 『노동신문』, 2009.9.25. 김정일 위원장은 9.17일 희천발전소 건설장을 방문, "건설장에 흐르는 분과 초가 그대로 비약과 혁신이고 끊임없이 놀라운 기적이 창조되고 있다며 이 비상한 속도를 '희천속도'로 명명.

신문과 방송 등 매체들은 또 "준마처녀들은 지금 연간계획을 완수하고도 성에 차지 않아 장군님이 마련해 준 준마의 고삐를 더 억세게 틀어잡고 더 높이, 더 빨리 달리고 있다"고 전한다.[272] 성연일의 시 「딸의 모습을 보며」(『조선문학』, 2013년 8호)에서는 연간 계획을 앞당겨 위훈을 세우고 청년절을 맞이하여 무도회장에 참여하는 '준마처녀'의 모습이 형상되고 있다. 2013년은 또한 마식령스키장 건설이 본격화한 시기다. 이에 호응하여 2013년 후반부 『조선문학』에는 "마식령 속도"를 외치는 작품들이 다수 등장한다.

임순영의 단편소설 「희천처녀」(『조선문학』, 2012년 2호)는 희천발전소 건설과 관련하여 물길굴공법 등을 개발하는 희천발전소 돌격대원 곰처녀 '림경주'의 이야기가 전개된다. 이 소설은 조국의 내일을 위해서는 청년들의 애국의 마음이 중요함을 강조하고 있다. 석남진의 단편소설 「비날론을 사랑한다」(『조선문학』, 2012년 6호)는 '2.8비날론련합기업소'에서 16년 동안 생산이 중단된 '수령의 유산'으로서의 비날론이 다시 살아나게 하는 '로력영웅'들의 이야기가 전개된다. 수직방사공장의 방사공이었던 '박선미'는 남편과 다시 공장에 출근하여 '비날론'을 뽑아내는 데서 느낄 수 있는 희열과 희망에 동참하게 된다. 전충일의 「재부」(『조선문학』, 2012년 8호)는 희천발전소건설장에서 굴착기 운전수 아내 '최영희'가 희천발전소 완공을 위해 밤낮 일하

272 「北 문예계 `준마처녀' 주목」, 『연합뉴스』, 2005년 9월 17일

는 남편을 돕는 내용이 전개된다. 이에 대한 평은 다음과 같다.

> 결사관철의 투사들이 살며 일하는 여기 이 희천땅에서《나》의 존재가 과연 무엇이란 말인가고 생각하는 주인공의 정신세계의 밑바탕에는 분명 새로운 모습, 한 가정의 울타리 속에서가 아니라 시대와 집단과 동지들의 세계에로 한걸음 전진한 새로운 지향이 흐르고 있다.
>
> (…중략…)
>
> 소설은 이처럼 평범한 이 나라의 가정주부로부터 순결한 애국의 넋을 소중히 간직한 조국의 딸로 성장하는 주인공의 정신세계변화발전과정을 진실하고 생동하게 형상하였다.(함정남, 「꽃은 피여날수록 아름답다」, 『조선문학』, 2013. 3. 62쪽)

김정은 시대에는 인민생활 향상을 위해 '사회주의 문명국'이라는 용어가 강조되는데 2013년과 2014년 신년사에서 언급된 이후에 문학에서도 사회주의 문명국 건설에 이바지하는 작품이 많이 창작될 것이 요구된다.[273] 여기에서 사회주의 문명국 건설은 김정은이 국가 정책으로 내세운 문화생활과 여가생활 향유에 관련된다.

> 표말이여/ 너는 완공된 스키장에/ 하루빨리 경애하는 원수님

273 한정아, 「사회주의문명국건설에 이바지하는 작품을 더 많이…」, 『조선문학』 2013, 1, 31쪽

모실/ 그리움의 길 비약의 지름길로 온 나라를 부르는 진군의 리정표// 아 그길로 간다/ 〈마식령속도〉의 불바람 안고/ 내 조국 사회주의문명국의 상징/ 마식령스키장으로 나래쳐간다

- 함영주, 「그 길로 간다」, 『조선문학』 2013, 10.

위의 시에서 언급된 '마식령 속도'는 스키장 건설과 밀접한 연관을 맺지만 그 이면에는 김정은이 사회주의 건설의 새로운 전성기를 열어나가기 위해 내세운 상징적인 용어라고 볼 수 있다.

대화봉마루에서 령밑을 내려다보면 보름 전에 와보았던 호텔의 내외부와 그 주변의 모습은 또 얼마나 많이도 달라졌는가.

내 곁에서 건설장의 모습을 부감하던 할머니가 혼자소리로 중얼거린다.

"'마식령속도'가 뭔가 했더니 바로 저런 일솜씨야."

"우리한텐 과자봉지보다 마대가 생긴 것이 더 기쁩니다. 이런 마대가 많아야 더 많은 모래와 자갈을 나를 수 있거던요."

이 '마식령속도' 창조자들의 눈에서 불꽃이 튀고 있었다. 아니, 불길이 타번지고 있었다.

-박혜란, 「마식령의 병사들」, 『조선문학』 2013. 12, 76~77쪽

이에 대해서는 마식령 속도 담론과 관련하여 살펴본 연구가 있다. 김성수는 북한의 새로운 지도자인 김정은의 면모를 '단숨에'라는 동원 구호와 '마식령 속도'라는 체제 건설방식의 새로움

을 추상적으로 상징화한 담론으로 살펴본다. 이에 의하면 북한의 사회문명국 건설에는 '감성이 휘발된 채 레토릭만 남은' 속도 강박증이 지적되는 것이다.[274]

2절 과학기술 강국과 사회주의문명강국 강조의 이면

최근의 북한문학에는 과학기술 강국임을 과시하고 사회주의문명강국임을 자랑하는 문학 작품이 대거 등장한다. 특히 핵에 관한 시나 소설에서는 '아름답다'라는 표현을 사용하여 그 힘의 의미를 감성과 연결시킨다.

> 그 시각은 새벽이였다,
> 어버이는 웃고 자식들은 울고, 정신차릴 사이없이…,
> 원수님 계시여 온 세상이 아름답다
> -김경남, 「핵과 평화」, 『조선문학』, 2017, 9.

> 원수님은 웃음 속에 말씀하시네
> 우리가 쏜 로케트에서
> 지구를 쭉 내려찍은 것을 보니
> 정말 기분이 좋다고

274 김성수, 「단숨에, 마식령 속도로 건설한 사회주의 문명국: 김정은 체제의 북한문학 담론 비판」, 『상허학보』 41집, 상허학회, 2014, 545쪽.

온 세상이 다 아름답게 보인다고

지구는 수십억 인류의 집 삶의 터전
마땅히 아름다워야 한다
그이는 지금 아름다운, 아름다워야 할
이 행성을 안으시고 세상을 호흡하신다

아, 바라보느니 아름다운 세상
이 세상을 어지럽히는 악한의 무리
어느 구석에 처박혀 핵구름 토하느냐
우리의 탄도탄이 악한의 소굴 찾아
구석구석 네놈들 둥지를 노려본다

세상이여 끝없이 아름다워지라
세상에 풍기는 악취를
아름다운 꽃향기로 날려보내고
이 세상 뒤덮는 핵구름을
찬란한 비행운으로 밀어버리며
원수님 아름다운 지구를 가꾸신다
아, 그이는 온 세상 아름다움의 수호자이시다
박현철, 「나는 아름다운 행성을 본다」, 『조선문학』 2017, 9.

이러한 내용은 핵에 대한 이미지를 강한 힘과 불의를 물리치는 김정은의 아름다운 행위로 전치시킨다. 한편으로는 과학기술 시대에서의 배움과 노동을 장려한다.

> 영옥아, 과학기술의 시대인 오늘날 너처럼 나이 젊다고 육체로동으로 두세곱 일을 해가지고서는 언젠가도 사람구실을 못해. 배워야한단 말이야. 과학기술전당이랑 새로 일떠섰는데 평양견학가서 많이 배워가지고 오너라." [275]

과학! 로케트과학은
과학의 첨단이여서
애오라지 그것 위해
정을 다 쏟고 사랑을 다 주며
어머니는 자기의 한생을 바쳤던가

온 세계가 오늘도 찬양하는
그 녀성과학자 큐리부인이였다면
그렇게도 이악하게 탐구의 길을 갔을가
자식도 가정도 미처 돌볼새 없이
끝없이 바쁘게만 살았을가

내 철없던 소녀시절
기다림에 기다림에 애가 타던
그날 그밤들에 나는 생각했더라
로케트는 어머니의 자식

275 김창림, 「생활의 선율」, 『조선문학』, 2017년 11호, 51쪽.

로케트는 어머니의 가정
-김옥남, 「나는 과학자의 딸이다」, 『조선문학』, 2017, 11.

아래의 시는 풍요롭고 강한 인민의 낙원인 사회주의 조국을 칭송하는 11연의 내용으로 진행된다. 이 시는 '유희장, '단풍'호들의 만선, '화성들 불가항력의 위력, 로동당, 인민의 락원' 등을 핵심어로 제시하면서 만리마 시대인 현재에 대한 감격을 노래한다.

기뻐하노라
건설의 이 조화
비상한 이 속도
시대의 새 풍치
(…중략…)
그 누구건 부여안고 마층터놓고싶어라
좋구나 새 거리
새 정류소 새 이웃들과
아침마다 제집자랑 다시 나누는것도
야영가는 아이들의 웃음에 묻혀
흰머리 다 잊고 동심에 젖는것도
-백의선, 「이 땅에 사는 것을 기뻐하노라」. 『조선문학』, 2017. 10. 5-6쪽.

3절 인민사랑, 인민희생

김정은 시대에 들어서면서 지도자의 인민사랑을 강조하는 내용이 논설 등에 많이 등장한다. 박춘택의 논설 「위대한 김정은 시대 작가의 최대의 사명」(『조선문학』, 2014년 1호)에서는 지도자의 인민 사랑과 인민 존중의 예를 들면서 김정은의 위대함을 형상화해야 한다고 강조한다.

김정은의 현지 시찰을 소개하는 시나 소설에는 김정은과 인민과의 에피소드를 통해 김정은의 인민사랑을 기린다. 그 일례로 최근의 『조선문학』에는 「사랑의 천리 행복의 만리 – 위대한 헌신의 자욱을 따라서」(백리향, 2018년 7호) 주제의 시 묶음을 통해 김정은의 인민사랑을 노래한다. 새로 개건된 조선혁명박물관이나 평영버섯공장 현장, 강서약수공장 등을 찾아가서 인민을 독려하는 김정은의 사랑이 문학으로 형상화된다. 276

단편소설 「우리의 하늘」(주설웅, 『조선문학』, 2017년 10호)은 기상수문국에서 날씨 예보에 관련된 일을 하는 림학과 그의 딸 림기옥의 대를 이은 노력과 충성에 대한 이야기로 도덕적 양심과 책임성, 인민성, 이민위천의 의미를 되새긴다.

> 우리 인민이 어떤 인민인가.
>
> 문득 이전 기상수문국 국장이였던 림학의 모습이 떠오르시

276 백리향, (시묶음) 「그이는 오시였다」, 「버섯의 나라」 인민사랑의 샘줄기」, 『조선문학』, 2017년 8호

였다.

오성산에 내릴 비를 마치도 자기의 과오로 하여 쏟아진 폭우처럼 여기며 량심의 가책으로 쓰러지기까지 했던 그였다. 아침이슬보다 더 맑고 깨끗한 량심을 지닌 사람이였다.(20쪽)

김정은동지께서는 그들의 무책임성의 원인도 인민관이 바로 서있지 못한데 있음을 간파하시였다.(20쪽)

그 앞에 인민의 생명이 있다는 것을, 그우에 인민의 안녕이 있다는 것을 나는 왜 진정 생각해보지 못했던가. 며칠전에 그이께서 기상수문국사업이 인민생활과 관련되여있다고 말씀하시였을 때, 그 진수를 어째서 인민사랑의 립장과 태도에서, 인간사랑의 정신에서 분석해보지 못했던가.(21쪽)

전통과 현대가 공존하는 김정은 시대의 여성 형상화는 기존의 '공산주의 어머니'라는 모성담론에 혁명적 여성상이란 담론이 부가되어 국가 권력에 순응하는 여성성을 만드는 기제로 작동한다, 북한 문학에는 어머님과 어머니가 구분되어 형상된다. 강반석과 김정숙은 민족투사와 지도자를 키워낸 어머님이자 수령결사옹위자로서 존재한다. 이와 별도로 어머니에 대한 문학적 형상화는 군인의 어머니, 어머니당 등으로 표현된다.

김정은의 후계체제를 안정적으로 구축하려 했던 북한 정권의 정치적 전략은 강성국가 실현을 위해 수령결사옹위 정신을 유지하는데 보위자로서의 어머님에 대한 담론이 유지되고 있다. 김정은 시대 '김정일애국주의' 용어는 인민들로 하여금 수령

결사옹위 정신을 추동하게 하는데 특히 아버지인 수령을 보좌하는 어머님의 혁명적 역할이 강조되며 이에 대한 담론은 문학 속에 형상화되고 있다. 2013년 이후 『조선문학』에는 강반석과 김정숙에 관한 글들이 많다

북한 문학에서 김정은은 당과 인민의 최고 영도자, 선군영장, 백두의 영장으로 표현되는데, 그의 성품으로 너그러움, 자상함, 탁월한 지도능력, 배포와 담력 등이 강조되며 이를 결사옹위하는 '어머님'의 형상화를 통해 사회주의 조국에 충과 효를 다해야 함을 인민들에게 교양하고 있다. 김정숙은 수령을 보위하는 영원한 해발로 형상된다. 평론 「영원한 충정의 해발에 대한 감동깊은 예술적 화폭」(김순림, 『조선문학』, 2012년 9호)에서는 김정숙 탄생기념 단편소설집(5)인 『해빛』을 소개하면서 김정숙을 항일 투사이자, 헌신성과 충직을 지닌 주체형의 혁명가로 평가한다. 시 「영원한 전사」(『조선문학』, 2012년 9호)에서도 수령에 대한 충성을 형상화한다.

-수령님!
태양이 있어 해발이 있듯
이 정숙이는
언제나 수령님을 받들어
전사의 도리를 다하고 있을뿐입니다.
(김길성,「영원한 친위전사」중)

김정은 시대에는 총대가정에 관해서도 강조한다. 군인과 결혼한 여성이 총대가족을 이루어 보람되게 사는 모습이 문학 속에서 형상화되어 있다. 시 「군관의 안해들」(렴정실, 『조선문학』, 2013년 7호)에서는 군관의 아내들의 헌신을 행복이자 사랑으로 칭송한다.

이외에 '3.8국제 부녀절 기념'인 「태양의 축복받은 우리 녀성들의 노래」(『조선문학』, 2012년 3호)가 있다. 또한 북한은 2012년 11월 16일에 '어머니날'을 제정하였는데, 이를 기념하는 시 「어머님들에게 드리는 노래- 첫 어머니날을 맞으며」(김재원, 『조선문학』, 2012년 11호), 단시묶음 〈검은머리 백발이 된 오늘날에도〉(김경남 단시 「불빛」, 「신발」, 「걱정」, 『조선문학』, 2012년 11호), 수필 「어머니로 사는 기쁨」(전이련, 『조선문학』, 2012년 11호) 등이 있다. 「어머니로 사는 기쁨」에서는 평양산원을 접하는 화자가 이전 세대와 달리 선군시대의 복 받은 아이들을 품에 안은 행복과 긍지에 넘치는 어머니의 모습을 이야기한다.

김정은 체제 하에서의 여성은 국가의 요구에 자발적으로 헌신한다. 그런데 문학적으로 형상화된 여성의 현실을 살펴보면 국가의 요구에 충실할수록 현실에서는 갈등을 일으키고 있음을 알 수 있다. 그 갈등의 양상은 소설 속에서 찾아볼 수 있다. 갈등의 요소를 찾아보면 북한 문학의 담론이 현실과 이상의 간극을 보여주는 사실주의로 기우는 경향을 발견할 수 있다. 실제 국가는 이상적인인 것을 요구하지만 소설 속 생활세부 등을 통해 드러나는 현실적 문제점들은 여성의 갈등을 통해 파악할 수 있다. 소설 속에 형상화된 갈등의 종류는 남녀 갈등, 가족 구성원과의 갈등 등이다. 이러한 갈등을 통해 국가의 통제에 지배 받고 이에 충실하려는 여성의 모습은 오히려 가정과 사회에서 갈등을 야기하고 문제점을 제기하게 된다.

단편소설 「안해의 풍경화」(최성진, 『조선문학』, 2011년 2호)에서는 자신과 아이를 챙기지 못하는 아내의 활동에 불만을 품는 남편의 모습이 나타난다. 결과적으로는 아내의 그림을 통해 구현된 평양 풍경을 보고 남편이 그것에 대해 자랑스러움을 느끼게 되지만 과정상으로는 여성의 사회활동으로 인해 갈등이 야기되고 있음을 보여준다.

단편소설 「어머니의 품속에서」(석남진, 『조선문학』, 2013년 7호)는 군인과 과학 연구사의 결혼을 통해 김정은 시대 이상적인 가정의 모습을 보여주나 현실 속에서는 주위를 도움을 받지 않고서는 가정을 지킬 수 없는 여성의 이야기가 나온다. 주인공인 여성 연구사는 국가의 일로 가정에 소홀하고 이에 죄책감까지 느끼게 된다.

단편소설 「사랑의 열매」(리기창, 『조선문학』, 2012년 7호)에서는 수령 탄생 100돌인 2012년을 맞아 동해의 진펄을 개간하는 일을 맡은 청년돌격대 '련결기계공장'의 성호와 시원림사업소 김진주의 이야기가 전개된다. 진주는 성호의 사랑구애에 대해 질책을 하고 개인의 '사랑의 열매'를 조국에 대한 '사랑의 열매'로 만들어야 함을 강조한다. 여기에서는 개인적 사랑보다 조국이 먼저라는 의식을 갖는 여성을 통해 북한 여성이 생각하는 사랑의 의미를 생각해 볼 수 있다. 개인의 사랑보다는 집단의 사랑인 동지애를 우선시 하고 그 모든 것의 바탕이 조국애여야 하는 여성의 모습을 통해 국가를 우선시 하는 여성이 현실에서 진정한 사랑을 찾아가는 과정이 힘들다는 것을 알 수 있다 .

단편소설 「꽃은 열매를 남긴다」(김철순, 『조선문학』, 2012년 7호)에서는 1만톤 프레스 현대화체제 설계를 맡아 나선 남녀 과학기술자들의 갈등을 통해 공적 국가적 임무의 중요성을 피력하고 있다. 여성 과학자인 현아가 남성 과학자인 인석의 설계안을 인정하기까지의 과정을 통해 개인적인 갈등이 공적 임무 속에서 봉합되는 과정을 선보인다.

단편소설 「인간의 향기」(김혜영, 『조선문학』, 2012년 2호)에는 말썽꾼 기계다리 기용만을 교화시키는 여성이 등장한다. 기용만은 35세 외톨이로 아버지 병사 후 고난의 행군 때 가정생활의 곤란을 겪고 떠돌아다니다가 법적 처벌을 받는 사람으로 주인공이 교화시켜 모범농민이 되게 한다.

조선로동당 제7차대회를 앞두고 진행한 200일 전투의 과정도 문학에 형상화된다. 시나 소설의 소재로 등장하는 200일 전투의 모습은 청년이나 여성의 희생이 당연시 되는 내용으로 형상화된다.

시초 〈청춘은 백두산과 함께 빛난다〉(『조선문학』, 2016년 8호)의 시들은 고난을 이겨내고 임무를 완성하는 청년들의 땀과 열정을 노래한다. 김설향의 「우리는 서두수를 길들였다」는 모진 겨울을 이겨내고 언제를 완성한 청년들의 이야기가 나온다. 「난 어쩌면 좋아요」에서는 주먹밥 먹을 시간도 아까워하면서 언제에서 일하는 동무들 때문에 식사보장 전투계획을 절반도 수행 못한 시적 화자가 본인의 전투기록장에 뭐라고 적어야 하는지 걱정하는 내용이 전개된다.

또한 평양 건설을 위해 희생하는 어머니들을 칭송하는 시모음도 있다. 리연희의 시초(『조선문학』, 2016년 8호)에서는 여맹돌격원인 어머니의 자부심을 형상화한다. 「녀인들의 배낭」에서는 어머니의 배낭 속엔 삽, 마대, 호미, 작은 모래채 등이 있으며 언제나 대건설 전투에 임하면서 무겁지만 탓하지 않고 웃고 있다는 내용이 전개된다.

> 어머니들이 웃고있구나
> 너희들에게 사탕 한알 더 물려주고싶던 소원
> 눈부신 공장으로 솟아오르고 있다
> 초소에서 돌아올 너희들의 꿈
> 저 과학기술전당으로 펼쳐졌구나
> 어머니들의 어깨우에서
> 하많은 행복의 창문들이 웃고있구나

송정우는 「벼꽃이 폈어요!」(『조선문학』, 2016년 8호)에서 200일 전투 동안 사랑과 정을 벌에 아낌없이 쏟아 부은 분이가 '벼꽃이 폈어요!'라고 외치는 소리를 행복의 꽃이 폈다는 의미로 되새긴다.

김정은 시대의 문학을 살펴보면 국가의 요구에 따르지만 현실 제반여건에 상충하는 인민의 모습을 발견할 수 있다. 이를 통해 자주 담론 하의 생산주체로서의 인민, 최첨단 담론 하의 지식인으로서의 인민이 국가에 의해 왜곡되고 굴절되어 개인적인 안위와 행복보다는 공적 담론 아래 희생하고 헌신하는 모습으로 형상화됨을 알 수 있다.

4

포스트분단 체제에서 남북 문화통합 기초로서 감성

해방 이후부터 현재까지 70여 년간 남북한 상호 연구를 살펴보면 전반적으로 1960년대 이전까지는 북한에서의 남한 문학 연구가 우세했다면 1990년대 이후에는 남한에서의 북한 문학 연구가 우세한 경향을 띤다. 대체적으로 북한은 '반동적 부르죠아' 문학으로서 남한 문예사조를 인식하고 이를 미학담론이나 민족주의 담론으로 이끌고 있으며 남한은 정치적 변화에 따른 북한의 문학적 형상화 과정을 연구하여 왔다.

남한에서 북한 문학을 바라보는 시각에 대해서는 일련의 선행연구를 통해 살펴볼 수 있으나 북한에서 남한 문학을 바라보는 시각에 대한 연구는 드문 실정이다. 남북한 문학 연구에 대한 고찰 이전에 생각해 볼 것은 남북의 상호 인식으로 분단 이후 남북은 각각의 체제를 구축하는 과정에서 타자이자 적으로서 존재해 왔다는 점이다. 최근 통일정책분야 연구에서는 남한에서 북한의 존재는 '타도의 대상', '극복의 대상', '교류와 협력'의 대상으로 그 의미가 변화해 온 것으로 정리한다.[277]

277 전미영, 「북한에서의 남한연구 현황과 특징: 대북, 통일정책 분야를 중심으로」, 『사회과학연구』 18(2), 서강대학교 사회과학연구소, 2010. 243쪽.

북한에서 남한 문학에 대한 인식은 1950년대 중반 이후부터 본격적으로 살펴볼 수 있는데 이 시기 북한 문학계에서는 '반동문학'의 일환으로 남한 문학을 바라보고 있다. 북한에서의 남한 문학 연구는 195,60년대 문예창작방법론 논의에서 가장 활발하게 진행되었고 이후 남한 문학에 대한 소개 자체가 드물었으며 소개된 남한 작가나 작품에는 정치적 이데올로기가 반영되어 있으며 이에 대한 진위 여부도 불분명한 상태이다.

해방 후 북한에서는 문학예술 과제로 식민지 잔재를 청산한 토대 위에서의 민족문학론을 주장하였으며 사회주의 리얼리즘 창작방법을 정립하기 위해 부르주아적 사상미학의 잔재를 비판하였다. 여기에서 부르주아적 사상미학에 해당되는 것은 당적이며 계급적이며 인민적인 문학예술에 반하는 것을 일컫는다.

북한에서 1950년대에 부르주아적 사상 미학의 잔재로 인식하고 있는 대상은 '반동적 부르죠아 사상'을 유포하는 남로당 계열의 임화, 이태준, 김남천 등과 해방 전후의 이광수, 김동인, 염상섭 등의 문학과 '미제의 사상적, 문화적 침략으로 이루어진' 남한 문학이다.

북한에서는 남한 문학을 '제국주의에 복무하는 반동문학', '썩어 빠진 각종 부르주아 반동미학'으로 규정하여 남한의 문학을 비판한다. 또한 남한의 문학가를 '미제국주의의 식민지 노예근성'에 사로잡힌 반동작가로 규정한다. 북한에서의 1950년대 부르주아 문학 비판은 사회주의 미학의 확립의 근거로써 작용하는데 북한 문학에서는 척결해야 할 대상으로서 반동문학을 거론하면서 도식주의와 종파주의, 자연주의 경향을 비판하고 민족유산 계승의 문제를 논한다. 남한 문학을 자연주의 일환으로 비판하고 있는데 남한에는 퇴폐주의적 자연주의의 경향성이 범람하고 있으며 이는 "인간 증오 사상과 동물주의의 선전", "민주진영에 대한 중상 비방과 전쟁 선동" "인간 허무주의와 무저항주의의 설교" "데카당적 방탕과 음란한 색정주의 예찬" "고위한 민족 고전의 왜곡 말살과 세계주의 배양"이라고 설명된다. 278

1950년대 중반 이후부터 1960년대 중반까지 북한은 남한의 문예사조에 대해 반동적이라는 명목 아래 지속적으로 비판하는데 이는 문학 유산 계승과 전통 확립에 관한 문제와 연결된다. 북한은 남한의 문학이 문화유산이자 전통인 프롤레타리아 문학의 혁명적이고 사실주의적 전통을 말살하고 매국적 부르주아 문학을 전통으로 파악하면서 미제와 이승만 정권에 복무하여 자본가들의 계급적 이해를 반영한다고 비판한다. 279

북한 문학의 경우 남한문학에 대한 언급이 천편일률적으로 적대적이지만 1990년대 이후에는 통일지향적인 측면에서 새로운 인식을 선보이기도 한다. 북한에서의 남한 문학 인식은 시대

278 김하명, "미제에 복무하는 남조선반동문학"(『로동신문』, 1956. 3), 『새문학건설』(문학예술종합출판사, 1993), p. 373.; 박종식, "남조선에서 미제가 류포하는 부르죠아 반동 미학의 본질"(1957), 『새 시대의 문학』(조선문학예술총동맹출판사, 1964), p. 267.; 고정옥, "해방 후 15년간의 조선 문예학 - 문학사 연구 및 고전 계승 사업을 중심으로", 『조선어문』, 1960. No.5, 99쪽.

279 계북, 「남조선의 반동적 부르죠아 미학의 정체」, 『조선문학』, 1956.6. 180쪽.

별로 편차를 보이는데, 1950년대에는 자연주의, 형식주의, 수정주의 비판의 일환과 문화유산 계승의 측면에서 남한 문학을 분석하고 있으며 1960년대에는 남한 문학의 진보적 경향을 보고하기도 하고[280] 1980년대에는 모더니즘 비판의 일환으로서 연구되고[281] 1990년대 이후에는 통일 문학의 대상으로서 남한 문학이 고찰되기도 한다.

전체적으로 남한 문학에 대한 적대적인 태도는 변함이 없지만 90년대 이후 통일 지향이라는 명목 하에 남한의 진보적 작가를 소개한 점은 특기할 만하다. 실제로 '반동'이나 '부르죠아' 문학으로 치부되어온 북한에서의 남한 문학 인식은 해방 이후부터 현재까지 북한 문헌들을 통해 고찰해 볼 수 있다. 북한의 주요 매체인 『조선문학』, 『문학신문』, 『청년문학』, 『로동신문』 등을 살펴보면 북한에서의 남한 문학 인식이 꾸준히 제기되고

280 리원곤, 「남조선 문학의 현 상태를 보고」, 『근로자』218호, 1963년 4호, pp. 38-44.; 경일, 「남조선 문학의 진보적 경향」, 『근로자』238호, 1965년 21호, pp. 35-42.; 리상현, 「최근 남조선 문학예술의 경향성」, 『근로자』205호, 1962년 제12호, pp. 33-36.

281 김하명, 류만, 「남조선에 류포되고 있는 부르죠아문예사조의 반동적본질과 그 해독성」, 『조선문학』 397, 1980.11.; 최언경, 「남조선에 류포되고있는 부르죠아소설문학의 반동적본질」, 『조선문학』401, 1981.3.; 장형준, 「남조선에 류포되고있는 '순수문학'론과 그 문학의 반동성」, 『조선문학』405, 1981.7.; 한중모, 「남조선에 류포되고있는 모더니즘시문학의 퇴폐성과 파국상」, 『조선문학』409, 1981.11.; 박종식, 「남조선에 류포된 아메리카니즘과 민족허무주의사상의 독소」, 『조선문학』 420, 1982.11.; 박종원, 「허무주의와 염세주의를 고취하는 남조선 부르죠아문학의 반동적 본질과 해독성」, 『조선문학』 422, 1982.12.

있으며 시기별 시각의 차이가 존재함을 알 수 있다.

남한에서의 북한 문학에 대한 인식은 선행 연구를 통해 살펴볼 수 있다. 북한 문학 연구 성과와 현황에 대한 최근의 검토는 2000년대 초중반과 2010년 전후에 체계적으로 이루어졌다. 이들 연구사에서는 북한 문학에 대한 연구 시각을 '상호고발과 냉전논리에 의한 대립적 비판적 시각 → (북한 문학의 내적 논리에 의한) 내재적 접근 방식 → 역사주의적 접근 방식 → 통일(통합) 문학, 민족 문학 모색' 등으로 정리하고 있다. 남한의 북한 문학 연구는 1988년 월북문인 해금 조치 전후로 나누어 볼 수 있는데, 1990년대에는 남북 화해와 협력 분위기 속에서 북한 문학에 대한 객관적 연구의 토대가 마련되었으며 2000년대 이후에는 이론과 자료의 양적 보완으로 북한 문학 전반에 대한 연구의 진전이 이루어졌다. 무엇보다 전문가들의 공동연구 토대가 마련되어 각론적이며 산별적으로 이루어졌던 북한 문학 연구가 학문화되고 객관화되어 여러 결과물을 산출하고 있다.

남한에서의 북한 문학에 대한 인식과 향후 통합 가능성과 그 원리에 대해서는 북한 문학사를 다루는 연구들을 통해 고찰해 볼 수 있다. 권영민은 남북 문학의 통합원리로서 문학정신을 강조하고 김윤식은 한국 근대문학사를 관통하는 근대성의 원리로서 남북 문학사의 통합을 주장한다. 최동호는 통일문학사 서술의 논리로서 '① 포괄의 논리 ② 사실의 논리 ③ 근대성 극복의 논리 ④ 민족문학의 논리'를 기반으로 하면서 여기에 민족 주체 문학의 확립, 세계문학과의 연관성 속에서 민족문학의 관계 설정이 필요하다는 점을 강조한다. 이러한 문학사들은 그 성과에도 불구하고 시대구분이나 근대성을 바라보는 남북한의 차이를 고려하지 않은 채로 남한 중심의 통합 문학사 관점을 선보인다는 문제점을 지닌다. 이외에 북한 문학 연구의 성과물로 『북한문학사론』(김윤식, 1996), 『북한문학사』(신형기, 2000), 『북한문학사』(김용직, 2008), 『북한의 우리문학사 재인식』(민족문학사연구소 남북한문학사반 연구반, 2014) 등을 생각해 볼 수 있다.

북한문학 연구 방법론을 시기별 주요 논자별로 살펴보면 김재용은 북한문학을 검토하면서 탈냉전적 시각의 필요성을 제기하며 김성수는 통합문학사 기술을 위한 공통분모로서 민족문학과 리얼리즘을 강조하고 상호상승식 통합 방법을 제안한다. 신형기는 '같은 기원과 같은 과제 찾기'를 제시하면서 남북한 문학이 보여주는 차이와 동질성을 유기적으로 파악하고 또 그것들이 통시적으로 전개되는 과정을 고찰할 필요가 있다고 주장한다. 최근에는 기존의 북한문학 연구방법론에 실증적인 분석이 필요함을 제기하여 문학 텍스트 개작과 해석의 문제를 검토하고 매체와의 연관성을 고찰하고 있다.

> 따라서 이 글에서는 원본의 발굴 및 오류 수정뿐만 아니라 개작본에 대한 검토, 각 시기별로 호명하는 대표적 정전에 대한 연구, 북조선 정전의 소거와 소환을 통한 배치와 재배치에 대한 연구 또는 더 나아가 북조선 사회의 욕망에 대한 복원 작업까지,

이들 연구의 필요성과 이런 작업을 위해서는 공동 연구 또한 절실함을 말하려 했다. 282

본 발표는 북한 문예미디어에 대한 매체연구이자 문학연구로서 양자의 정치주의와 문화통치, 그리고 그 이면에 담긴 매체담론과 주체의 역동성에 주목한다. 이는 북한 사회 특유의 정치지향/통치수단적 문학의 특징과 사회적 기능을 삼투한 개념이자 '사회주의 문학에서 주체문학예술'로 변모한 문예사의 역사적 흐름이 매체 환경과 문학예술의 존재양상과 어떤 역학관계인지 탐색해보겠다는 의도의 산물이다.

이러한 문제의식을 가지고 북한문학 연구사를 되돌아보니 연구사 대부분이 지닌 문예정책의 텍스트반영성에 주력했던 기존 접근법에 대한 반성부터 아니할 수 없다.283

이러한 연구들을 살펴보면 남한에서의 북한 연구에는 통합 문학사에 대한 공감대가 형성되어 있고 북한 문학에 대한 시각으로는 내재적이고 객관적인 시각과 남북한 사이의 자기중심적 통합의 과정을 극복하기 위한 동북아 체계 혹은 세계사적 관점 견지의 시각이 필요함이 제기됨을 알 수 있다.

282 남원진, 「북조선 시문학 연구를 위한 제언」, 『한국현대문학연구』41, 한국현대문학회, 2013, 12. 83-84쪽.

283 김성수, 「북한 문예미디어와 체제반영 70년의 드라마: 북한 문예 매체 연구 시론」, 〈2015 북한 연구학회 하계학술회의: 분단 70년, 북한 체제의 변화 평가와 전망〉, 북한연구학회, 2015. 6. 25. 466쪽.

남북 상호 문학 연구에서는 이념적 대립으로 인한 상호 배제를 통한 각 공동체의 결속이 나타난다. 남한에서의 북한 문학 연구는 상호 특수성을 인정하고 상호 비교론적 접근에서 내재적 접근으로 전개되어 북한 문학을 독자적인 문학으로 인정하고자 하는 경향으로 흐르고 있지만 여전히 상대방을 타자화하는 자기중심적 통합주의가 나타난다.

북한의 경우에는 1967년의 주체사상 확립 이후 1926년 '타도제국주의동맹' 결성을 현대사의 기준점으로 삼았고 문학예술에서는 항일혁명문예 전통을 강조하여 남한과는 이질적인 문학적 특성을 보인다. 항일혁명 문학예술은 일제하 김일성 주도의 항일무장투쟁 과정에서 창작되었다고 하는 혁명문학으로, 북한은 이를 유일한 혁명적 문예전통으로 인정하면서 이 전통을 계승, 유지, 발전시키는 문제에 많은 관심을 기울이고 있다. 북한은 현재까지도 끊임없이 혁명 전통을 교양하고 유일사상 체제를 유지하기 위한 방편으로 항일유격대원의 불굴의 혁명정신을 강조하고 있다.

남북 상호 문학 연구는 자기중심적 통합주의, 선택 시기의 집중화, 담론과 텍스트의 균열이 나타난다. 각론보다 총론 중심적이며 연구 범위가 제한되어 있고 시대사적 의미에서의 담론이 부각되어 이에 부합되는 텍스트를 취사선택하는 문제점을 나타내고 있다.

남북 상호 문학 연구는 역사적 사건이나 정책적 사건 중심으로 전개되었으며 정치적 변화에 따른 문학적 형상화 과정을 중시하여 체제 특징을 전제로 하여 텍스트를 해석한다. 북한에서는 195,60년대 남한의 문예사조에 대한 집중적 비판이 이루어졌고 남한에서는 시기적으로 해방공간에 대한 논의에 집중(카프, 월북 작가 연구 중심)되었으며, 수령형상문학과 선군담론 등에 경도되어 있다. 이러한 시점에서는 남한의 순수주의와 북한의 이념주의에 대한 상호배타적 시각의 극복을 위한 상호융합과 발전의 가능성을 모색해 볼 필요가 있다.

분단 시대 이후 남한과 북한 문학의 공통점과 차이점을 생각해 볼 때 통합 혹은 이해의 기초로서 '감성'의 측면을 생각해 볼 수 있다. 북한 문학이 "인간의 사상 감정과 생활 흐름의 합법칙적 과정을 생활 그대로 표현하는 론리"를 가져야 한다는 주체문예이론을 바탕으로 성립하며 북한에서 문학예술이 "인간의 창조적 활동의 특수한 형태로서 현실의 미적 현상을 창작가의 높은 사상미학적 이상을 거쳐 재현한 현실에 대한 미적 평가이며 사람들을 숭고한 미적정서와 감정, 미적이상으로 교양하는 사회의식의 한 형태"로 간주됨을 염두에 둘 때 북한 문학에서 감성은 중요한 표현과 방법의 동인으로 작용함을 알 수 있다.

북한은 해방 이후부터 체제 순응을 위해 문학예술에서의 감성을 활용하여 왔으며 이는 시기별로 차이를 보인다. 문학에 형상화된 수사학적 형태는 긍정교양을 통한 감화, 내면화된 양심을 통한 희생과 헌신의 삶 유도, 숭고와 숭엄을 통한 체제와 수령에 대한 충성심 등으로 나타난다.

북한 감성론은 문학예술의 이론적 토대와 창작의 방향을 제시하는 조직의 정비[284]와 문예정책에서 찾아볼 수 있다. 1953년 9월에 개최된 제1차 〈전국작가예술가 대회〉에서는 '부르주아 미학의 잔재'에 물들어 있는 기존의 〈조선문학예술총동맹〉을 해체하고 별도로 조선작가 동맹을 발족할 것이 제기되었다. 여기에서는 애국주의와 대중적 영웅주의가 논의되었고 고상한 도덕성으로 인민을 교양할 것이 요구되었다.

북한은 전후 복구건설을 서두르고 인민경제계획과 사회주의 개조를 본격화시키면서 노동력을 동원하기 위해 공산주의적 인간 개조를 추구하였고 긍정교양을 통한 감화의 효과를 내세웠다. 1967년 이후부터는 '온 사회의 주체사상화'를 주장하면서 수령의 전일적인 지배가 강조되던 시기로 주체문학은 '수령형상창조'를 위해 기억과 호명의 감성이 작동되어 '불멸의 력사' 총서 등이 제작되었다. 1980년대에는 '주체의 인간학', '공산주의적 인간학'이 제시되면서 '집단적 결속화를 위한 '동기화의 지배원리'가 작동하고[285] 숨은 영웅 찾기가 문학에서 주요한 주제가 되었다. 주체시대에 문학에 형상화된 감성은 영웅적인 모습을 위해 헌신과 희생을 감내하는 사상을 고양시키는

284 〈북조선 예술 총련맹〉 결성(1946.3.3.5) → 〈북조선 문학예술총동맹〉 결성(1946. 10.13~14) → 〈조선문학예술총동맹〉 결성(1951.3. 10.) → 〈조선작가동맹〉(1953.3.26.) 조직 → 제1차 〈전국작가예술가대회〉(1953.9.26.~27) → 제2차 〈조선작가대회〉(1956.10.14.~16) → 〈조선문학예술총동맹〉 재결성(1961.3.2)

285 권동우, 「1980년대 북한 소설과 동원의 정치학」, 『인문연구』 62호. 2011, 9쪽.

역할을 하였다.

1990년대와 2000년대에는 수령의 사망과 '고난의 행군'을 겪고 이를 이겨내기 위해서 수령후계자에 대한 변함없는 '충성과 효성'을 다하는 것만이 '인민의 고상한 사상 감정'이며 이를 고취하는 것이 문학의 사명으로 강변되었고[286] 수령에 대한 보은과 섬김의 정당성을 극대화[287]시키고 현재를 추동하는 힘으로 과거의 상처를 동원하여 북한 사회의 위기 극복 양상의 문제를 진단[288]하려는 현상이 나타났다.

2000년대 북한 문화예술에서는 선군시대를 이끌어나가는 기본바탕이 되는 감성으로는 숭고한 것과 희극적인 양상이 주를 이루었다. 이 시기 문학을 살펴보면 '웃음'과 '숭고', '숭엄'의 감성이 주요하게 표출된다. 선군시대 숭고의 감정은 혁명적 군인정신과 총대미학에 구현되고 있다. '선군'의 의미가 군인들의 혁명적 수령관과 동지애를 포함하고 있기에 숭고한 감성은 숭고한 동지애와 수령 결사관철의 정서로 흐른다. 이 시기에 형상화된 숭고의 감성은 수령과 장군의 숭고함을 말하는 것이며 인민들이 혁명적 군인정신과 결사관철의 정신 등으로 무장될 때

286 김성수, 「북한의 '선군혁명문학'과 통일문학의 이상」, 『통일과 문화』 1, 통일문화학회, 2001. 93-94쪽.

287 박영자, 「선군시대 북한 여성의 섹슈얼러티 연구: 군사주의 국가권력의 성(性) 정체성 구성을 중심으로」, 『통일정책연구』15권 2호, 2006. 158쪽.

288 오창은, 「선군시대 북한 농촌 여성의 형상화 연구」, 『현대북한연구』 제13권2호, 북한대학원대학교, 2010.

비로소 숭고의 감성을 따라 배울 수 있다.

북한 감성론이 미적 범주론을 설정하고 있는데 기초적 측면에서는 일반적인 미적 범주론과 별 차이가 없다. 남한의 경우 조동일의 미적 범주를 생각해 볼 수 있다.

조동일의 경우[289] 미적 범주인 '숭고미, 우아미, 비장미, 골계미' 4가지를 주체와 객체의 관계양상을 기준으로 하여 정리하고 있다. 이에 따르면, 숭고미는 객체가 위대해서 우위에 있고 주체는 이에 압도되어 양자가 분열 모순되지만 궁극적으로 양자가 긍정적 관계에서 몰입되어 융합되는 미적 범주이다. 우아미는 주체와 객체의 관계에 처음부터 대립과 모순이 없이 완전히 조화된 균형을 이룬 융합형태의 미적 범주이다. 비장미는 우월성으로 인해 주체와 객체가 분열과 모순을 보이지만 주체가 대상에 대해 부정적 관계를 가지면서 양자가 적극적으로 통일되는 미적 범주이다. 그리고 골계미는 객체가 비소하고 주체가 우위에 서 있어 양자가 대립과 모순을 이루고 있지만 인간적 위대성이 고양된 숭고와는 달리, 그 인간적 위대성이나 가치가 공허하게 되는 미적 범주이다.[290]

남한과 북한에서 감성을 구분하는 방식은 기본적으로는 미적인 범주에서 출발하는데 이는 서구 이론과도 일맥상통한 면이 있다.

현재까지 전통 미학의 미적 범주론은 '아름다움', '숭고함',

289 조동일, 「미적 범주」, 『한국사상대계』, 성균관대출판부, 1976.
290 박성봉, 『감성시대의 미학』, 일빛, 2011.

'희극적인 것', '비극적인 것' 등으로 대별된다. 감성의 기본 형태는 '존중, 경멸, 고매함, 겸손, 교만, 존경, 멸시, 희망, 걱정, 안심, 절망, 집착, 망설임, 경쟁심, 담대함, 비겁, 두려움, 가책, 야유, 조소, 부러움, 동정, 자기만족, 후회, 호의, 감사, 배은, 분노, 노여움, 명예심, 치욕, 파렴치, 혐오, 유감, 희열' 등으로 볼 수 있는데 데카르트는 정서를 정념이라 제시한다.[291]

칸트에 의하면 숭고미는 어떤 대상이 미적 판단력에 관한한 불쾌감을 일으키면서도 합목적적으로 표상되는 곳에서 성립되는 것이며 이 경우 선행하는 불쾌의 도가 강하면 강할수록 두에 따라오는 쾌가 크다는 것이 숭고의 감정이다. 딜타이는 객관이 주관에 완전하게 적응하여 불쾌가 섞이지 않은 충족상태를 이상미라고 봤는데, 이것을 중심으로 한쪽에는 자아에 대한 대상의 우월에 바탕하는 미로써 가련(可憐)과 골계를 배치하였다. 이 방법을 더욱 조직적으로 발전시킨 것이 데스와르의 범주론이다. 데스와르에 의하면, 숭고와 비장은 각각의 주관에 대한 객관의 우월(큰 대상)에서 유래하고, 우미(優美)와 골계는 각각 객관(작은 대상)에 대한 주관의 우월에서 유래한다는 것이다. 하르트만에 의하면 이것은 주로 영웅적인 서사시에서 나타나는 것이다. 오성호는 북한 문학 전체의 미학적 기초를 설명하는 데 숭고의 개념은 대단히 유용하다고 평가한다.[292]

---

291 르네 데카르트, 『방법서설 성찰 철학의 원리 정념론』, 동서문화사, 2007.

292 오성호, 「북한 시의 수사학과 그 미학적 기초」, 『현대문학의 연구』 제

하르트만의 『미학』에서도 미의 종류를 숭고미, 우아미, 희극미로 나누고 있다. 그는 여기서 모든 '자연'이나 '인간'생활 일반에서 느낄 수 있는 모든 대상에서 신적인 또는 초월적인 것, 절대적인 것, 위압적인 것 그것 자체는 숭고한 것과는 분리되어야 하되 단 이것이 적당한 거리에서 '관조'하는 자세로 될 때 그 '주관'에서 미가 발생하다고 말함으로써 이를 숭고미라고 했는데 이 범위 속에 흔히 말하는 비장미도 포함된 것으로 볼 수 있다. [293]

감성을 도덕적 인식과 연관하여 살펴본 이론가는 흄이라고 볼 수 있다. 감성을 힘의 작용으로 본 이는 자크 랑시에이다. 그는 정치와 연결시켜 정치의 기저에는 어떤 감성학esthetique이 있다고 명하였다. 피에르 부르디외의 견해에 따르면 감성은 정치적 대상물에 긍부정적 영향을 미칠 수 있는 조작 가능한 특징을 가지게 된다.[294]

북한의 주체미학론은 주도적 감성론의 입장에서 감성을 활용한다.[295] 선군시대 북한 문학에 형상된 숭고의 감성이 수령과 장군의 '고매한' 사상 정서에 관계된다면 숭엄의 감성은 숭고한

24집, 한국문학연구학회, 2004, 390쪽

293 진찬영, 「미적 범주에서 본 남북한 시의 비교」, 『비평문학』13, 한국비평문학회, 1999, 487-489쪽.

294 최경희, 「북한 감성정치의 메카니즘 -- "우리식" 이념과 주체미학의 논리구조를 중심으로-- 」, 북한연구학회, 〈북한연구학회 춘계학술발표논문집〉 2015.

295 김정본, 『미학개론』, 사회과학출판사, 1991, 280쪽.

대상에 대한 대중의 감정 고양으로 나타난다. 여기에는 자연이나 음악 등이 매개로 작용한다. 선군시대 문학 속에 형상된 숭고, 숭엄의 감성은 대중의 정신적 높이를 높이고 미래에의 낙관을 지향시키는 역할을 한다. 숭고와 숭엄의 감성은 대중의 수령에 대한 충성을 이끌고 시대적 아름다움에 대한 자각을 통해 미래에 대한 신심을 이끌어낸다.

선군시대 북한 문학은 고난의 행군을 이겨내고 미래에 대한 믿음과 낙관을 정립할 수 있는 기본 주조로 웃음의 정서와 숭고, 숭엄의 감정을 주되게 표출하고 있다. 고난의 행군 시기를 이겨내고 새로운 강성대국의 길에 들어서기 위해 강조되는 혁명적 낙관주의와 자력갱생의 밑바탕이 되는 것은 웃음의 정서이다. 특히 선군의 의미가 군인들의 혁명적 수령관과 동지애를 포함하고 있기에 숭고한 감성은 숭고한 동지애와 수령 결사관철의 정서로 흐른다. 특히 숭고한 동지애는 위인의 숭고한 정서로 정의된다. 또한 위인에 대한 감동과 시대 현실에 대한 자각으로 선군시대 인간형은 숭엄한 감성을 발현하고 있다.

선군시대 문학 속에 형상된 숭고, 숭엄의 감성은 대중의 정신적 높이를 높이고 미래에의 신심을 지향시키는 역할을 한다. 숭고와 숭엄의 감성은 대중의 수령에 대한 충성을 이끌고 시대적 아름다움에 대한 자각을 통해 미래에 대한 신심을 이끌어낸다. 이와 같은 내용을 통해 북한은 문화예술에서의 감성을 활용하여 주민의 체제 순응과 자발적인 노동력 동원을 이끌어내고 있음을 확인할 수 있다.

참고문헌

1. 북한 자료

강성만, 「서정시와 일반화의 특성」, 『조선문학』 1964. 8.

경일, 「남조선 문학의 진보적 경향」, 『근로자』238호, 1965.

계북, 「남조선의 반동적 부르죠아 미학의 정체」, 『조선문학』, 1956. 6.

계북, 「서정세계의 추구」, 『조선문학』, 1959. 1.

고정옥, 「해방 후 15년간의 조선 문예학 - 문학사 연구 및 고전 계승 사업을 중심으로」, 『조선어문』 No.5, 1960.

과학, 백과사전출판사 편, 『백과전서』, 과학,백과사전출판사, 1984.

곽흥모, 「동무는 천리마를 탔는가?」(선전화),1958(『조선민주주의 인민공화국 창건 10주년을 기념하여』, 평양: 국립미술출판사, 1959)

권정웅, 「눈보라 만리」, 『천리마』 1호, 2001.

김강, 「최근 문학 평론에서 나타난 몇 가지 결함들과 그의 당면 과업」, 『조선문학』, 1954. 8.

김교섭, 「보통 사람들의 이야기」, 『조선문학』, 2005. 4.

김근오, 「'들'에 방황하는 '서정'-신동철의 「들」에 대한 항변」, 『조선문학』, 1959. 2.

김명수 「우리문학의 형상성 제고를 위하여」, 『조선문학』, 1954. 6.

김명수, 「서정시에 있어서의 전형성-성격-스찔」, 『조선문학』, 1955. 10.

김명수,「문학에서 '미학적인 것'을 바로 찾기 위하여—엄호석의 《문학 평론에서의 미학적인 것과 비속 사회학적인 것》을 중심으로」, 『조선문학』, 1957. 3.

김민혁, 「문학의 현대성 문제와 로동계급의 집단적 영웅주의」, 『조선문학』, 1959. 5.

김북원, 「시문학의 보다 높은 앙양을 위하여」, 한설야 외, 『제2차 조선작가대회 문헌집』, 조선작가동맹출판사, 1956.12. 25.

김성우, 「선군혁명시가문학에 나래치는 웃음의 정서」, 『조선문학』, 2002.2.

김순석, 「시의 새로운 전진과 목표」, 『조선문학』, 1958. 1

김우철, 「작품 비평에서의 비속화를 반하여」(작가 연단), 『조선문학』, 1956.12.

김일성, 「조선로동당 제4차대회에서 한 중앙위원회사업총화보고」 1961. 9. 11.(『김일성저작집 15』, 조선로동당출판사, 1981.)

김재홍, 『주체의 미론』, 문학예술종합출판사, 1993.

김정본, 『미학개론』, 사회과학출판사, 1991.

김정일, 『미술론』, 조선로동당출판사. 1992.

김창림, 「생활의 선율」, 『조선문학』, 2017. 11.

김창석, 「문학예술의 민족적 특성에 대해서」, 『조선문학』, 1959, 4.

김하명, 「공산주의 문학건설과 긍정적 주인공의 형상화에서 제기되는 몇 가지 문제」, 『조선문학』, 1959, 6.

김하명, 「미제에 복무하는 남조선반동문학」, 『로동신문』, 1956. 3(『새 문학건설』, 문학예술종합출판사, 1993).

김하명, 「풍자 문학의 발전을 위하여」, 『조선문학』, 1954, 4.

김해월, 「선군조국에 대한 끝없는 사랑과 서정세계」, 『조선문학』, 2008, 4.

김해월, 「우리의 선군시대에 대한 시인의 체험과 사색」, 『조선문학』, 2007. 10.

렴형미, 「현실에 대한 생각」(단상, 천리마제강 련합기업소 현지특집), 『조선문학』, 1987. 3.

류만, 「남조선에 류포되고 있는 부르죠아문예사조의 반동적본질과 그

해독성」, 『조선문학』, 1980. 11.
류만, 「시인은 누구나 시를 쓰고 있다. 그러나?(1)」, 『조선문학』, 2002. 5.
류만, 「현대조선시문학」, 조선작가동맹출판사, 1988.
류영철, 「자강력제일주의는 경제강국건설의 성과를 담보하는 근본방도」, 『경제연구』, 2016, 3,
리광선, 「세대에 대한 주체적 리해」, 『철학연구』, 과학백과사전종합출판사, 2001.
리기도, 『주체의 미학』(조선사회과학학술집 85 철학편), 사회과학출판사, 2010.
리동수, 「시는 시로 되어야 한다」, 『조선문학』, 2006. 10.
리상현, 「최근 남조선 문학예술의 경향성」, 『근로자』205, 1962. 12.
리영순, 「끌려드는 맛과 소설의 여운」 『조선문학』, 2001. 8.
리원곤, 「남조선 문학의 현 상태를 보고」, 『근로자』218, 1963. 4.
리정구, 「최근 우리 시문학 상에 제기되는 몇 가지 문제」, 『조선문학』, 1954. 9.
리창유, 「선군시대의 요구와 작가의 탐구정신-지난해 하반년도 『조선문학』 잡지에 실린 단편소설들을」, 『조선문학』, 2008. 3.
리효운, 「시인의 얼굴」, 『조선문학』, 1957. 4.
머리글 「공동사설에서 제시된 당의 방침을 높이 받들고 문학작품창작에서 새로운 앙양을 일으키자」, 『조선문학』, 2000. 3.
머리글, 「당정책을 더욱 민감하게 반영하자」, 『조선문학』, 1977.9.
명일식, 「풍자희극에서 양상의 다양성」, 『조선예술』, 1996, 11.
민병균, 「북조선 시단의 회고와 전망」, 『문학예술』1, 1948, 4.
박임, 「남조선의 반동적 자연주의 문학」, 한효 외, 『문예전선에 있어서의 반동적 부르죠아 사상을 반대하여』자료집 2, 조선작가동맹출판사, 1956.

박임, 「남조선의 반동적 자연주의 문학」, 『청년문학』4, 1956.6.
박종식, 「남조선에 류포된 아메리카니즘과 민족허무주의사상의 독소」, 『조선문학』, 1982. 11.
박종식, 「남조선에서 미제가 류포하는 부르죠아 반동 미학의 본질」 1957.(『새 시대의 문학』, 조선문학예술총동맹출판사, 1964).
박종식, 「서정시와 현대성-제3차 당 대회 이후 시기 작품을 중심으로」 『조선문학』 1961. 7.
박종원, 「허무주의와 염세주의를 고취하는 남조선 부르죠아문학의 반동적 본질과 해독성」, 『조선문학』, 1982. 12.
방대승, 「서정시의 현대성과 서정성」, 『조선문학』, 1959. 5.
방연승, 「서정시의 전투적 기능을 제고하기 위하여」, 『시문학』8, 1963, 2.
백과사전출판사 편, 『조선대백과사전(18)』백과사전출판사, 2001. 12. 25.
백석, 「부흥하는 아세아 정신 속에서」, 『문학신문』, 1957, 1. 10.
사설, 「당 창건 55돐기념」, 『로동신문』, 2000. 10. 10.
사회과학원 문학연구소 편, 『조선문학사: 1959-1975』, 과학,백과사전출판사, 1977.,
사회과학원 주체문학연구소, 『문학예술사전(상)』, 과학백과사전종합출판사, 1988.
사회과학원 주체문학연구소, 『총대와 문학』, 사회과학출판사, 2004.
사회과학출판사 편, 『영도예술』 (주체사상총서 제10권), 지평, 1989.
손광수, 「웃음에 대한 철학」, 『조선문학』, 2014, 4.
안한광, 「문학 전통의 심의와 도식을 반대하는 투쟁에서의 새로운 도식들을 중심으로」, 『조선문학』, 1957. 4.
안한광, 「문학 전통의 심의와 도식을 반대하는 투쟁에서의 새로운 도식들을 중심으로」,『조선문학』, 1957. 4.

안함광, 「문학 정통의 심의와 도식을 반대하는 투쟁에서의 새로운 도식들을 중심으로」, 『조선문학』,1957, 4.
안함광, 「문학의 사상성과 예술성」, 『문학론』, 1952.(이선영, 김병민, 김재용 편, 『현대문학 비평 자료집』 2, 태학사.)
엄호석 「시대와 서정 시인-상반기 서정 시초들을 중심으로」, 『조선문학』, 1957, 7.
엄호석, 「공산주의자의 전형 창조를 위하여」, 『조선문학』 1959, 11.
엄호석, 「로동계급의 형상과 미학상의 몇 가지 문제」, 『조선문학』, 1953. 11.
엄호석, 「로동계급의 형상과 미학상의 몇가지 문제」, 『조선문학』제1권 제2호, 1953. 11.
엄호석, 「문학 평론에 있어서의 미학적인 것과 비속 사회학적인 것」 『조선문학』, 1957, 2.
엄호석, 「시대와 서정시인: 상반기 서정시초들을 중심으로」, 『조선문학』, 1957, 7.
엄호석, 「한설야의 문학과 황혼」, 『조선문학』, 1955, 11.
엄호석은 「문학평론에 있어서의 미학적인 것과 비속 사회학적인 것」,『조선문학』, 1957. 2.
웨, 쓰까쩨르쉬코프, 「쏘베트 문학의 미학적 교양의 역할에 관하여」, 『조선문학』, 1955, 10.
윤복진, 「동요에서의 민족적 형식 문제』, 『조선문학』, 1957. 1.
윤세평 편, 『문예전선에 있어서의 부르죠아 사상을 반대하여』3, 조선작가동맹출판사, 1958.
윤시철, 「소설 「행복」에 대하여」, 『문학예술』, 1953. 9.
「자연주의」(자료), 『조선문학』, 1966. 8.
장형준, 「남조선에 류포되고있는 '순수문학'론과 그 문학의 반동성」, 『조선문학』, 1981. 7.

조령출, 「시 형식의 다양성: 제2차 작가대회를 앞두고」, 『조선문학』, 1956. 8.

조선로동당중앙위원회직속당력사연구소, 『김일성 저작선집 2(1957. 2-1960.11)』, 조선로동당출판사, 1968,

조선작가동맹 중앙위원회, 『조선문학』, 문학예술종합출판사, 2000. 1 - 2001. 7.

조선작가동맹 중앙위원회, 『조선문학』, 문학예술출판사, 2001. 8 - 2018. 12.

조선작가동맹 중앙위원회, 『조선문학』, 조선작가동맹출판사, 1953. 10 - 1966. 12.

조선작가동맹, 「제2차 조선작가대회 보고《전후 조선문학의 현 상태와 조망》에 관한 결정서」, 『제2차 조선작가대회 문헌집』, 조선작가동맹출판사, 1956.

조선작가동맹출판사 편, 『문예전선에 있어서의 반동적 부르죠아 사상을 반대하여』, 조선작가동맹출판사, 1956.

조선작가동맹출판사 편, 『문예전선에 있어서의 부르죠아 사상을 반대하여』2, 조선작가동맹출판사, 1956.

조선작가동맹출판사 편, 『문예전선에 있어서의 부르죠아 사상을 반대하여』4, 조선작가동맹출판사, 1960.

조선작가동맹출판사 편, 『해방 후 10년간의 조선문학』, 조선작가동맹출판사, 1955.

집필위원회, 『교육학: 사범대학용』, 평양: 교육도서출판사, 1969(학우서방, 1971)

천재규, 「단편소설의 매혹과 감동은 어디에서 오는가-올해 상반년『조선문학』잡지에 실린 단편소설들을 읽고」, 『조선문학』, 2006. 9.

청암, 「남조선에서 미제가 표류하는 부르죠아 반동 미학의 본질」, 『조선문학』, 1957, 10.

최광일, 「새로운 형상세계의 탐구」, 『조선문학』, 2002. 1.
최언경, 「남조선에 류포되고있는 부르죠아소설문학의 반동적본질」, 『조선문학』401, 1981.3.
편집부, 「위대한 추억의 해 주체 101(2012)년을 보내며」, 『조선문학』, 2012.12.
한미영, 「생활의 《진주》는 어디에 있는가」, 『조선문학』, 2003. 5.
한설야 외, 『제2차 조선작가대회 문헌집』, 조선작가동맹출판사, 1956.
한설야, 「공산주의 교양과 우리문학의 당면사업」, 『조선문학』, 1959, 5.
한설야, 「전국 작가 예술가 대회에서 진술한 한설야 위원장의 보고」, 『조선문학』, 1953.10. 127-128쪽.
한설야, 「전진하는 조선문학」, 『조선문학』, 1954, 1.
한설야, 「전후 조선문학의 현 상태와 전망」, 『제2차 조선작가대회 문헌집』, 조선작가동맹출판사, 1956.
한설야, 「천리마 시대의 문학예술 창조를 위하여」, 『조선문학』, 1961. 3.
한정아, 「사회주의문명국건설에 이바지하는 작품을 더 많이…」, 『조선문학』 2013, 1.
한중모, 「'색정'과 '란륜'의 문학」, 『조선문학』, 1959. 7.
한중모, 「남조선에 류포되고있는 모더니즘시문학의 퇴폐성과 파국상」, 『조선문학』, 1981. 11.
한효, 「새로운 시문학의 발견」, 안함광 외, 『문학의 전진』, 문화전선사, 1950.
한효, 「아름다운 것과 미학적 태도」, 『조선문학』, 1957. 6.
한효, 「우리문학의 10년」(2)-(3), 『조선문학』, 1955. 7 - 8.
한효, 「자연주의를 반대하는 투쟁에 있어서의 조선문학」(1)-(4), 『문학예술』, 1953. 1 - 4.

황건, 「산문 분야에 제기되는 몇 가지 문제」, 『2차 조선작가대회 문헌집』, 조선작가동맹출판사, 1956.

2. 국내자료

강만준 외, 『시사인물사전 7』, 인물과사상사, 2000.
강영안, 「정(情)의 현상학」, 『서강인문논총』제13집, 서강대학교 인문과학연구소, 2000.
강진웅, 「북한의 가족국가 체제의 형성: 국가와 가족, 유교문화의 정치적 변용을 중심으로」, 『통일문제연구』13권 12호, 평화문제연구소, 2001.
고인환, 「6-15 공동선언 이후의 북한문학에 말 걸기」, 『실천문학』 89, 2008.
공병혜, 「간호에서의 감성과 타자를 위한 책임의 윤리」, 『간호행정학회지』 9(3), 한국간호행정학회, 2003.
권동우, 「1980년대 북한 소설과 동원의 정치학: 『1980년대 단편선』 수록 사회주의 현실주제 작품을 중심으로」, 『인문연구』 62, 영남대학교 인문과학연구소, 2011.
김경욱, 「천리마시대(1956-1972)의 북한 교육교양에 대한 연구-북조선인의 탄생」, 『현대북한연구』21(1), 북한대학원대학교, 2018.
김광운, 『북한 정치사 연구』, 선인, 2003.
김미숙, 「북한 교과서에 나타난 민족국가 담론과 젠더」, 『여/성이론』4, 도서출판 여이연, 2001.
김석향, 「"남녀평등"과 "여성의 권리"에 대한 북한당국의 공식담론 변화 -1950년 이전과 1979년 이후 『조선녀성』 기사를 중심으로-」, 『북한연구학회보』, 북한연구학회, 2006.
김석향, 권혜진, 「고난의 행군기 이후 북한당국의 여성담론 분석」, 『통일정책연구』제18권 2호, 2009,

김성보, 「1960년대 남북한 정부의 '인간개조' 경쟁」, 『역사와 실학』 53, 역사실학회, 2014.

김성수, 「단숨에, 마식령 속도로 건설한 사회주의 문명국: 김정은 체제의 북한문학 담론 비판」, 『상허학보』 41집, 상허학회, 2014.

김성수, 「북한 문예미디어와 체제반영 70년의 드라마: 북한 문예 매체 연구 시론」, 『2015 북한 연구학회 하계학술회의: 분단 70년, 북한 체제의 변화 평가와 전망』, 북한연구학회, 2015. 6. 25.

김성수, 「북한의 '선군혁명문학'과 통일문학의 이상」, 『통일과 문화』 1, 통일문화학회, 2001.

김성수, 「사실주의 문예비평의 전개와 『문학신문』-1950-60년대 북한 문학의 동향」, 『아시아문화』 8, 한림대학교아시아문화연구소, 1992.

김성수, 「선군문학의 향방과 김정은 시대 초기 북한문학의 전망」, 『김정은 시대의 북한문학, 변화와 전망』, 제13회 국제한인문학회, 한국문학평론가협회 공동 국제학술대회, 2013. 6.7.

김성수, 「선군사상의 미학화 비판-2002년 전후 북한문학에 나타난 작가의식과 글쓰기의 변모양상」, 『민족문학사연구』 37, 민족문학사학회·민족문학사연구소, 2008.

김성수, 「주체문학 전성기 『조선문학』(1968-94)의 매체전략과 '3대 혁명소조원' 전형론」. 『한국근대문학연구』 19(1), 한국근대문학회, 2018.

김성수, 「통일문학의 이상과 '선군혁명문학'의 현실 - 선군문학은 '주체사실주의'가 낳은 새 형의 문학」, 『민족21』 56, 민족21, 2005. 11.

김성수, 『통일의 문학, 비평의 논리』, 책세상, 2001.

김예란, 「감성공론장: 여성 커뮤니티, 느끼고 말하고 행하다」, 『언론과 사회』, 18권 3호, 사단법인 언론과사회, 2010.

김은하,「여성의 교양화 과정과 젠더화된 글쓰기의 이중 전략」,『인문과학연구』제31집, 성신여자대학교 인문과학연구소, 2013.
김재용,「북한에서의 여성과 민족, 그리고 국가」,『분단구조와 북한문학』, 소명, 2000.
김재용,『북한 문학의 역사적 이해』, 문학과지성사, 2000.
김종수,「6.25전쟁과 북한 청년영웅'」,『정신문화연구』110, 한국학중앙연구원, 2008.
김충렬,「김정은 체제에서의 북한 여성의 정치적 위상에 관한 연구」,『한국동북아논총』제67호, 한국동북아학회, 2013.
남원진,「북조선 시문학 연구를 위한 제언」,『한국현대문학연구』41, 한국현대문학회, 2013, 12.
남원진,「애정과 영웅」,『한국근대문학연구』29, 한국근대문학회, 2014.
남원진,「윤세평과 사회주의적 민족문학론의 향방」,『통일정책연구』18(1), 통일연구원, 2009.
단국대학교 부설 한국문화기술연구소 편,「선전과 교양」, 경진, 2013.
단국대학교 부설 한국문화기술연구소 편,『한민족 문화예술 감성용어 사전·용례집 I』, 경진출판, 2014.
르네 데카르트,『방법서설 성찰 철학의 원리 정념론』, 동서문화사, 2007.
박기순,「랑시에르의 로댕-미학적 사건으로서의 로댕과 그 정치성」,『미학』76집, 한국미학회, 2013.
박성봉,『감성시대의 미학』, 일빛, 2011.
박세일, 민병국 옮김,『도덕감정론』, 비봉출판사, 1996.
박영자,「북한의 민족주의와 여성: 민족주의 담론과 여성정책 변화를 중심으로」,『국제정치논총』제45집 1호, 한국국제정치학회, 2005.
박영자,「북한의 여성 정치 "혁신적 노동자-혁명적 어머니"로의 재구성」,『사회과학연구』13(1), 서강대학교 사회과학연구소, 2005.

박영자, 「선군시대 북한여성의 섹슈얼러티 연구: 군사주의 국가권력의 성(性) 정체성 구성을 중심으로」, 『통일정책연구』15권 2호, 통일연구원, 2006.

박영정, 『한국 근대 희극의 사적 연구』, 건국대 대학원 석사논문, 1991.

박재상, 『북한 문학의 현상』, 깊은샘, 1999.

발터 벤야민, 반성완 편역, 『발터벤야민의 문예이론』, 민음사, 2003.

서동만, 『북조선 사회주의체제 성립사』, 선인, 2005.

세종연구소 북한연구센터 엮음, 『북한의 당-국가기구 군대』, 한울아카데미, 2007.

소려과학 아카데미 편, 신승엽 외 옮김, 『마르크스 레닌주의 미학의 기초이론Ⅱ』, 일월서각. 1988.

손유경, 『고통과 동정』, 역사비평사, 2011.

스티븐 컨 저, 박성관 역, 『시간과 공간의 문화사 1880~1918』, 휴머니스트, 2004.

신지연, 「'서정'의 딜레마-1950년대 북한문학계의 논의를 중심으로」, 『북한시학의 형성과 사회주의 문학』, 소명출판, 2013.

신형기, 「남북한문학의 '정치의 심미화'」, 『민족이야기를 넘어서』, 삼인, 2003.

신형기, 「북한문학에서의 '민족적 특성' 논의-주체문학론의 발단」, 『민족이야기를 넘어서』, 삼인, 2003.

신형기, 「주체시대의 북한시 연구-숨은 영웅의 형상과 그 의미」, 『현대문학의 연구』 36. 한국문학연구학회, 2008.

신형기, 「혁명적 낭만주의 시대를 넘어」, 『문예중앙』, 2000년 가을호.

신형기, 『민족이야기를 넘어서』, 삼인, 2003.

안미현, 「여성적 글쓰기의 특성과 가능성」, 『사고와표현』 2(1), 한국사고와표현학회, 2009.

오사와 마사치 엮음, 김영작, 이이범 외 옮김, 『내셔널리즘론의 명저50』,

일조각, 2002.
오삼언, 「『영생』과 『야전렬차』를 통해 본 북한의 지도자 형상 연구」, 『통일인문학』제74집, 건국대학교 인문학연구원, 2018.
오성호, 「북한 시의 수사학과 그 미학적 기초」. 『현대문학의 연구』 제24집, 한국문학연구학회, 2004.
오성호, 「제2차 조선작가대회와 전후 북한 문학—한설야의 보고를 중심으로」, 『배달말』 40권, 배달말학회, 2007.
오성호, 『시의 리얼리즘 미학 탐구 시도』, 『한국 근대시문학연구』, 태학사, 1993.
오창은, 「선군시대 북한 농촌 여성의 형상화 연구」, 『현대북한연구』 제13권2호, 북한대학원대학교, 2010.
오태호, 「'최첨단' 시대와 김정일 애국주의의 추구」, 『김정은 시대의 북한문학, 변화와 전망』, 제13회 국제한인문학회, 한국문학평론가협회 공동 국제학술대회, 2013. 6.7.
오태호, 「북한 단편소설에 나타난 연애담론 연구」, 『국제어문』 58, 국제어문학회, 2013.
와다 하루키, 서동만·남기정 옮김, 『북조선』, 돌베개, 2002,
유임하, 「'전승 60주년'과 북한문학의 표정-『조선문학』(2013.7) 소재 소설에 나타난 전쟁기억의 양상」, 돈암어문학회, 2013. 11.
유임하, 「'전승 60주년'과 북한문학의 표정-『조선문학』(2013.7) 소재 소설에 나타난 전쟁기억의 양상」, 『돈암어문학』, 돈암어문학회, 2013. 11.
유임하, 「실리사회주의와 경제적 합리성-변창률의 농촌소설"과 "영근이삭" 읽기」, 『겨레어문학』 41권, 겨레어문학회, 2008.
유호열, 『북한의 사회주의 건설과 좌절』, 생각의 나무, 2004.
이명자, 「'7-1경제관리개선조치' 이후 북한영화에 나타난 혁명적 낭만주의와 리얼리즘의 긴장관계」, 『정신문화연구』 31(3), 2008.

이미경, 「북한의 모성이데올로기: 『조선녀성』의 내용분석을 중심으로」, 『한국정치외교사논총』 26(1), 한국정치외교사학회, 2005.

이미경, 「이상적인 여성상을 통해서 본 북한의 여성정책: 『조선녀성』의 내용분석을 중심으로」, 『중소연구』 통권 102호, 2004.

이미식, 「모성적 글쓰기를 활용한 도덕과 수업지도 방안」, 『초등도덕교육』 43권, 한국초등도덕교육학회, 2013

이상경, 「북한 여성 작가의 작품에 나타난 여성 정체성에 대한 연구」, 『여성문학연구』 17, 한국여성문학학회, 2007.

이상숙 외 편, 『북한의 시학 연구』(전 6권), 소명출판, 2013.

이상숙, 「김정은 시대의 북한시 연구」, 『김정은 시대의 북한문학, 변화와 전망』, 제13회 국제한인문학회, 한국문학평론가협회 공동 국제학술대회, 2013. 6.7.

이우영, 「김정은 체제 북한 사회의 과제와 변화 전망 」, 『통일정책연구』 21(1), 통일연구원, 2012. 83쪽.

이주미, 「북한문학을 통해 본 여성 해방의 이상과 실제」, 『한민족문화연구』제8집, 한민족문화학회, 2001.

이지순, 「김정은 시대 북한 시의 이미지 양상」, 『현대북한연구』16(1), 북한대학원대학교, 2013.4,

이지순, 「김정은 시대의 애도와 구원의 코드」, 『어문논집』 69, 민족어문학회, 2013.

이진경 저, 『근대적 시 · 공간의 탄생』, 푸른숲, 1997.

이현주, 「〈꽃파는 처녀〉의 음악적 특성 연구」, 『남북문화예술연구』 통권 제6호, 남북문화예술학회 2010.

이화여대통일학연구원 편, 『북한문학의 지형도 2』, 청동거울, 2009.

임범송, 김해룡, 『미학에의 초대』, 도서출판 이웃, 1990.

임순희, 『북한 새세대의 가치관 변화와 전망』(통일연구원 총서), 통일연구원, 2006.

임순희, 『식량난과 북한 여성의 역할 및 의식변화』(통일연구원 총서), 통일연구원, 2004.

임옥규, 「'고난의 행군' 이후 북한문학에 나타난 여성-모성-조국애 양상 -『조선문학』(1997~2006)을 중심으로」, 『여성문학연구』제18호, 2007.

임옥규, 「2000년대 북한 문학 감성과 새 세대의 감수성」, 『현대북한연구』17권 2호, 북한대학원대학교 북한미시연구소, 2014.

임옥규, 「선군시대 북한 문학에 형상화된 주도적 감성」, 『남북문화예술연구』 통권 제14호, 남북문화예술학회, 2014.

자끄 랑시에르, 『감성의 분할』, 오윤성 옮김, 도서출판 b, 2012.

장문석, 「내셔널리즘의 딜레마」, 『역사비평』 99, 역사비평사, 2012,

장사선, 「남북한 자연주의 문학론 비교 연구」, 『국어국문학』 130, 국어국문학회, 2002.

장사선, 「엄호석 론」, 『국제어문』 26, 국제어문학회, 2002.

전미영, 「북한에서의 남한연구 현황과 특징: 대북, 통일정책 분야를 중심으로」. 『사회과학연구』 18(2), 서강대학교 사회과학연구소, 2010.

전영선, 「북한의 예술교육체계와 예술교육 기관」, 단국대학교 부설 한국문화기술연구소 편, 『선전과 교양』, 경진, 2013.

정용환, 「한국 감성의 개념사적 이해」, 『감성연구』 2, 전남대학교 호남학연구원, 2011.

정창현, 「김정은 시대 북한의 정책전망과 남북관계」, 『역사와 현실』 84. 한국역사연구회, 2012.

정창현, 「북한 지배 엘리트의 구성과 역할」, 세종연구소 북한연구센터 엮음, 『북한의 당-국가기구 군대』, 한울아카데미, 2007.

정창현, 「선군시대 경제노선 굳건히, 자본주의적 개혁은 없다」『민족21』46, 민족21, 2005. 1.

조동일, 「미적 범주」, 『한국사상대계』, 성균관대출판부, 1976.
조영주, 「북한의 '인민 만들기'와 젠더 정치: 배급과 '성분-당원' 제도를 중심으로」, 『한국여성학』제29권 2호, 한국여성학회, 2013.
조정아 외, 『새로운 세대의 탄생: 북한 청소년의 세대 경험과 특성』, 통일연구원, 2013.
진순애, 「2000년도 북한 시에 나타난 여성상」, 『북한학연구』 7권 2호, 동국대학교 북한학연구소(구 동국대학교 안보연구소), 2011.
진순애, 「북한 전후 시에 나타난 여성의 이미지」, 『비평문학』 35, 한국비평문학회, 2010.
진찬영, 「미적 범주에서 본 남북한 시의 비교」, 『비평문학』13, 한국비평문학회, 1999.
차문석, 「북한의 노동 영웅에 대한 연구 - 영웅 탄생의 정치 경제적 메커니즘」, 『사회과학연구』 12(1), 서강대학교 사회과학연구소, 2004.
채상우, 「북한의 주체문예이론」, 『북한의 문학과 문예이론』, 동국대한국문학연구소, 동국대학교출판부, 2003.
최경희, 「북한 감성정치의 메카니즘-'우리식' 이념과 주체미학의 논리구조를 중심으로」, 『북한의 경제-핵 병진노선 2년 평가와 남북관계 발전양상』, 북한연구학회춘계학술회의, 2015.
최영석, 「여성 해방과 국가적 기획-북한 문학에서의 여성 재현」, 『현대문학의 연구』 23, 한국문학연구학회, 2004.
최진이, 『북한 여성시인 렴형미 연구』, 이화여자대학교 석사논문, 2006.
카를 만하임, 이남석 옮김, 『세대문제』, 책세상, 2013.
폴 리쾨르. 김한식 옮김, 『시간과 이야기』3, 문학과 지성사, 2004.
프리드리히 엥겔스, 김경미 옮김, 『가족, 사적 소유, 국가의 기원』, 책세상, 2007.
홍지석, 「프롤레타리아 미학과 부르주아 미학—1950년대 후반 북한 문예의 사회주의리얼리즘 담론」,『확장하는 경계, 공존의 장:: 남북한 통합문예사의 쟁점』, 단국대학교 부설 한국문화기술연구소 제25회 전국학술대회, 2015.12. 10.

홍지석, 전영선, 「북한미학의 미적 범주론: 리기도 『주체의 미학』(2010)을 중심으로」, 『통일인문학』 57, 건국대학교 인문학연구원, 2014.

E. J. 홉스봄・T. 랑거 공편, 최석영 역, 『전통의 날조와 창조』, 서경문화사, 1995.

발표 지면

임옥규, 「감성의 조직과 재편성-북한 감성론을 중심으로」, 『한국문화기술』, 한국문화기술연구소, 2019

임옥규, 「1950년대 북한 문학담론의 미적 토대」, 『한국문화기술』, 한국문화기술연구소, 2017.

임옥규, 「북한에서의 남한, 남한에서의 북한 문학연구-타자화된 시선들」, 『반교어문연구』, 반교어문학회, 2016.

임옥규, 『선군시대 북한 여성작가의 감성적 글쓰기 양상』, 『여성문학연구』, 한국여성문학학회, 2015.

임옥규, 『2000년대 북한 문학 감성과 새 세대의 감수성』, 『현대북한연구』, 북한미시연구소, 2014.

임옥규, 『선군시대 북한문학에 형상된 주도적 감성』, 『남북문화예술연구』, 남북문화예술학회, 2014

임옥규, 『북한문학을 통해 본 김정은 체제에서의 국가와 여성』, 『국제한인문학연구』, 국제한인문학회, 2014.

찾아보기

1. 작품

2. 인명

3. 내용

임옥규 약력

홍익대학교 국어교육과를 졸업하고 동 대학원 국어국문학과에서 문학 박사 학위를 받았다. 다년간의 가천대 연구교수, 단국대 중점연구소 연구교수, 학술연구교수를 역임했으며 2018년부터 청주대학교 교양 대학 교수로 재직 중이다.

주요 저서로는 『북한 역사소설의 재인식』(2008), 『북한의 언어와 문학』(2006, 공저), 『북한문학의 지형도』1, 2(2008, 2009, 공저), 『주체의 환영』(2011, 공저) 『통일문화사대계』1, 2(2012, 2014, 공저), 『선전과 교양』(2013, 공저), 『이데올로기의 꽃』(2014, 공저), 『스타일의 탄생』(2014 공저), 『한민족 문화예술 감성용어사전, 용례집』(2014, 공저), 『북한의 우리문학사 재인식』(2014, 공저), 『전후 북한 문학예술의 미적 토대와 문화적 재편』(2018, 공저) 등이 있다.

북한문학과 감성

: 주체시대에서 선군시대로

2020년 2월 15일 1판 1쇄 인쇄
2020년 2월 25일 1판 1쇄 발행

저 자 임옥규
발행인 박재린
발행처 나무미디어
주 소 경기 성남시 분당구 정자1로 30길 107-1002
전 화 031-712-9489, 010-6246-4716
팩 스 031-602-9489
E-mail injae8005@hanmail.net
신고번호 제2016-000031호

정가 16,000원
ISBN 979-11-86756-16-4 03840

낙장 · 파본은 교환해 드립니다.

Printed in Korea.